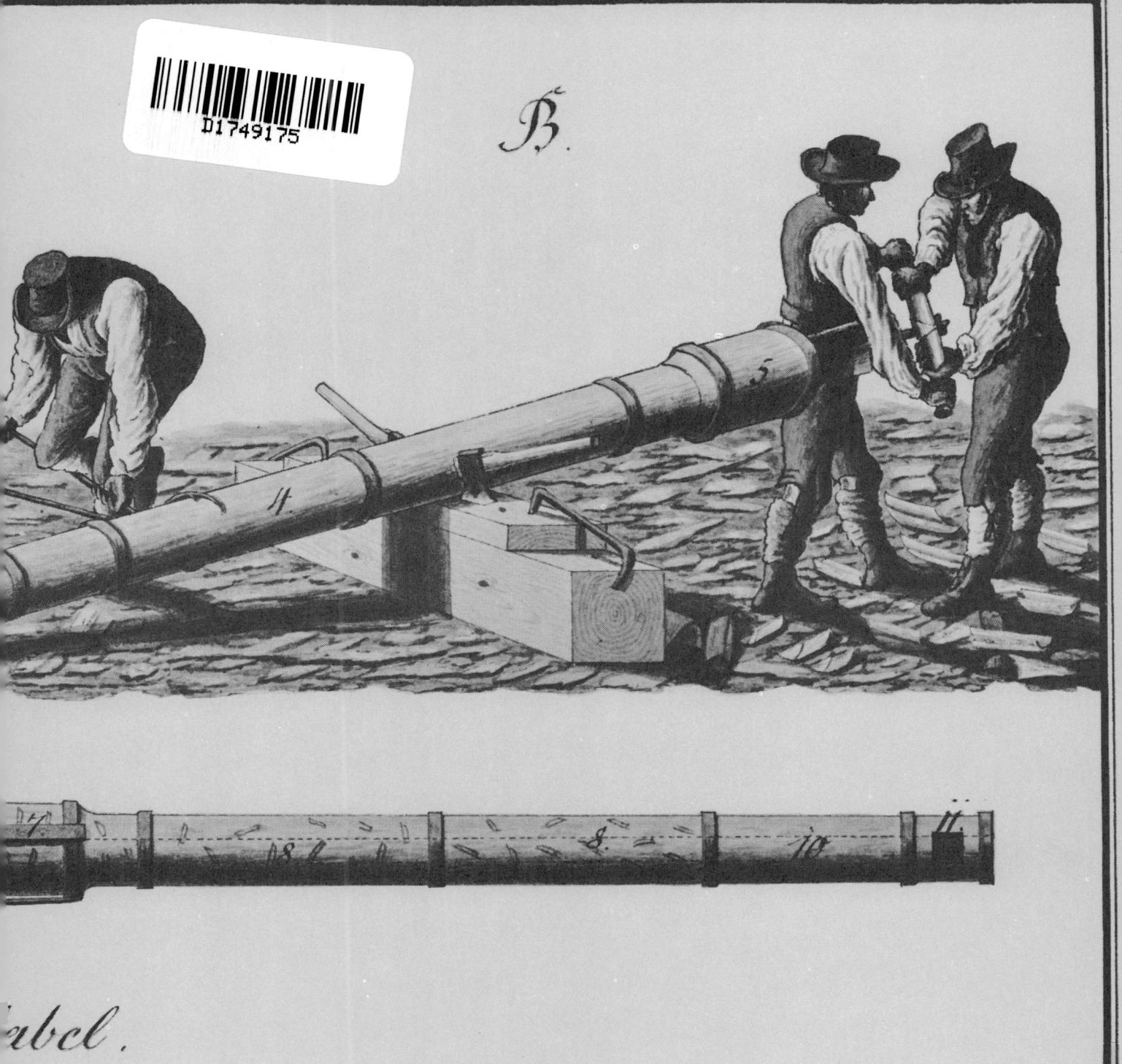

Hallstatt
Geschichte und Gegenwart

CIP-Kurztitelaufnahme der Deutschen Bibliothek

Lehr, Rudolf:
Hallstatt: [Geschichte u. Gegenwart] / Rudolf Lehr. –
Linz: Oberösterreichischer Landesverlag, 1979.

Copyright© 1979 by Oberösterreichischer Landesverlag
ISBN 3-85214-213-X
Graphische Gestaltung: Rudolf Lintner
Offsetreproduktionen: Atelier Hofmüller, Linz
Gesamtherstellung: Oberösterreichischer Landesverlag Linz

Hallstatt

Rudolf Lehr

OLV—Buchverlag
Oberösterreichischer Landesverlag

Hallstatt
in der Weltgeschichte

Johann Georg Ramsauer (1795–1874)

Hallstatt
in der Geschichte der Alpinistik

Friedrich Simony (1813–1896)

Hallstatt
in der Weltliteratur

Adalbert Stifter (1805–1868)

Hallstatt
in der Kunstgeschichte

Ferdinand Georg Waldmüller (1793–1865)

Inhalt

Vorwort des Landeshauptmannes	7

I. Die Hallstatt
Salzbergbau seit drei Jahrtausenden — 9

II. Zwischen Berg und See
Der Zauber der Landschaft — 31

III. Der Dachstein
Das stolzeste Schaustück der Nördlichen Kalkalpen — 53

IV. Die Urgeschichte
Hallstatt als Taufpate einer Epoche der Menschheitsgeschichte — 77

V. Die Meister der Gotik
Wir kennen ihre Werke, aber kaum ihre Namen — 99

VI. Das Barock
Reichtum und Gläubigkeit der Salzherren — 121

VII. Die Moderne
Erhalten und Erneuern des Schönen — 137

VIII. Die Nähe Gottes
Der Heilige des plötzlichen Todes — 151

IX. Der Hallstätter
Wovon er lebt und was er liebt — 167

X. Der Urlauber
Auf Bergeshöhen und zu Bergestiefen — 193

XI. Motiv Hallstatt
Von Waldmüller zu Holzmeister — 223

Quellenangaben — 244

Bildnachweis — 246

Vorwort

Dr. Josef Ratzenböck
Landeshauptmann
von Oberösterreich

Es muß uns hie und da gesagt werden, wie schön dieses Land ist, in dem wir leben. In diesem Buch wird ein ganz besonders schönes Schaustück des Landes gezeigt: in fundierten und zugleich amüsant geschriebenen Worten, in eindrucksvollen und ungewöhnlichen Bildern, bei denen jeder Oberösterreicher – der Landeshauptmann eingeschlossen – beschämt feststellen muß, daß es in Hallstatt noch soviel Faszinierendes gibt, was man bisher nicht gebührend beachtet hat.

Trotz dieses Bekenntnisses darf ich als Landeshauptmann doch auch sagen, daß das Land Oberösterreich weiß, was es an Hallstatt hat. Gerade in diesen Monaten, in denen mit diesem Bildband das bisher repräsentativste Buch über Hallstatt erscheint, hat das Land Oberösterreich den Beweis angetreten, daß es sich der internationalen Bedeutung bewußt ist, die mit dem Namen Hallstatt verbunden wird. Nicht ohne Stolz können wir behaupten, daß diese Internationalität erstmals in einer Landesausstellung zum Tragen kommt. Das Motto der Hallstattzeit-Ausstellung, „Frühform europäischer Einheit", ist für alle Nachfolgestaaten der Hallstattkultur zum Anlaß neuer Forschungen geworden, bei denen der namengebende Fundort im Mittelpunkt stand und steht.

Von der bedeutendsten Handelsmetropole des ersten Jahrtausends vor Christi Geburt bis zur Bergbausiedlung von heute führt dieses Buch. Es wird den Schönheiten dieser Landschaft gerecht, die Bergsteiger und Wanderer, Maler und Fotografen begeistert, und es beschäftigt sich mit dem kulturellen Leben dieses Ortes, wobei die Leistungen der Künstler und Kunsthandwerker von heute ebenso gewürdigt werden wie die Meisterwerke vergangener Jahrhunderte. So ist dieses Buch, bei aller Wertschätzung für Hallstatts große Vergangenheit, doch sehr gegenwartsbezogen. Vor allem ist es eine Liebeserklärung an die Menschen, die heute in Hallstatt leben.

Rudolf Lehr, der sich als Publizist und Autor mehrerer Bücher einen Namen gemacht hat, bei denen immer seine tiefe Liebe zur Heimat zum Ausdruck kommt, ist zu diesem neuen Werk zu beglückwünschen.

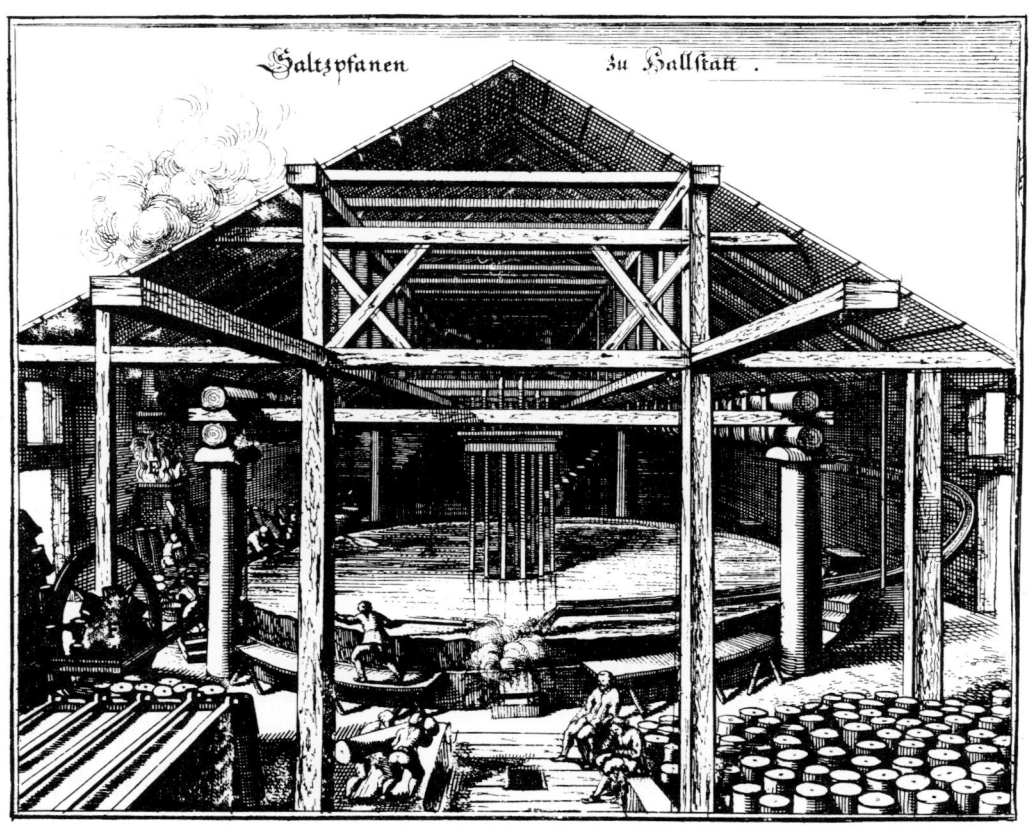

Hallstatt mit seinen Salzpfannen. Ein Kupferstich aus der „Topographia provinciarum Austriacarum" von Matthäus Merian (1649).

Aus „Reisen durch Oberösterreich" von Joseph August Schultes (1809).

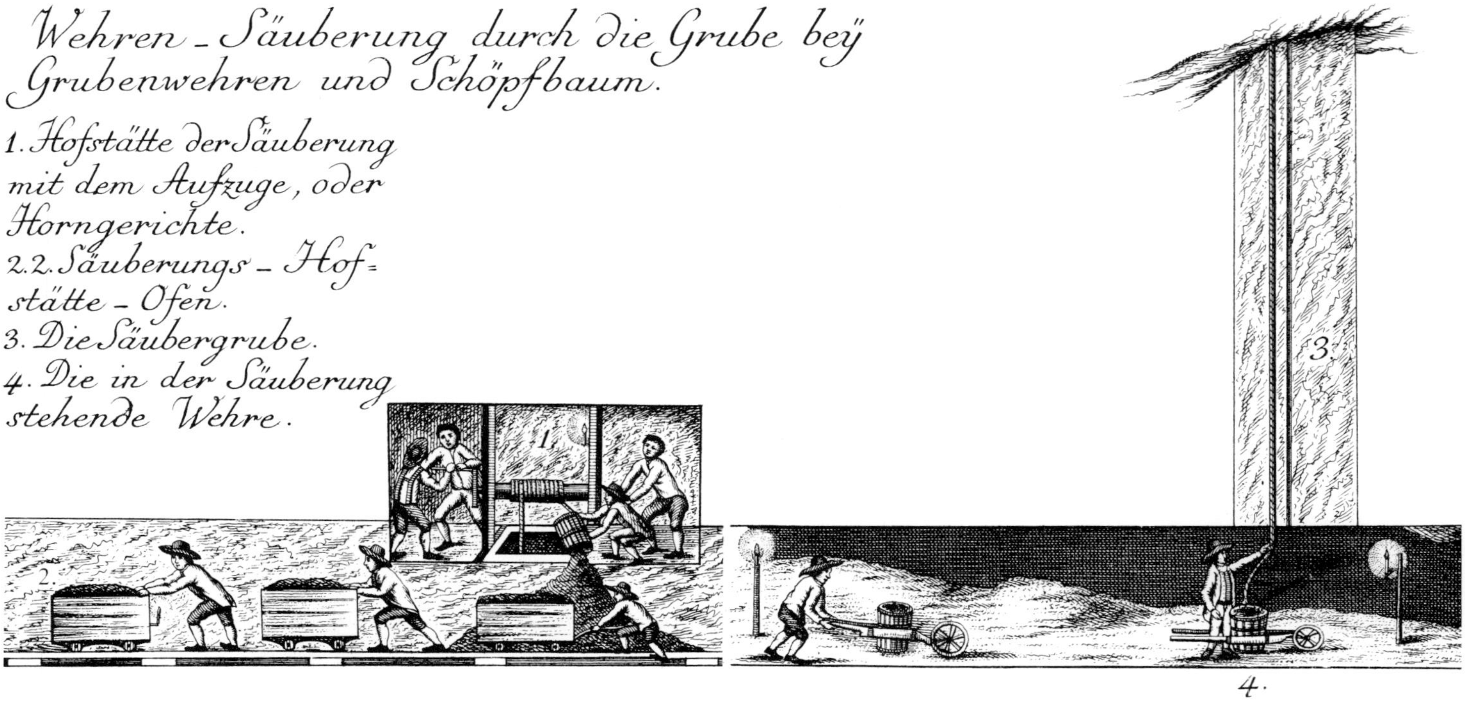

Wehren-Säuberung durch die Grube bey Grubenwehren und Schöpfbaum.

1. Hofstätte der Säuberung mit dem Aufzuge, oder Horngerichte.
2.2. Säuberungs-Hofstätte-Ofen.
3. Die Säubergrube.
4. Die in der Säuberung stehende Wehre.

I. Die Hallstatt
Salzbergbau seit drei Jahrtausenden

Woher kommt dieses linde Rauschen, fragt der Wanderer, der von Hallstatt über die „Höll" zum Salzberg will. Er hat die steilen Stufen des Gaiswandweges hinter sich und gönnt sich eine kurze Rast. Nur einen Augenblick achtet er auf das unbekannte Geräusch, denn er wird abgelenkt von dem Bild, das sich ihm hier offenbart: Durch die hochstämmigen Bäume schimmert der verträumte See, dahinter türmen sich die Felsen auf, schroff und wild. Eine Märchenlandschaft, denkt der Wanderer, und entdeckt im gleichen Augenblick eine haarscharf in dieses Bild passende Spielzeugeisenbahn, die sich an den Ufern des Sees dahinschlängelt.

Es ist unmöglich, in Hallstatt nicht zum Romantiker zu werden, wenn man darunter die Sprache des Gefühls versteht, zu der wir computerversklavten Rationalisten uns ja wieder allmählich bekennen. Jeder freilich erlebt die Romantik auf seine persönliche Art. Für den einen ist es der liebliche Marktplatz als Kulisse für ein hübsches Erinnerungsbild, ein anderer hält im Beinhaus ein paar Minuten stumme Zwiesprache mit der Ewigkeit, wieder ein anderer genießt den Zauber der Landschaft in vollen Zügen, berauscht sich an den Schönheiten und Schätzen der Kunst oder versenkt sich in die Welt vergangener Jahrtausende, die nirgends sonst in Österreich so lebendig ist wie in Hallstatt.

Unser Wanderer wird vielleicht von einem im welken Laub raschelnden Käfer in die Wirklichkeit zurückgebracht. Sie, liebe Leserin und lieber Leser, werden etwas unsanfter herausgerissen aus dieser Stimmung. Denn es ist Zeit, Sie aufzuklären, daß das linde Rauschen auf dem Weg zum Salzberg weder von einer

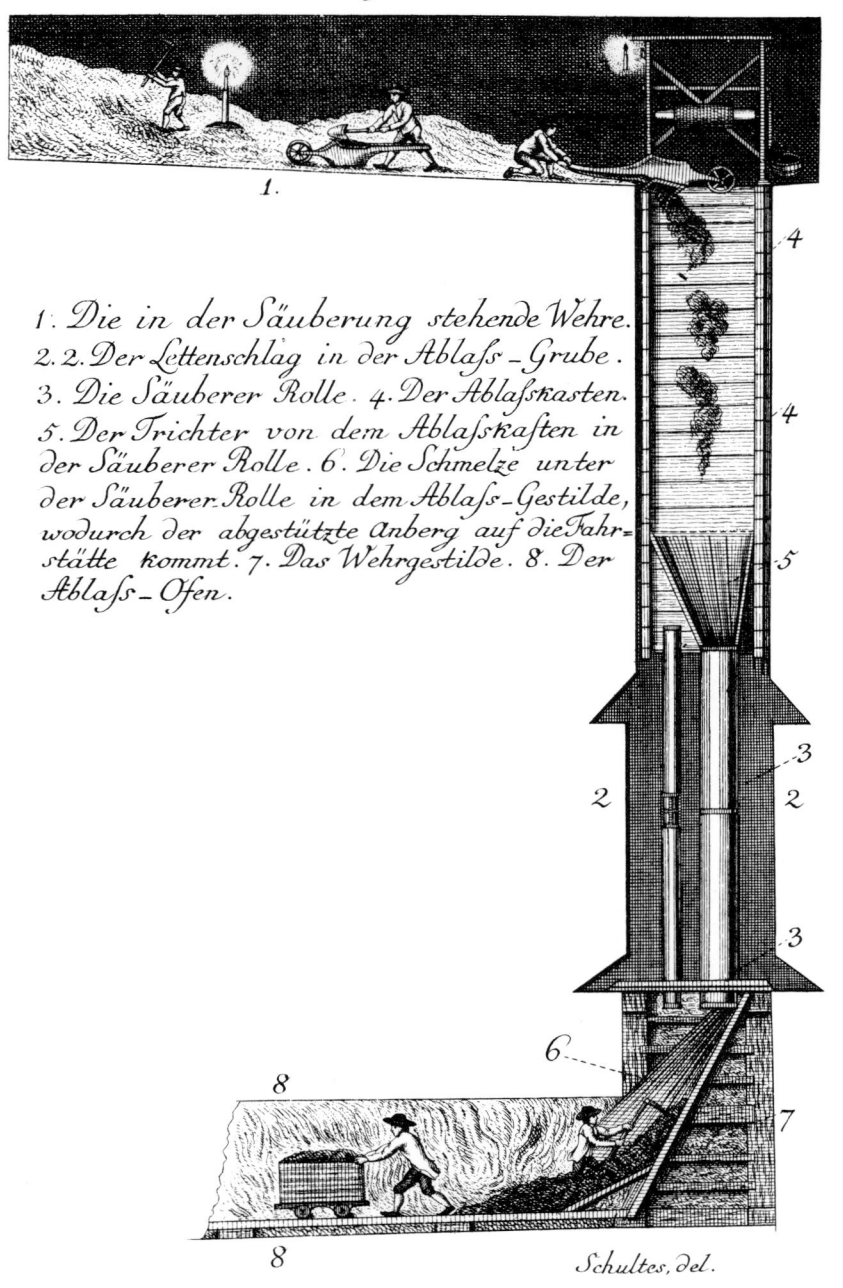

Aus „Reisen durch Oberösterreich"
von Joseph August Schultes (1809).

sprudelnden Quelle noch von einem gurgelnden Bächlein kommt. Es ist nur die romantische Begleitmusik eines sehr nüchternen Arbeitsbereiches. Was der Wanderer hier wahrnimmt, ist der Lebensnerv von Hallstatt: die Soleleitung.

Die Soleleitung: Älteste Pipeline der Welt

Dem Salz verdankt Hallstatt seine Entstehung und seine Bedeutung. „Die Hallstatt" sagen die Hallstätter. Das ist richtig und nicht schwer zu erklären. Die Hallstatt, das ist die Salzstätte.

1000 Jahre vor Christus

Zum erstenmal in der Geschichte der Menschheit ist der bergmännische Abbau von Salz in Hallstatt nachzuweisen. Schon in der ausgehenden Bronzezeit, also um das Jahr 1000 vor Christus, beginnt der systematische industrielle Salzbergbau. Was die ersten Hallstätter Bergmänner noch in schweren Säcken ins Tal bringen mußten, besorgt jedoch seit Jahrhunderten das Wasser. Das Aufspüren der Salzlager von Hallstatt war eine Sternstunde der Menschheit. Nicht weniger Bewunderung aber verdient die Idee, das Salz in flüssiger Form zu transportieren.

Das Plätschern der Sole, also der Salzlösung, die aus dem Bergwerk fließt, können Sie bis Ebensee verfolgen. Die Soleleitung legt diese vierzig Kilometer lange Strecke gemeinsam mit einem Soleleitungsweg zurück – einem der reizvollsten und bequemsten Wanderwege im Salzkammergut. Da und dort bemerkt der Wanderer am Wegrand noch die Reste der alten Holzrohrleitung, heute sind die Rohre aus Eisen oder Kunststoff.

Im Jahr 1595 wurde mit dem Bau dieser Leitung begonnen, der ältesten Pipeline der Welt, die noch in Betrieb ist. Sie führte zuerst bis Lauffen, dann bis Ischl, schließlich bis Ebensee, wo bereits im Jahr 1607 Hallstätter Sole zu Salz verarbeitet wurde.

Bleiben wir noch ein bißchen bei der Soleleitung: Eine der größten Sehenswürdigkeiten auf dem Weg der Hallstätter Sole ist der Gosauzwang. Vor mehr als zweihundert Jahren ersann der Hallstätter Johann Spielbichler eine Möglichkeit zur drucklosen Überquerung des Gosautales, eine über sieben steinerne Pfeiler führende Soleleitungsbrücke.

Es gab gute Gründe für die Anlage dieser ebenso einfachen wie genialen Konstruktion für den Soletransport: den Holzmangel. Das klingt in einer waldumrahmten Gegend zwar unwahrscheinlich, doch muß man sich vorstellen, daß der Stollenbau im Bergwerk, vor allem aber der Betrieb der Sudpfannen, Tausende Kubikmeter Holz verschlang.

Ein Teil der kostbaren Naturschätze des Salzberges wurde in Hallstatt zu Salz verarbeitet, über den See nach Steeg gerudert und dort den Traunschiffern übergeben. Der andere Teil wan-

Der Gosauzwang wurde schon in den ersten Reisebeschreibungen des Salzkammergutes gebührend bewundert. (Aus „Reisen durch Oberösterreich" von Joseph August Schultes, 1809.)

derte über die Soleleitung in die Sudhäuser nach Ischl und Ebensee.

Pausenlos, Tag und Nacht, Sommer und Winter, fließt auch heute die Sole durch die Rohre. Mit der Salzmenge, die in einer Stunde aus dem Hallstätter Salzberg geholt wird, könnte eine Kleinstadt ein Jahr lang den gesamten Salzbedarf decken.

Ist das nicht ein Raubbau, der hier betrieben wird? Spät, zu spät wahrscheinlich, haben wir begriffen, daß die Vorräte im Innern unserer Erde nicht unerschöpflich sind. Die Fachleute haben uns vorgerechnet, daß wir bei gleichbleibend zunehmender Abbaugeschwindigkeit mit Kohle, Erdöl und auch spaltbarem Uran schon am Ende sind, wenn die heute Geborenen das dreißigste Lebensjahr erreicht haben.

Die Gesamterzeugung der Österreichischen Salinen, also die aus den Salzbergwerken Hallstatt, Bad Ischl, Altaussee und Hallein gewonnene Sole- und Salzmenge, beträgt jährlich etwa zwei Millionen Kubikmeter Sole und 400.000 Tonnen Salz.

Wie lange noch? fragt der Laie besorgt. Bleibt für unsere Enkel und Urenkel noch Salz? Gibt es Salz auch anderswo in Österreich und lohnt es sich, es abzubauen? Sollen wir, was bisher bei der Energie erfolglos versucht wird, Appelle in die Welt setzen, auch mit Salz zu sparen?

„In Hallstatt gibt es doch schon seit dreitausend Jahren einen Salzbergbau, da werden wir doch keine Angst haben müssen!" meinte ein Geschichtsbeflissener zu dieser Frage. So einfach ist es leider nicht. Denn niemals noch in der Geschichte wurde der Abbau in diesem Ausmaß betrieben wie in unserer Zeit.

Salzvorräte reichen noch für Jahrhunderte

Beruhigender als solche Äußerungen wirkt ein Blick auf eine Landkarte, die der Besucher des Salzbergwerkes Hallstatt betrachten kann: Salz gibt es genug in Österreich.

Vorsichtig gewordene Wissenschafter unterscheiden in diesem Zusammenhang sichere, wahrscheinliche und mögliche Salzvorräte. Die sicheren Vorräte an Haselgebirge (so nennt man das Gemenge von Steinsalz, Ton und Gips) werden für Hallstatt mit 90 Millionen Kubikmeter beziffert, die wahrscheinlichen Vorräte mit 170 Millionen Kubikmeter, die möglichen Vorräte mit 350 Millionen Kubikmeter. Wenn Sie weiterrechnen wollen, verrate ich Ihnen die (ungefähre) Formel: Ein Kubikmeter Haselgebirge = eine Tonne Salz. Allein das, was im Hallstätter Salzberg noch sicher vorhanden ist an abbauwürdigem Gebirge, ergibt eine Menge von 90 Millionen Tonnen Salz. Unter der Annahme, daß auch in Zukunft ungefähr soviel aus dem Berg geholt wird wie bisher (die Jahresproduktion in Hallstatt geht auf 800.000 Kubikmeter Sole zu, was einer Salzmenge von 230.000 Tonnen entspricht), reichen allein die sicheren Vorräte – wenn mich Kopf und Taschenrechner nicht im Stich lassen – für 391 Jahre.

Für die österreichischen Hausfrauen bedeutet das: Eine versalzene Suppe ist vielleicht ein Grund für einen Ehekrach, eine nationale Sünde ist es nicht.

Ungleich wichtiger aber noch als für die Hausfrauen sind die Salzvorkommen von Hallstatt für die Bewohner dieses Ortes: Für sie bleibt das Salz auch in Zukunft das, was es seit Jahrtausenden war: Die Grundlage ihrer Existenz.

„Die Zeit hatte neue Wege der Salzgewinnung beschritten." Dieser Satz steht auf einer kleinen Tafel neben der Stiege, die im Hallstätter Ortsteil Lahn zur Kalvarienbergkirche führt. An dieser Stelle, in der Nähe des Campingplatzes, stand die Hallstätter Sudhütte. 1969 wurde sie abgetragen. Damit endete eine Epoche, die sich über 650 Jahre erstreckte, denn schon kurz nach Verleihung der Sudrechte durch Königin Elisabeth, im Jahr der Markterhebung (1311), erhielt Hallstatt eine Sudhütte.

Neue Wege der Salzgewinnung

Die Zeit hat neue Wege der Salzgewinnung beschritten. Heute sind es Tiefenwerker und Bohrlochsonden, die den Hallstätter Salzbergbau bestimmen; Begriffe, mit denen der Laie nicht sehr viel anfangen kann. In einem Fall wird die Sole über Tiefpumpen in einem Schacht etwa 60 Meter hochgepumpt, mit den Bohrlochsonden wird sogar eine Tiefe von 120 Metern erreicht. Übrigens: wenn Ihnen das ein Bergmann erklärt und er das Wort

"Teufe" verwendet, so berechtigt Sie das nicht zu der Annahme, daß der Mann einen Sprachfehler hat. Der Bergmann sagt nicht Tiefe, sondern Teufe.

Der nasse Abbau Leichter zu erklären ist die Methode der Normalwerker: Zwischen zwei Horizonten (das ist der Fachausdruck für die Stockwerke im Bergbausystem) wird ein Hohlraum ausgesprengt, der mit dem oberen Horizont durch einen schrägen Verbindungsgang (Ankehrschurf) und mit dem unteren Horizont durch einen Ablaßdamm verbunden ist, so daß die Sole über einen Filterkasten abfließen kann. Vom oberen Horizont aus wird der Raum bis zur Decke – hier müßte man bergmännisch eigentlich „Himmel" sagen – mit Wasser gefüllt. Das Herauslösen des Salzes besorgt das Wasser. In erster Linie wird das Salz an der Decke gelöst, denn die Sole ist schwerer als das Wasser. Die unlöslichen Gebirgsteile – Brocken und Schlamm – sinken zu Boden. Sobald in hundert Liter Wasser etwa 32 Kilogramm Salz gelöst sind, ist die Sole vollgrädig. Sie ruht nun einige Tage, dann wird der Absperrhahn am Rohrende geöffnet, die Sole wird gemessen und über die Soleleitung in die Sudhäuser geleitet. Dort wird sie erhitzt, das Wasser verdampft und das Salz bleibt in reinem Zustand zurück.

Der Fachmann nennt die in Hallstatt angewendete Methode den „nassen Abbau". Ein ganz anderes Verfahren als der Hallstätter Bergmann von heute hatten die Männer, die vor rund 3000 Jahren aus diesem Berg Salz holten und denen es zu danken ist, daß dieser kleine Ort im Salzkammergut zum Taufpaten einer ganzen Epoche der Menschheitsgeschichte wurde.

Der prähistorische Bergbau Der Bergmann der Hallstattzeit ging den reinen Steinsalzlagern nach und gewann das Salz ausschließlich im Trockenabbau. In festen Brocken brach er es aus dem Berg und brachte es so in den Handel. Bis zu 330 Meter ging er dabei unter Tag. Bei einer täglichen Arbeitszeit von zwölf Stunden dauerte es einen Monat, bis ein Meter Streckenvortrieb erreicht wurde. Zum Vergleich: Heute schafft man an einem Tag mit einer Sprengung mehr, nämlich 1,3 Meter. Die Gesamtlänge des prähistorischen Stollensystems betrug 3750 Meter. Auch ohne weiterzurechnen, kann man sich vorstellen, wieviel Arbeit die Menschen der Hallstattzeit durch viele Generationen hindurch in ihr Bergwerk investiert haben.

Entstehung der Salzlager

Weil wir schon soweit zurückblättern im Buch der Geschichte, kommt es uns auf ein paar Millionen Jahre auch nicht mehr an. In Jahrmillionen müssen wir rechnen, wenn wir der Frage nachgehen wollen, woher die reichen Salzlager kommen:

Vor rund 240 Millionen Jahren hätten Sie für einen Meerurlaub nicht nach Bibione oder Porec fahren müssen, sondern in Hallstatt bleiben können. Ein seichtes Meer bedeckte damals, am Ende des Erdaltertums (Paläozoikum), Teile des Landes. Das Klima war warm und trocken. Die Nördlichen Kalkalpen mit unserem Hallstatt lagen in dieser Zeit nicht wie heute nördlich des Alpenhauptkammes, sondern weiter südlich.

Aber auch der Alpenhauptkamm war kein Gebirge. In geschützten Lagunen des seichten Meeres wurde durch die starke Verdunstung des Meerwassers Salz ausgeschieden. Im Laufe der folgenden Jahrmillionen bedeckten dann mächtige andere Gesteinsschichten das Salz und schützten es vor Auflösung. Als vor etwa hundert Millionen Jahren die heute vielbewunderte Bergwelt unserer Alpen entstand, wurde das Salz zusammen mit seinen Deckschichten verfaltet. Dazu kam noch, daß das spezifisch leichtere und plastisch gut formbare Salz gegenüber den Deckschichten wesentlich mobiler war. Der heutige, überaus komplizierte Bau unserer alpinen Salzlagerstätten gibt davon ein eindrucksvolles Zeugnis.

Wenn Sie die salzführende Zone entlang des Nordkamms der Kalkalpen verfolgen, wird Ihnen auffallen, daß es da ein Hallein und ein Hall (in Tirol), ein Reichenhall und nicht zuletzt unser Hallstatt gibt. Bei Mariazell, wo das salzhältige Gestein beginnt, gibt es ein Halltal, bei Admont, wo es endet, ein Hall, bei Berchtesgaden einen Hallturm, bei Salzburg ein Hallwang und Hallmoos. Namen mit „Hall" haben also immer etwas mit Salz zu tun. Von Sprachforschern wurde die Silbe „hal" bis ins Griechi-

Blick vom Salzberg auf Hallstatt.

Zwei alte Darstellungen von Salzberg-Revier (um 1800) und k. k. Salinenverwaltung Hallstatt (1844). Oben rechts der Rudolfsturm, den Albrecht I. im Jahr 1284 zum Schutz des Hallstätter Salzbergwerks erbauen ließ. Auf dem Bild unten das an den Berghang gelehnte Amtshaus, das als der schönste barocke Profanbau von Hallstatt gilt.

sche verfolgt, wo es in Thrakien den Fluß Halys, also den Salzfluß, gab.

Bei der Auffaltung der Alpen haben sich die hochgepreßten Salzstöcke mit den Nachbarablagerungen vermengt. Deshalb ist unser heutiges Salzlager eine Mischung von verschiedenen Mineral- und Gesteinsarten, wie zum Beispiel Salz, Gips und Tonschiefer. Bevor aus dem Haselgebirge Salz wird, muß es erst vom „tauben Gestein" getrennt werden.

Erschlossen ist das Salzlager von Hallstatt in einer Länge von 3000 Metern, einer Breite von 640 Metern und einer Tiefe von 500 Metern. Wie tief der Salzstock noch ins Innere des Berges reicht, wissen wir nicht.

Was wir wissen, ist, daß es das Salz war, das vor 4500 Jahren die Menschen in dieses abgeschiedene Hochtal brachte. Schon in der jüngeren Steinzeit wurden die natürlichen Solequellen entdeckt. Die Menschen der Hallstattzeit (800 bis 400 vor Christus) hatten den Bergbau in Hallstatt zur Vollkommenheit entwickelt, mit dem Salz einen Handel in Entfernungen bis tausend Kilometer betrieben und damit einen Reichtum begründet, der uns in künstlerischen Schätzen überliefert ist. (Näheres dazu im Kapitel „Die Urgeschichte – Hallstatt als Taufpate einer Epoche der Menschheitsgeschichte", Seite 77.)

Wohlstand sicherte das Salz den Hallstättern auch im Mittelalter, vor allem als im Jahr 1311 der staatliche Salzbergbau begann. Salzbergbau seit drei Jahrtausenden, das sind jedoch nicht nur die Kostbarkeiten, die im Tausch für das Salz nach Hallstatt wanderten, das sind nicht nur die prähistorischen Werkzeuge, nicht nur die ersten Urkunden, die im 8. und 9. Jahrhundert von Stiftungen, von salzbeladenen Schiffen auf der Traun sprechen, das sind nicht nur die großzügigen Bauten der wohlhabenden Salzherren. Das Salz von Hallstatt war auch Anlaß für blutige Schlachten: Im Salzkrieg (1291 bis 1297) wurden die Traunau, der erste Kern der Siedlung Hallstatt, und der kurz zuvor in Gosau errichtete Bergbaubetrieb zerstört. Der Rudolfsturm auf dem Hallstätter Salzberg erinnert an diese Zeit der mörde-

Seite 20/21: Hallstatt mit dem Salzberg-Hochtal, im Hintergrund der Plassen.

rischen Konkurrenzkämpfe zwischen den erzbischöflichen Salinen von Hallein und denen der Habsburger in Hallstatt und Aussee. Herzog Albrecht I., der älteste Sohn Rudolfs von Habsburg, hatte 1284 zum Schutz des Hallstätter Salzberges einen Wehrturm bauen lassen und ihn zu Ehren seines Vaters Rudolfsturm genannt.

Wer heute auf der Aussichtsterrasse des Rudolfsturmes sitzt und bei einem Glas Wein oder einem Schalerl Kaffee die prachtvolle Aussicht genießt, denkt nicht an Salzkriege, Bergwerksunfälle, Brandkatastrophen, den Terror von Reformation und Gegenreformation und was sonst noch alles im Schicksalsbuch dieses Salinenortes vermerkt ist.

Aber man spürt, daß es nicht irgendein Bergwerk ist.

Besuch in der ältesten Salzgrube der Welt

Salzbergwerke und unterirdische Salzseen, lustige Rutschpartien und Ausfahrten auf Grubenhunten gibt es auch in anderen Bergwerken. In Hallstatt aber wandern wir durch die älteste Salzgrube der Welt und begegnen dabei den Bergmännern von heute. Es ist kein Museum, das wir vor uns haben, sondern ein Bergwerk, in dem gearbeitet wird wie vor 100, vor 500 oder vor 3000 Jahren.

Für den Besucher ist das Hallstätter Salzbergwerk ein faszinierendes Erlebnis, für den Hallstätter ist es der Schatz, der ihm über Jahrtausende hinweg Leben und Überleben ermöglichte.

Der mittelalterliche Rudolfsturm, heute ein beliebter Aussichtsplatz mit Restaurant, erinnert an blutige Konkurrenzschlachten um das Salz.

„Vom Leben und Sterben des Bergmannes" berichtet dieses in der Barockzeit entstandene Bild: Hallstatt mit dem Rudolfsturm erkennt man im Hintergrund, Bergleute bei der Arbeit und in der Sterbestunde werden beschützt vom dreieinigen Gott mit Maria, über dem Bergwerk von Barbara, Schutzpatronin der Bergleute, Franz Xaver, Tröster der Kranken und Sterbenden, und dem segnenden Nährvater Josef.

Unentbehrlich für das menschliche Leben ist das Salz. Auf dem Bild: Ein Salzkristall.

Dokumentationen

*N*iemand soll wissen, wieviel jährlich Salz erzeugt wird, und
wie hoch es zu stehen kommt. Man glaubt, wie es scheint, in Österreich, daß man
den Bergsegen so verschreien könne, wie die alten Weiber sagen, daß
man die Gesundheit der Kinder verschreien könne, wenn man zu laut und zu viel
davon vor den Leuten spricht. Diese Engbrüstigkeit des
österreichischen Zensurwesens ist auch die Ursache, warum hier mehrere ältere
Daten vorkommen, die ich auf meinen Reisen nach Gmunden in den Jahren 1794,
1795, 1802, 1803 und 1804 sammelte, und von einigen bereits
verstorbenen Salinenbeamten erhielt.

Joseph August Schultes (1809) (1) *)

*I*n dem Stammbuche des Hallstätter Salzberges, das man
jedem Reisenden, der denselben besucht, zur Einzeichnung seines Namens darbietet,
finden sich die Besuche (und oft auch die Namensunterschriften) von mehreren
Erzherzogen und Kaisern.

Joseph August Schultes (1809) (1)

*S*onst sucht man, wenn man Bergbau treibt, soviel möglich,
das aufsteigende Grubenwasser aus dem Berge zu schaffen; hier wünscht man nicht
nur im Berge selbst Wasser zu treffen, sondern man
leitet es noch mit kostbarem Baue in die Tiefen des Berges hinab.

Joseph August Schultes (1809) (1)

*D*ie Geschichte der Salinen ist wohl das erste, was unsere
Aufmerksamkeit verdient.

Franz Sartori (1813) (2)

*D*en eigentlichen Reichtum des Salzkammergutes machen
die erschöpflichen Salzgruben bei Ischl und Hallstatt aus, welche auf Kosten
des Staates betrieben werden, und eine ungemeine große Ausbeute
an Salz jährlich geben.

Franz Sartori (1821) (3)

*I*n etlichen Staaten wurde Salz zum Monopol. Das Vorbild
für Europa lieferten die Habsburger, die das ganze Gebiet zwischen Gmunden
und Aussee für sich beanspruchten und es ihrer Hofkammer – einer
Art von Finanzministerium – unterstellten. So entstand der Begriff „Kammergut", das
spätere Salzkammergut.

Rudolf Walter Litschel (1978) (4)

*) Quellenangaben auf Seite 244. Die Schreibweise der Originalzitate wurde der heute üblichen Rechtschreibung angepaßt.

II. Zwischen Berg und See
Der Zauber der Landschaft

Mit Weihnachtskrippen, Schwalbennestern, ja sogar mit chinesischen Dörfern wurde Hallstatt verglichen. Sie mögen ja lieb sein und gut gemeint, diese Vergleiche, aber daneben gehen sie alle. Weil Hallstatts Schönheiten eben unvergleichlich und einmalig sind.
Alexander von Humboldt, der gern zitierte Weltreisende des 18. und 19. Jahrhunderts, nannte Hallstatt rundweg „den schönsten Seeort der Welt". Hallstatt verzichtet darauf, mit diesem historischen Superlativ zu werben. Weil es auch in der Zeit der Superlative das bleiben will, was es seit Jahrtausenden ist: ein einfacher Bergmannsort. Gerade die Ursprünglichkeit, von den Hallstättern gegen alle Moden verteidigt, hebt den Wert des Salinenmarktes auch als Fremdenverkehrsort.
Der kostbarste Schatz von Hallstatt ist neben dem Salz seine Schönheit. Wer sie voll genießen will, muß den Ort vom See her betrachten. Was immer wieder bestaunt und bewundert, gemalt, gezeichnet und fotografiert wird, ist in Worten dieses: Der stille Gebirgssee, dahinter der mächtige Hochwald und der über steile Felsen brausende Wasserfall. Am Seeufer der schlanke Turm der evangelischen Kirche, hoch darüber die auf dem schmalen Felsvorsprung errichtete katholische Kirche, zwischen Berg und See die aufeinandergeschachtelten Häuser.
Vom Zauber dieser Landschaft schwärmten die größten Dichter unseres Landes, die größten Maler haben Hallstatt als Lieblingsmotiv gewählt. (Mehr darüber im Kapitel „Motiv Hallstatt", Seite 223.) Viel schwerer als das alles wiegt das Bekenntnis der Hallstätter zur Eigenart ihres Heimatortes. Denn es ist etwas

Hallstatt mit der katholischen (links) und evangelischen Kirche.

Seite 32/33:
Wo die Lieblichkeit echt ist:
Der Marktplatz von Hallstatt.

◁ Allen Gefahren unseres Jahrhunderts getrotzt und in ihrer Ursprünglichkeit erhalten geblieben ist die Wolfengasse.
▷ Ein altes Hallstätter Holzhaus.

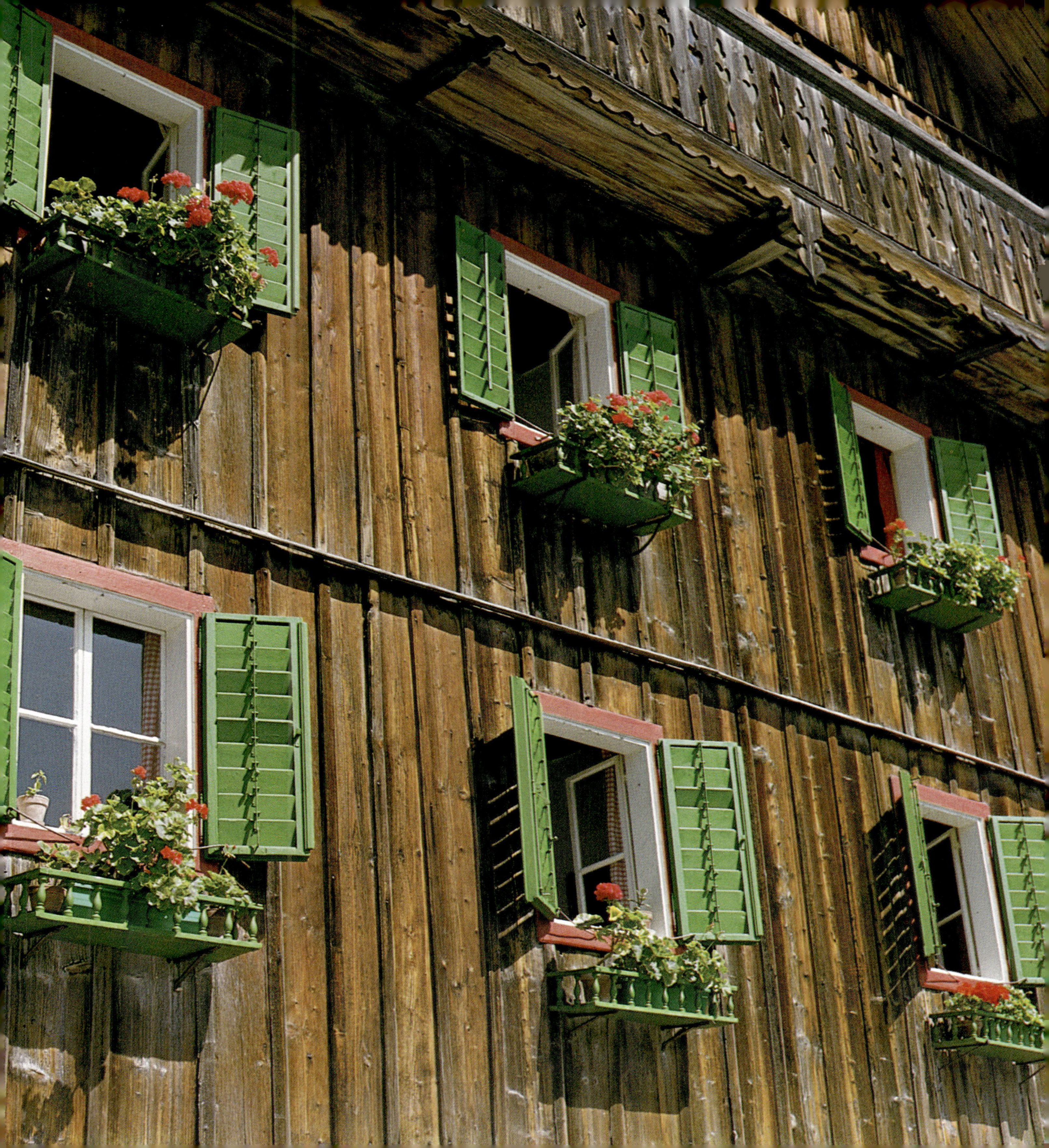

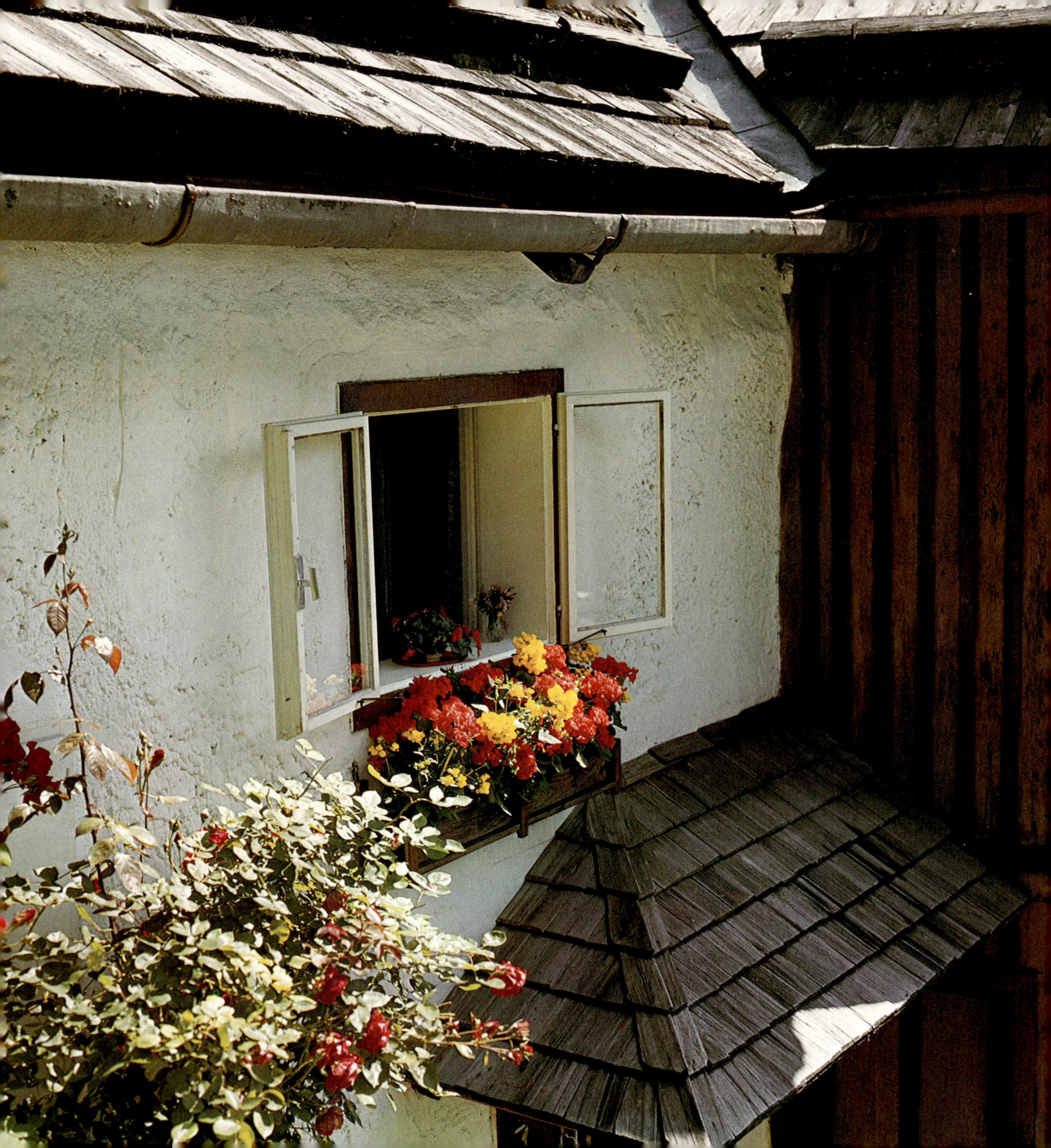

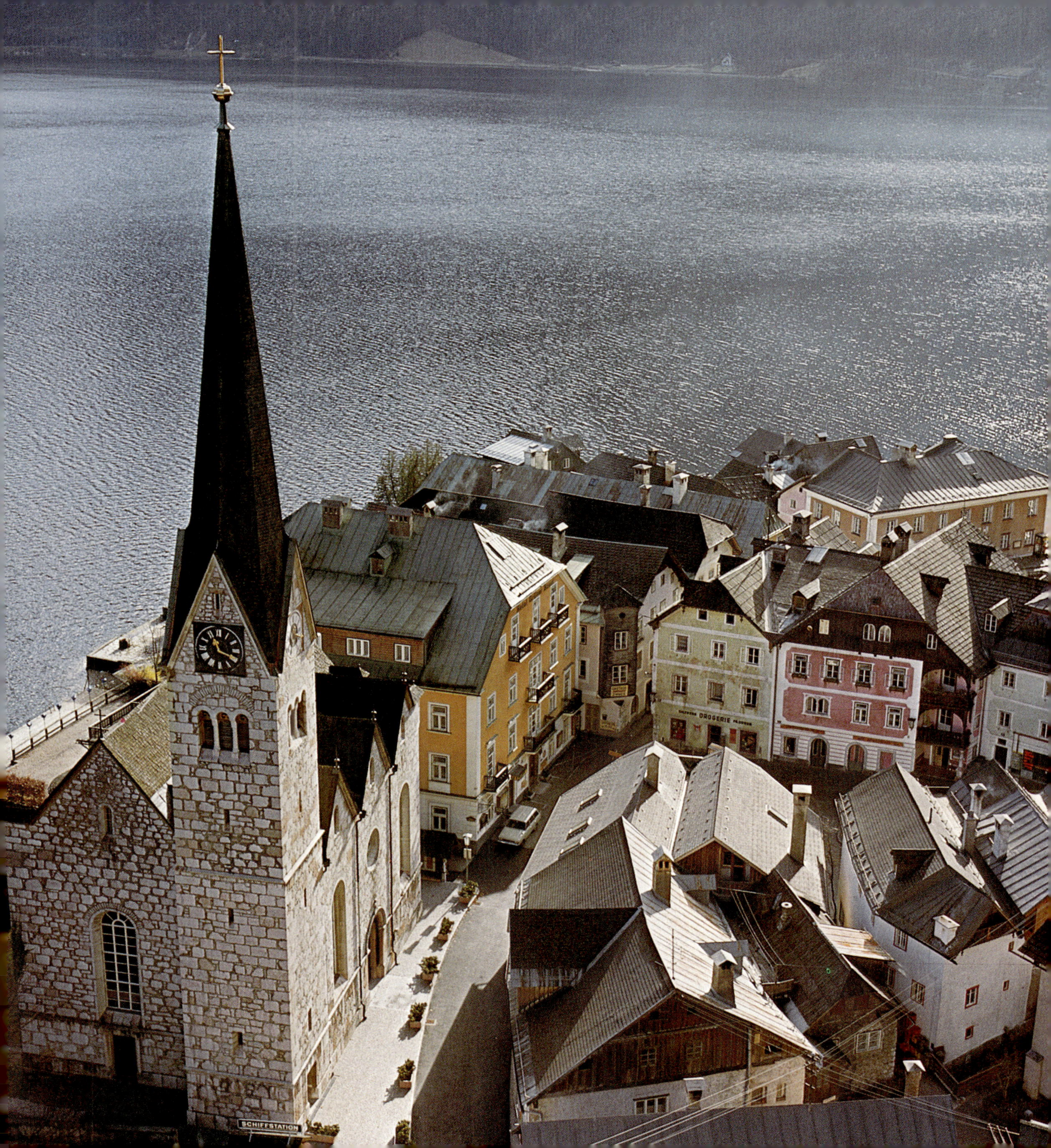
DROGERIE
SCHIFESTATION

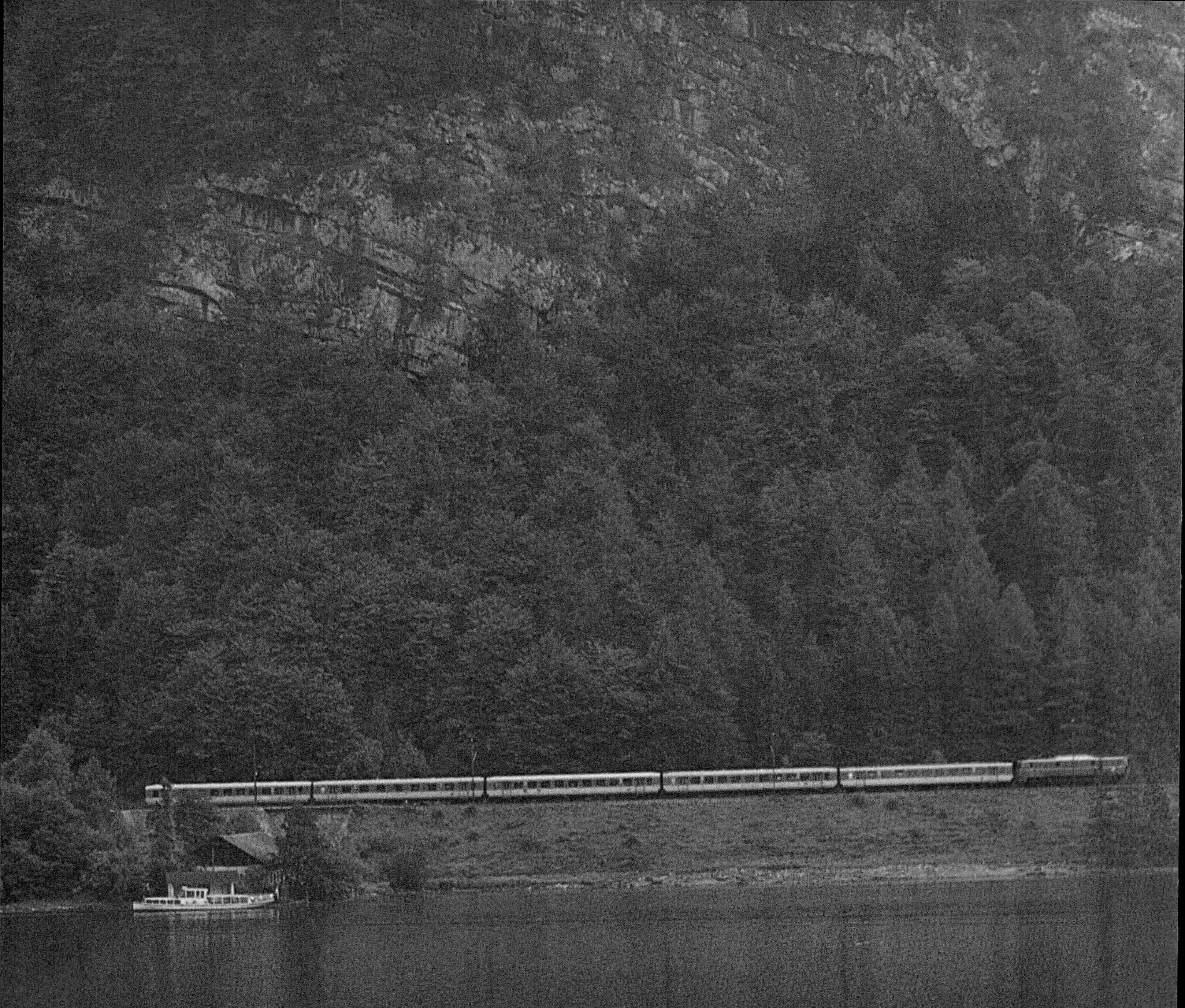

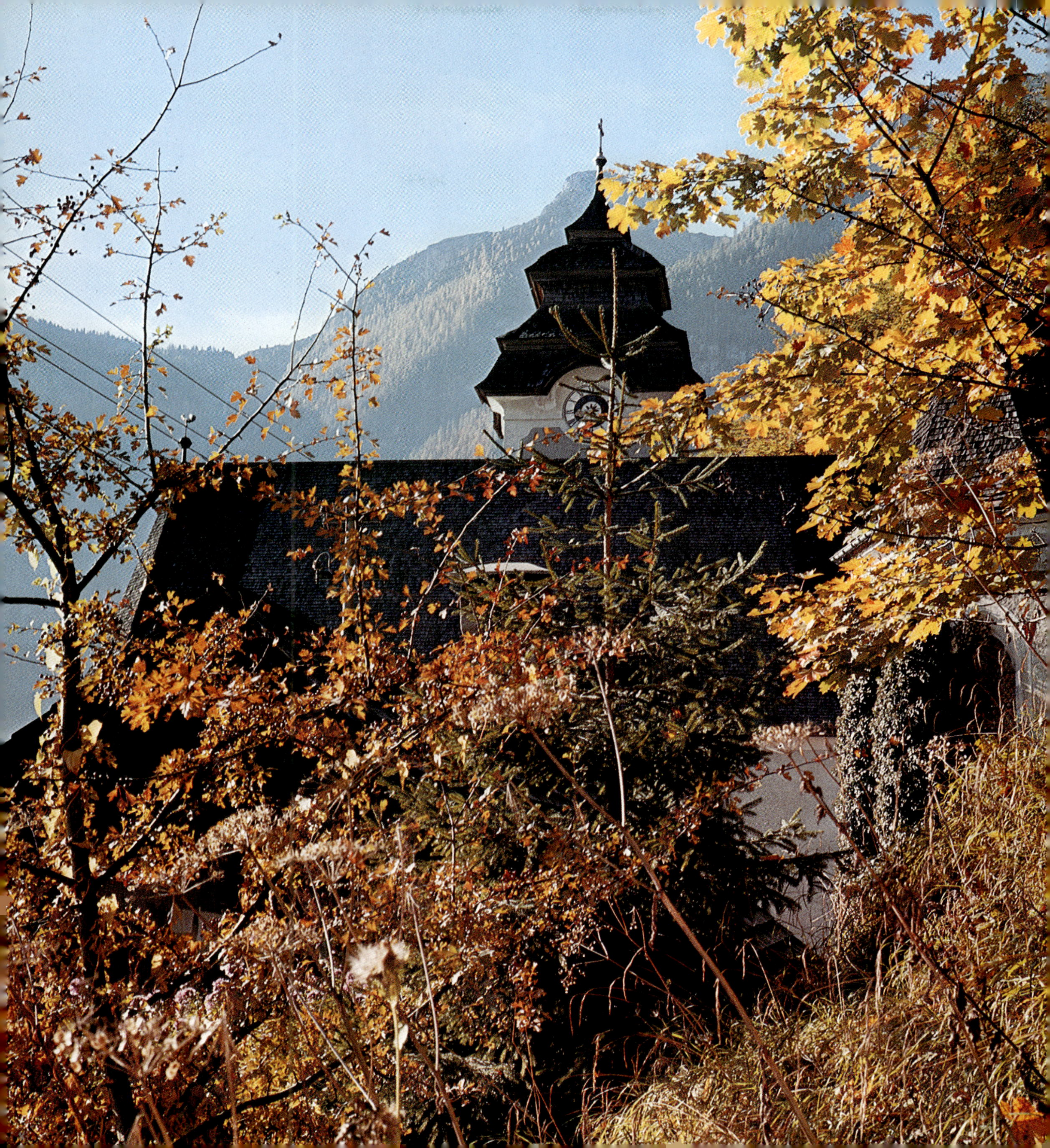

Blick vom Bergfriedhof auf die evangelische Kirche und den Hallstätter See.

Wer die Schönheiten Hallstatts voll genießen will, muß den Ort vom See her betrachten.

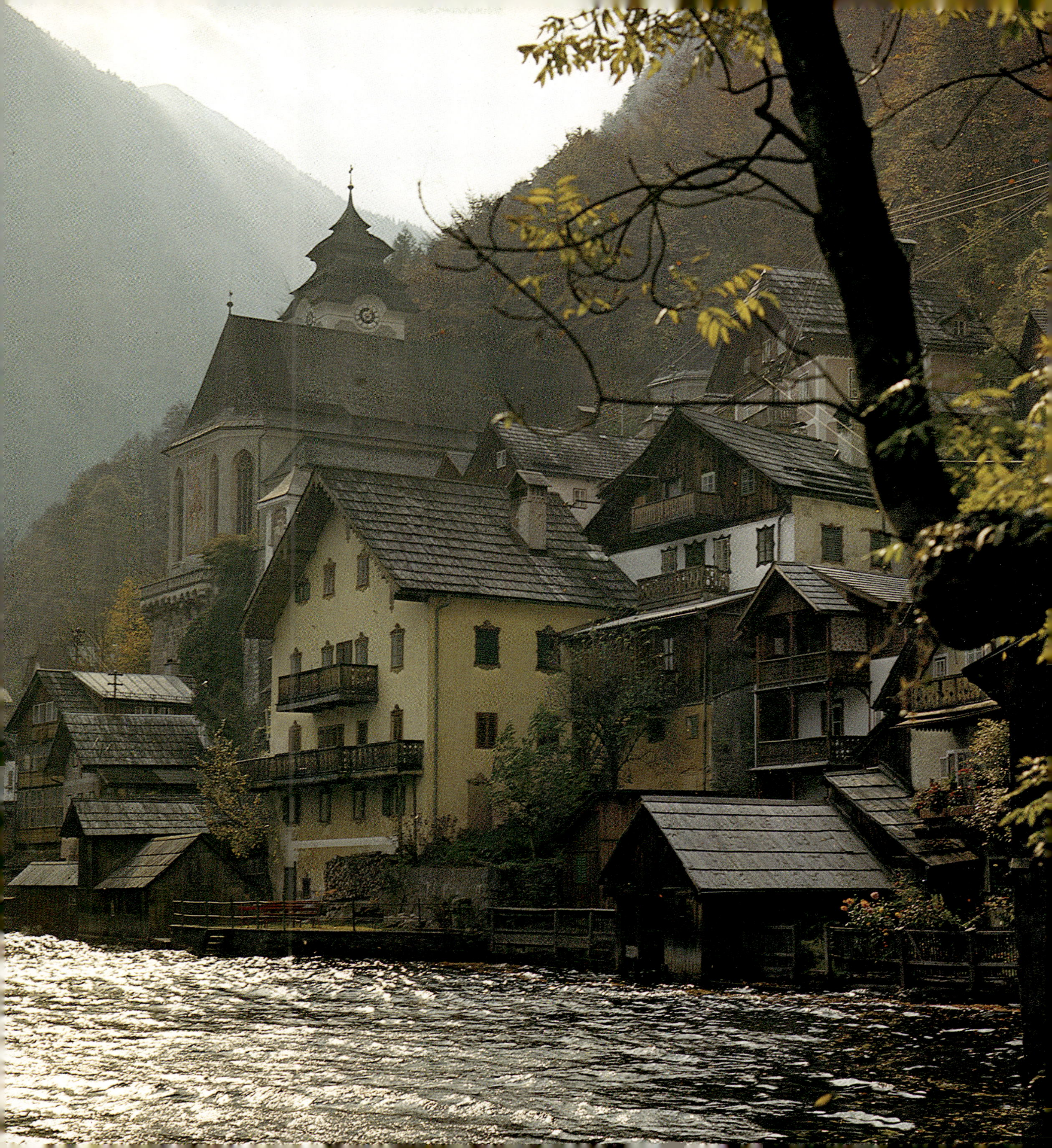

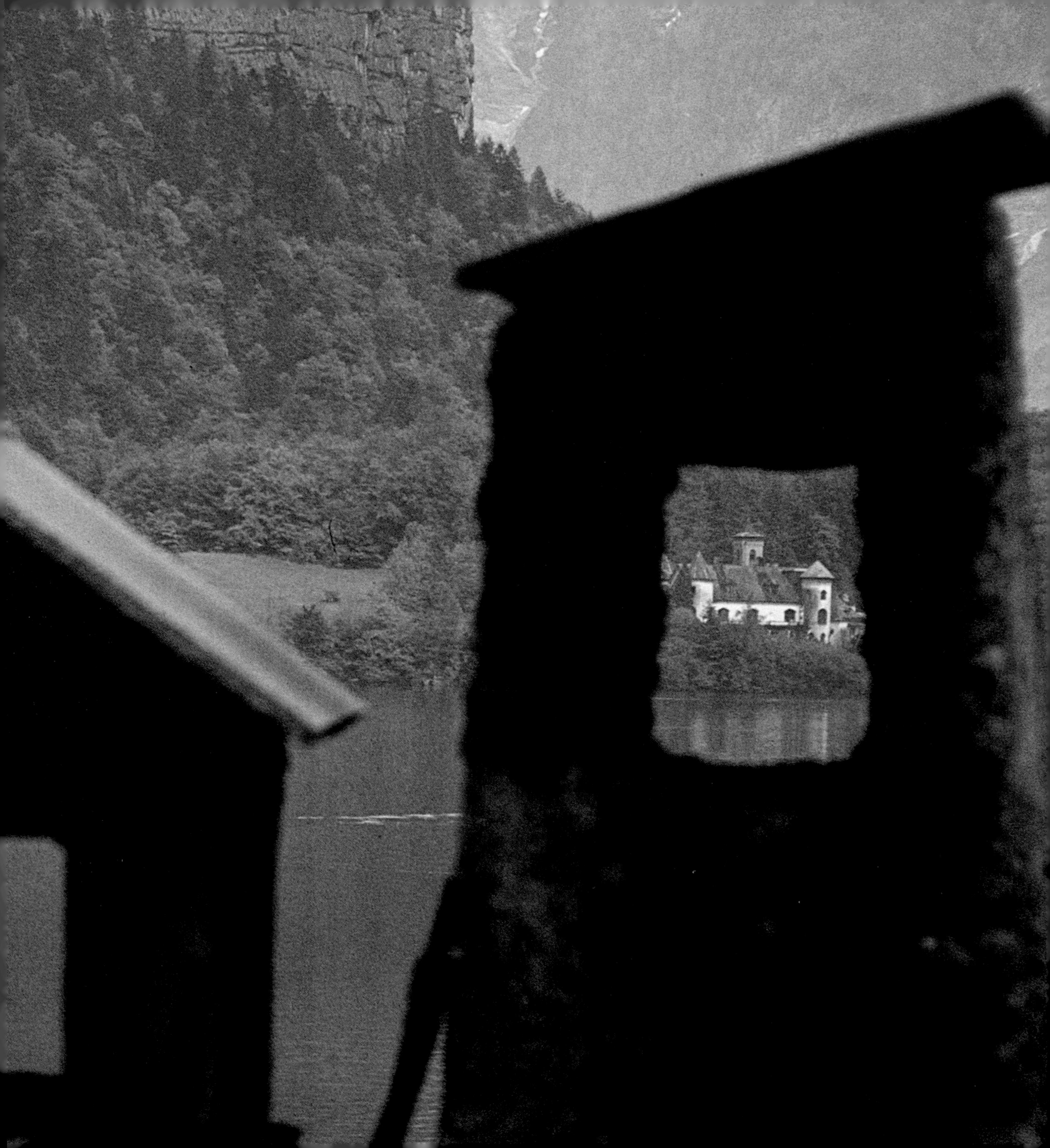

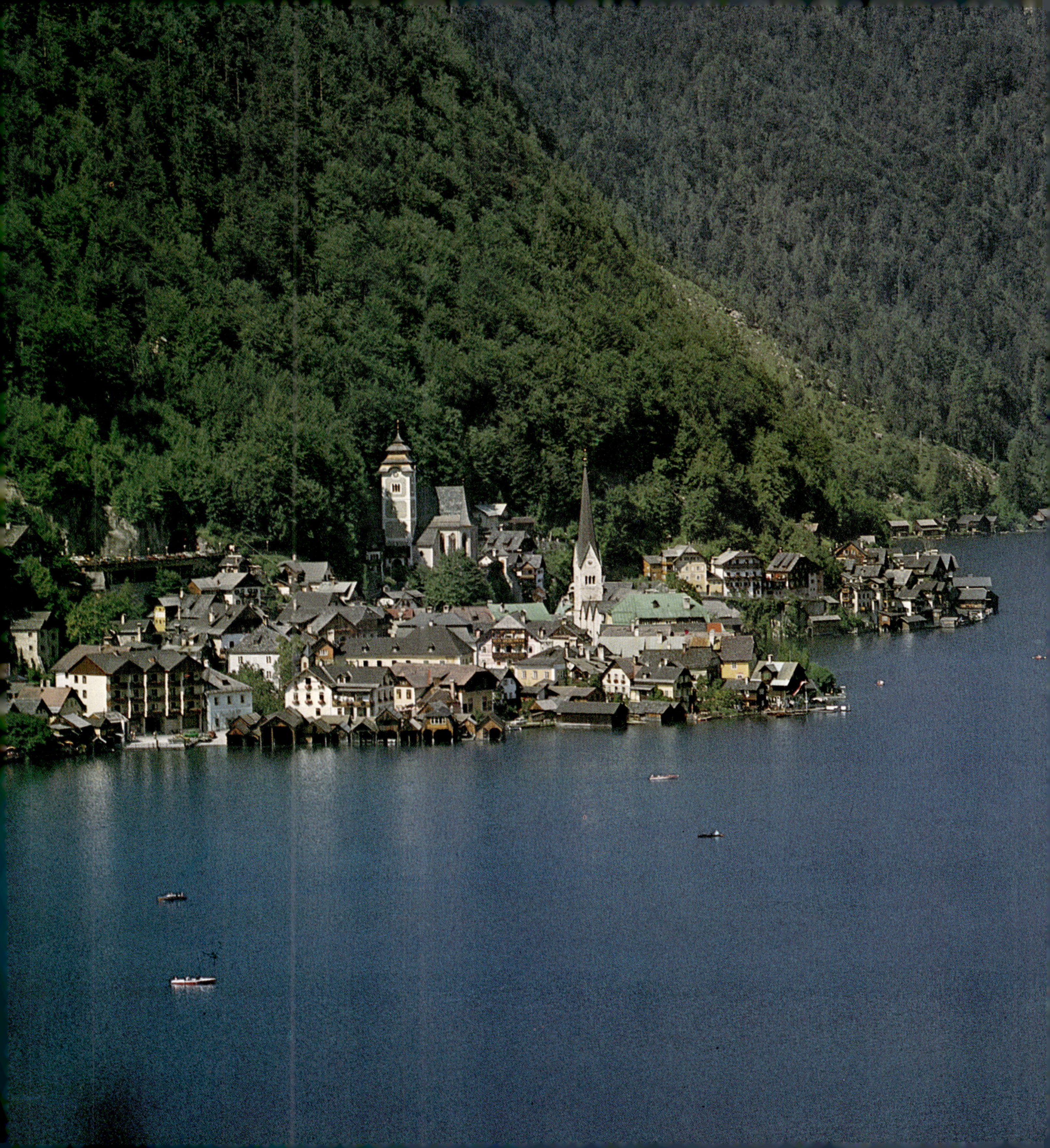

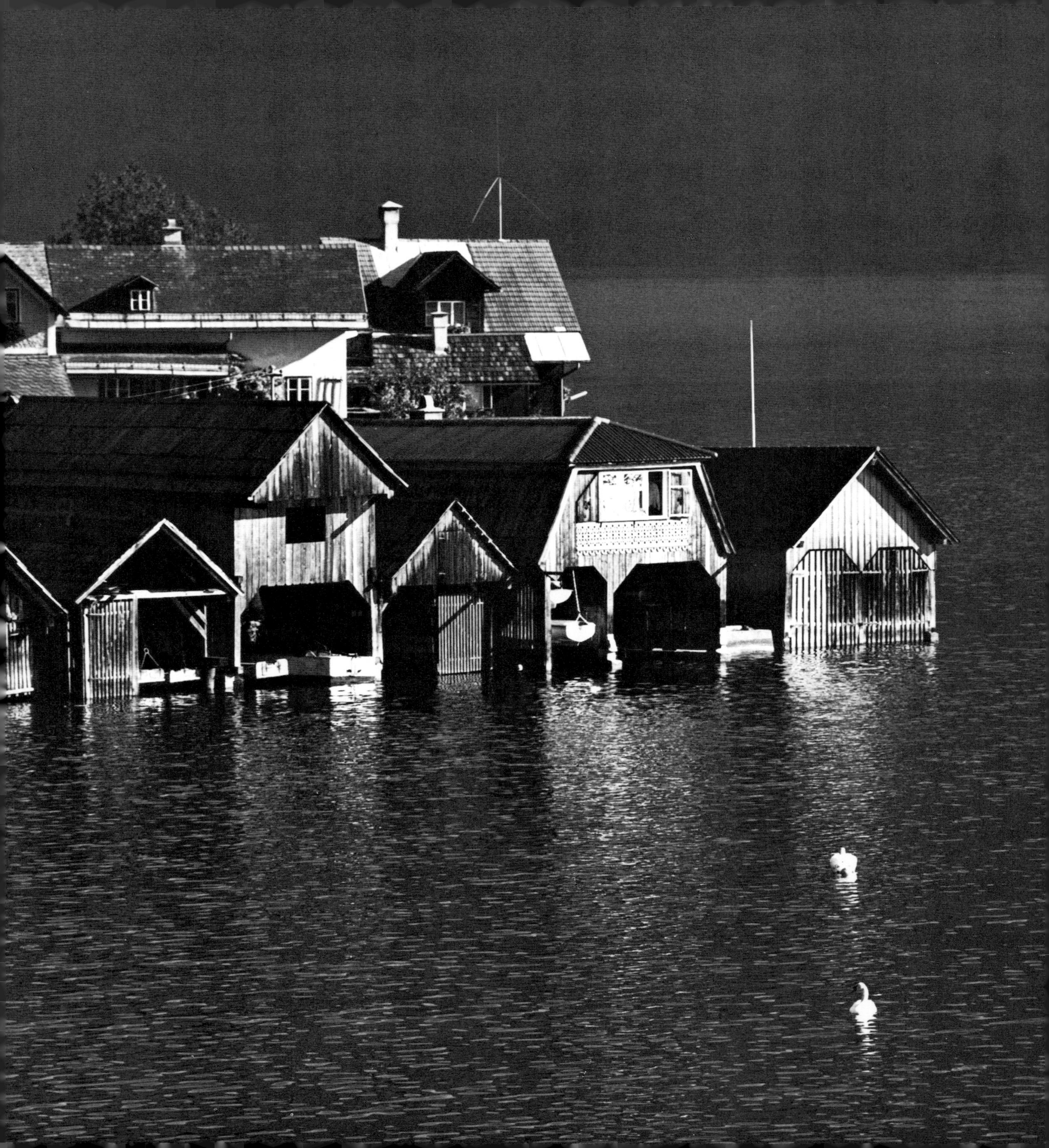

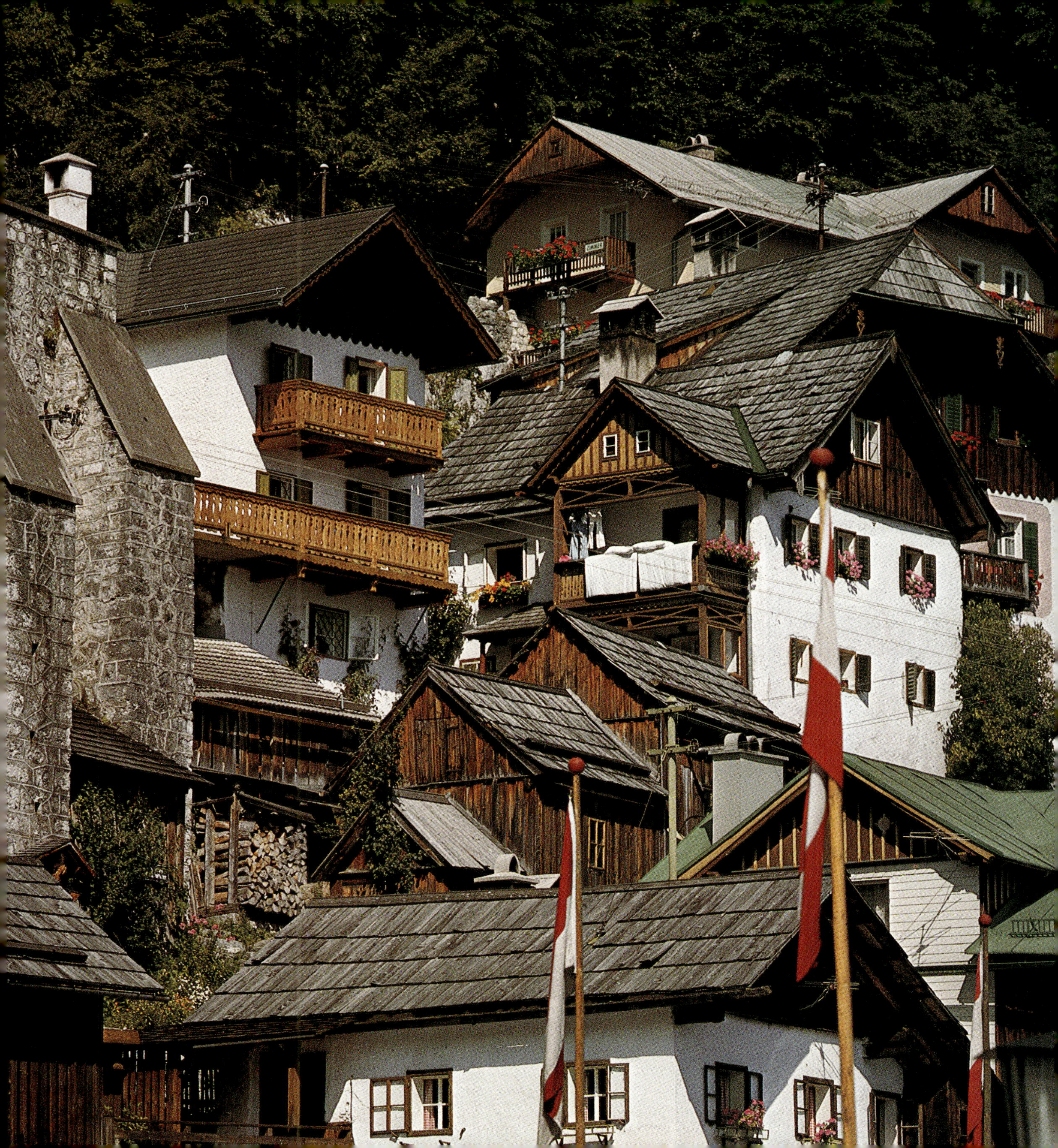

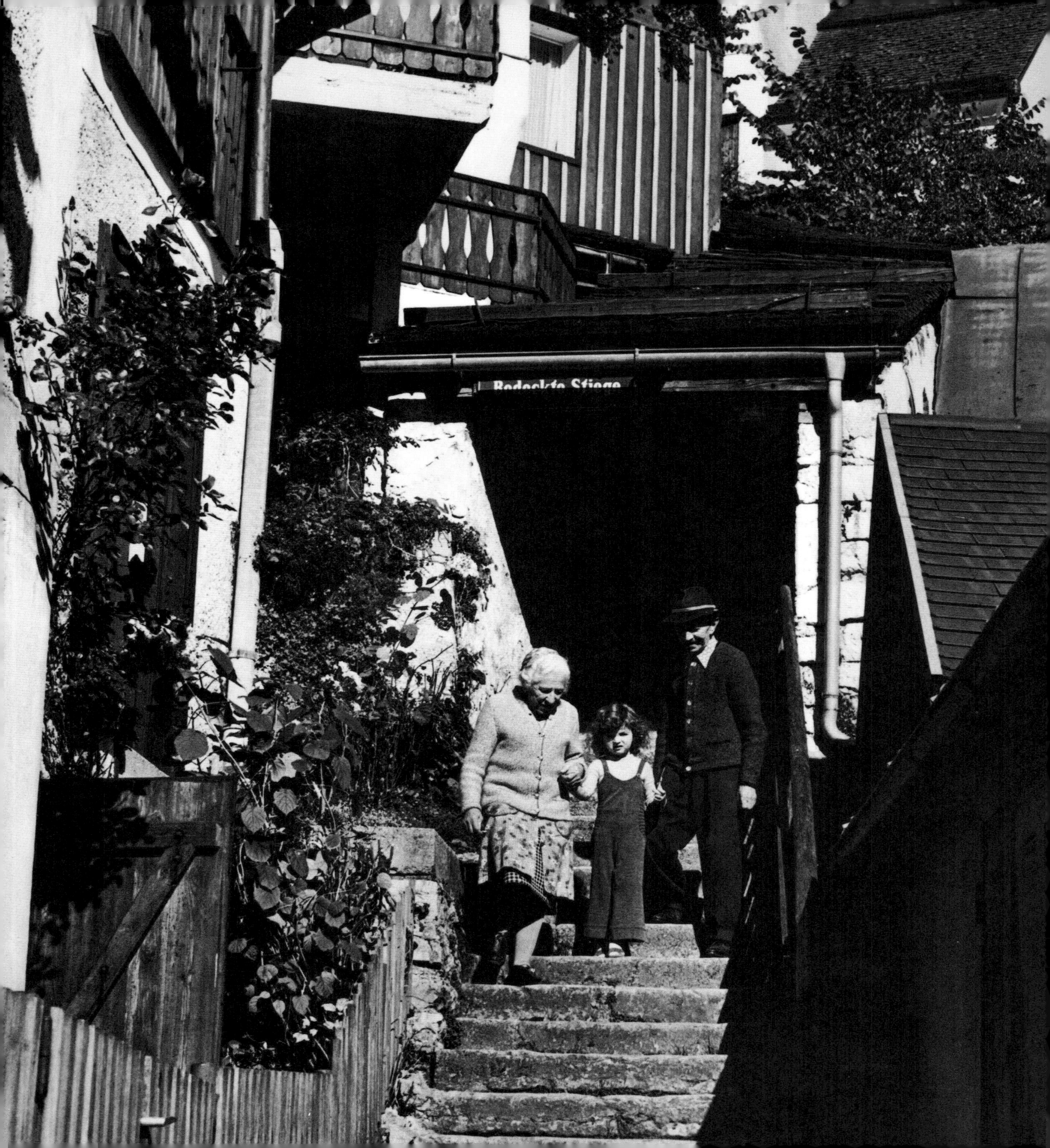

◁ Die „Bedeckte Stiege" führt zur katholischen Pfarrkirche, die im Mittelalter auf einem steil abfallenden Felsen erbaut wurde.

▷ Jahrhundertelang, bis zum Jahr 1890, gab es zwischen Berg und See keine Straße, sondern nur diesen schmalen Weg.

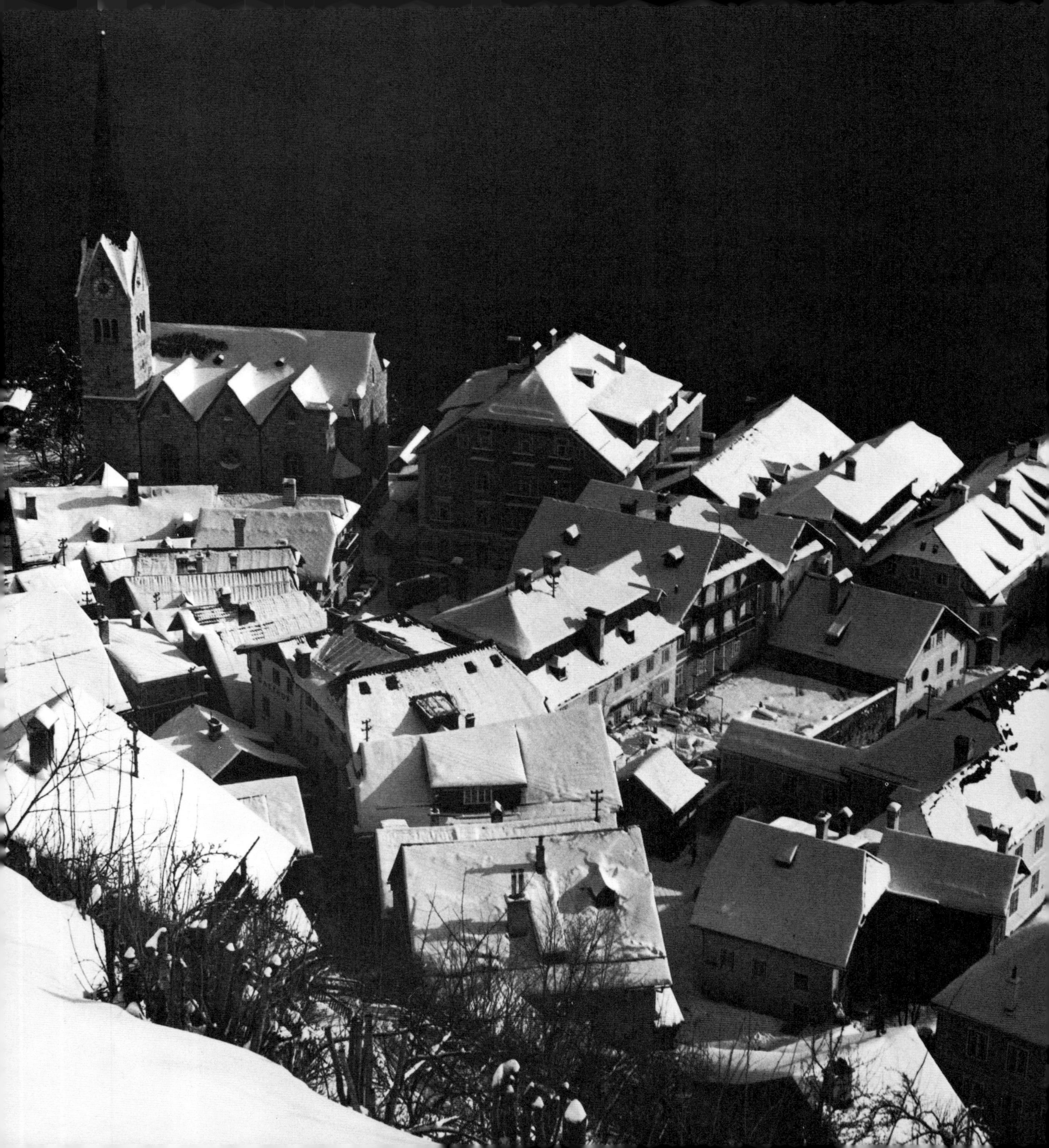

anderes, ob man als Dichter, Maler, Fotograf und Urlauber nach Hallstatt kommt, oder ob man hier lebt. Da sind die zwischen Berg und See eingezwängten Häuser kein bloßes Motiv mehr, da bedeutet es den Kampf mit der Natur. Jeder Meter Boden mußte hier dem Berg abgerungen werden. Jahrhundertelang gab es zwischen Berg und See keine Straße, sondern nur einen schmalen Weg. Was nicht über den See befördert werden konnte, mußte sich da durchzwängen.

Berg und See, das ist nicht nur Hallstatts Schönheit, das ist auch Hallstatts Schicksal. Von unten rückt der See an den Ort heran, von oben drohen Steinschlag und Lawinen. Heute ist Hallstatt dagegen weitgehend abgesichert, aber das war nicht immer so. „Es gibt nur zwei Todesarten für den Hallstätter", witzelte man in den Nachbargemeinden, „ersaufen oder von einem Stein erschlagen werden!"

Zwischen Berg und See soll Platz sein für die Autos, für die Menschen, für die Toten, für den lieben Gott – das dürfte ungefähr die Reihung sein, in der der moderne Mensch seine Probleme sieht. Die Hallstätter wissen sich zu helfen: Parkplätze gibt es zumindest soviel wie anderswo, wenn man sich der ungeheuren Strapazen unterzieht, einen Fünf-Minuten-Spaziergang zu unternehmen. Die Häuser sind so angelegt, daß sie jeden Zentimeter Boden ausnützen. Die Toten müssen früher als anderswo aus ihren Gräbern und wandern dann ins Beinhaus. Der liebe Gott hat sogar im beengten Zentrum zwei Kirchen, und wenn das zu wenig wird – wie zum Beispiel zu Fronleichnam – fährt man auf den See.

Vom Bekenntnis der Hallstätter zur Eigenart ihres Heimatortes war die Rede. Das berechtigt vielleicht zur Frage: Was bleibt ihnen denn anderes übrig? Nun, es gab da einmal den Streit um das Projekt einer Straße, die zwischen See und Berg gezwängt werden sollte. Es ist das noch gar nicht so lange her. (Näheres im Kapitel „Erhalten und Erneuern des Schönen", Seite 137.) Entweder diese Straße, oder Hallstatt bleibt für immer von der Welt – und damit auch vom Fremdenverkehr – abgeschlossen, hieß es.

Kaum ein ebener Streifen bleibt zwischen Berg und See für die Häuser, mit Ausnahme eines kleinen Deltas, das der von den Bergen herabstürzende Bach dem Ort gebracht hat.

Trotzdem sagte – zum Entsetzen der Obrigkeit – die Mehrheit der Bevölkerung nein. Erst daraufhin wurde ein Tunnel gebaut. Hallstatt ist nicht von der Welt abgeschlossen, dafür aber für die Welt das geblieben, was es immer war: ein Ort von unvergleichlicher Schönheit.

Dokumentationen

*L*assen Sie uns nun noch über die Dächer von Hallstatt weg
in den Felsen umhersteigen. Ich sage über die Dächer weg, denn die Häuser sind so
dicht an Felsen hingebaut, daß, wenn Sie unten am See von dem schmalen
gebürsteten Ufer in das erste Stockwerk hinaufsteigen, sie aus den Zimmern desselben
rückwärts ebenen Weges auf die Felsen kommen, die über die Dächer
in den See hinabblicken.

Joseph August Schultes (1809) (1)

*W*er ist mehr zu beneiden, als die Bewohner eines Ortes,
in dessen Bezirk die Natur selbst ihre Schönheiten ausstellte.

Franz Sartori (1813) (2)

*S*o sonderbar, wie Hallstatt gelegen ist, hatte ich bisher
noch keinen Ort gesehen. Die Häuser scheinen nur an dem steilen und schmalen
Ufer zu kleben.

Franz Sartori (1813) (2)

*D*ie Häuser schienen aufeinander zu sitzen, so wie sie an
das schräge und schmale Ufer hingebaut sind, an welchem sie wie Schwalbennester
leben, und sich im grünen Email des Sees spiegeln.

Franz Sartori (1813) (2)

*S*onderbar liegt Hallstatt mit ihren, an den steilen Felsenwän-
den, und hart am Ufer des Sees angebauten Häusern da, und es gewährt, besonders
vom See aus, einen besonderen Anblick, wenn man zwei, drei Häuser
aufeinandergebaut zu sehen glaubt, und bei Untersuchung
vieler, besonders der am See angebauten Häuser, statt zu ebener Erde, man beim
Dache, oder im oberen Geschosse zum Hause eintritt,
oder in selbe sowohl unten als oben hineinkommen kann.

Johann Steiner (1820) (5)

*E*in unförmiges Geschiebe von Häusern in einer gedehnten
Reihe an das schmale Seegestade hingezwängt, teilweise an die Bergwand angelehnt
und auf den Abhang angeklammert, so stellt sich Hallstatt dar.

Matthias Koch (1846) (6)

*N*irgends in der Welt vielleicht gibt es so viel Treppen auf
so engem Raume als hier. Der Flecken macht den Eindruck, als sei er von einer
Riesenhand, tüchtig durcheinander gerüttelt und geschüttelt, an den
lotrecht aus dem schwarzen See aufsteigenden Felsen geworfen und kleben geblieben.

Wilhelm Raabe (1864) (7)

*W*o die Dächer aufhören, fangen die Straßen an; in keiner
Stadt der Erde muß es so gefährlich sein, sich einen Rausch zu trinken, wie hier.

Wilhelm Raabe (1864) (7)

Quellenangaben auf Seite 244.

III. Der Dachstein
Das stolzeste Schaustück der Nördlichen Kalkalpen

Zwischen zwei Schnäpsen kramt ein alter Bergführer bei einem abendlichen Plausch auf der Simonyhütte in seinen Dachstein-Erinnerungen. „Drei Meter tief war die Gletscherspalte und fünf Stunden hab ich schon probiert, da herauszukommen!" Alles lauscht gespannt. „Ich war ganz allein, niemand hat mir helfen können. Die Eiswänd waren so steil und glatt, daß ich unmöglich aufikönnen hab. Also hab ich um Hilfe geschrien, aber es hat mich keiner ghört. Jetzt ist's auch noch finster wordn. Meine Händ und meine Füaß hab ich schon nimmer gspürt..."

Irgendwann, denkt der Zuhörer, muß jetzt doch die Wendung zum Guten kommen, sonst säße er ja nicht mehr da, der mutige Mann, der dieses Abenteuer zu bestehen hatte.

Aber es kommt nicht, das Happy-End dieser Geschichte. Der Bergführer erzählt munter drauflos, er schmückt jedes Detail aus, aber er kommt und kommt nicht auf den Kern der Sache. Bis einer in der Zuhörerrunde die Geduld verliert und fragt: „Na und wie sind Sie denn gerettet worden?"

„Gerettet?" kommt die Frage erstaunt zurück. „Gerettet hat mich niemand. Aber mir ist eingefallen, daß auf der Simonyhütte a Leiter is. Die hab ich mir halt dann geholt...!"

Man darf nicht alles glauben, was Bergführer so erzählen.

Gletscherspalten und Randkluft

Eine Leiter allerdings – und damit kommen wir endlich zum ernsten Teil des Dachstein-Kapitels – hat in der Geschichte des Dachsteins tatsächlich eine Rolle gespielt. Lange bevor die Simonyhütte erbaut wurde, ließ der Mann, dessen Namen sie trägt, bei der Dachstein-Randkluft eine Holzleiter aufstellen. Manchmal ist diese Stelle, wo zwischen Hallstätter Gletscher und dem steilen Fels der Nordostflanke des Hohen Dachsteins häufig eine gefährliche Spalte klafft, gänzlich ungangbar. Bei Übersetzungen der Kluft verwendete man deshalb eine Leiter, die später auf der Dachsteinwarte aufbewahrt und von dort immer herbeigeholt werden mußte. 1878, ein Jahr nach der Eröffnung der Simonyhütte, wurde, um der Randkluft auszuweichen, mit Eisenzapfen und Schiffstauen ein Felsenanstieg über die Dachsteinschulter geschaffen.

Anstieg über die Dachstein-Schulter

Wer heute auf den Dachstein will, kann das bequemer haben als auf dem klassischen Anmarschweg von Hallstatt über die Simonyhütte und den Hallstätter Gletscher.

Trotzdem: Bei tausend Urlaubern, die davon schwärmen, daß sie auf dem Dachstein waren, sollte man 999mal zweifeln. Die meisten Touristen, die in eine der Gondeln der Dachstein-Seilbahnen eingestiegen sind, in einem der Bergrestaurants speisen und anschließend in einem Liegestuhl Gletscherbräune tanken, erklären guten Gewissens: Wir waren auf dem Dachstein!

Sind wir nicht ungerecht. Gar so unrichtig ist das gar nicht. Denn zum Dachsteinmassiv gehören auch die mit der Seilbahn zu erreichenden Berge: Die Schönbergalm (Ausgangspunkt zu Eis- und Mammuthöhlen), der Krippenstein, die Gjaidalm, die Zwieselalm, der Hunerkogel.

Seilbahnen erschließen die Dachsteinwelt

Mit einem lachenden und einem weinenden Auge vermerkt der Österreicher die Erschließung des Dachsteins durch die Seilbahnen. Massentourismus im Hochgebirge, seufzen die einen. Ein Land wie Österreich kann es sich einfach nicht leisten, die Chancen des Fremdenverkehrs nicht auszunützen, argumentieren die anderen. König Dachstein lächelt über diesen Streit. In seinem Reich ist Platz für alle: für die Gipfelstürmer und Halbschuhtouristen, Kletterakrobaten und Wanderratten, Einsamkeitsfanatiker und Ansichtskartenschreiber.

Keiner der vielen Gipfel und Grate, Zinnen und Zacken des Dachsteingebirges ist unbezwungen. Deswegen hat der Dachstein jedoch nichts von seiner Erhabenheit eingebüßt. Wer die Einsamkeit sucht, kann sie in der Unendlichkeit des Dachsteinmassivs finden. Ob man mit Steigeisen und Pickel auf den Dachstein will oder ob man ihn durch das Fenster eines Bergrestaurants betrachtet, der Dachstein bleibt auch in unserem Jahrhundert das, was er für die ersten Dachstein-Pioniere war: Das stolzeste Schaustück der Nördlichen Kalkalpen.

Oberösterreichs schönster ist auch Oberösterreichs höchster Berg. Über seine genaue Höhe allerdings streiten sich die Gelehrten und Fremdenverkehrsleute. Zwischen 2993 und 3005 schwanken die Angaben. Manche begründen das mit dem unterschiedlichen Niveau der Meere, von denen aus die Messungen erfolgten, andere wieder halten sich mit Begründungen überhaupt nicht auf und sprechen kurzweg vom „Dreitausender".

Wie hoch ist der Dreitausender?

Für den Dachsteinort Hallstatt bleibt der Dreitausender allerdings unsichtbar. Wer das stolzeste Schaustück der Nördlichen Kalkalpen bestaunen will, muß auf einen der Nachbarberge oder in einen der Orte, die weiter entfernt sind vom Dachstein als Hallstatt.

Für die Hallstätter ist der Dachstein jedoch nicht nur der Berg, der in ihrem Gemeindegebiet liegt. Es ist der Berg, der die ersten Touristen nach Hallstatt brachte; von Hallstatt aus wurde der Dachstein erschlossen. Seit Generationen sind die Hallstätter mit dem Dachstein schicksalhaft verbunden. Fast in jeder Hallstätter Familie gibt es einen Bergführer, einen Bergrettungsmann oder zumindest einen Bergsteiger. Und in den Wirtshäusern werden nicht die Fernsehkrimis vom Vorabend diskutiert, sondern die Erfahrungen und Erlebnisse mit dem Dachstein. Die Geschichten, die hier erzählt werden, sind auch wahr. Wo jeder Zuhörer den Dachstein ebensogut kennt wie der Erzähler, hört sich das Bergsteigerlatein auf.

Viele dieser Männer haben zehn-, zwanzig-, ja sogar fünfzigmal ihr Leben eingesetzt, um anderen das Leben zu retten. Und je leichter es wird, auf den Dachstein zu kommen, desto mehr werden seine Gefahren unterschätzt. Es ist kein Zufall, daß das traurigste Kapitel in der Geschichte des Dachsteins nicht in der Zeit

Der Todesmarsch am Karfreitag

der Erstbesteigungen geschrieben wurde, sondern in der zweiten Hälfte des zwanzigsten Jahrhunderts. Zehn Kinder und drei Lehrer haben am Karfreitag des Jahres 1954 ihr Leben lassen müssen, weil die Gefahren der Berge unterschätzt wurden, weil man außer acht ließ, daß das Hochgebirge für einen Fitneßmarsch ungeeignet ist.

Kaum einer, der von der Seilbahnstation oder von einem der ungefährlichen Wanderwege aus auf den Dachstein blickt, macht sich eine Vorstellung von der Größe dieses Gebietes. Eine Meldung aus jüngster Zeit: Obwohl Neuschnee gefallen war, wollten zwei Familien, unter ihnen vier Kinder, auf Skiern über den Dachsteingletscher. „Nur die Tatsache, daß es zu schneien aufgehört hatte und die Nacht sternenklar war, machte es möglich, daß die Skifahrer nach einem mehr als 16 Stunden dauernden Marsch gestern um drei Uhr früh unversehrt eine Schutzhütte erreichen konnten", stand in den Zeitungen.

Wenn einer nicht weiß, was er sich zutrauen kann, ist daran nicht der Dachstein schuld. Das Dachsteinmassiv hat Touren aller Schwierigkeitsgrade in seinem Repertoire. Bequeme und gänzlich ungefährliche Wanderwege, Gletscherüberquerungen, Kletterpartien, Tagesmärsche. Mehr als zweitausend Anstiege gibt es, wurde nicht nur ausgerechnet, sondern auch ausprobiert.

Mehr als 2000 Anstiege

Wer hätte sich das träumen lassen im vorigen Jahrhundert, als die Eroberung der Alpen überall mächtig einsetzte und auch der Dachstein die kühnen Bergpioniere herausforderte?

Manche hielten eine Dachsteinbesteigung für unmöglich. Nicht irgendwelche Flachländler, sondern bergerfahrene Männer. Der prominenteste der Pessimisten war Franz Joachim Ritter von Kleyle, der ständige Bergbegleiter des alpinistisch erfolgreichen Erzherzogs Johann. Er prophezeite 1810, also in einer Zeit, als Montblanc und Großglockner, Watzmann und Ortler längst bezwungen waren, daß alle Versuche, den Dachstein zu besteigen, „wahrscheinlich immer mißglücken werden, weil selbst da, wo die Form des Gebirges kein Hindernis in den Weg legt, die Eisklüfte das Aufsteigen zu gefährlich machen".

Als man eine Dachsteinbesteigung für unmöglich hielt

Der erste Werbetexter für das Salzkammergut

Ganz anders als dieser Hofrat Franz Joachim Ritter von Kleyle der fast gleichaltrige Mediziner, Botaniker und Alpenschriftsteller Joseph August Schultes, der vierzehn Jahre hindurch Oberösterreich bereiste und darüber amüsante Berichte schrieb. Er war, was Sie vielleicht aus den vorhergehenden Kapiteln noch in Erinnerung haben, mehrmals in Hallstatt und unternahm auch schon im Jahr 1804 eine „Excursion auf den Glätscher am Dachsteine". Sie hat bei ihm „unauslöschliche Bilder" zurückgelassen. Schließlich gipfelt die Begeisterung dieses ersten Werbetexters für das Salzkammergut in einem prophetischen Satz: „Ich umarme Sie, und alle, die nach mir den Dachstein besteigen, im Geiste!"

Erzherzog Johann wollte auf den Gipfel

Erst sieben Jahre später hat Erzherzog Johann „mit der größten Aufmerksamkeit diesen höchst interessanten Gebirgsstock" betrachtet und wieder sechs Jahre später wurden dann „auf Veranlassung Sr. kaiserl. Hoheit ernste Anstalten getroffen, den Gipfel zu ersteigen, da Höchstderselbe selbst sodann diese Ersteigung vorzunehmen gedachte".

Erstbesteigung im Alleingang

Nicht Seine kaiserliche Hoheit allerdings stand als erster auf dem Gipfel des Hohen Dachsteins, sondern ein Bauer und Bergführer aus Filzmoos: Der damals 43jährige Peter Gappmayr hat 1832 als erster im Alleingang über den Gosaugletscher den Dachsteingipfel erreicht.

Die Dachsteinhöhlen

Viel später als die Höhen wurden die Tiefen im Dachsteingebirge entdeckt, wohin es heute alljährlich hunderttausend Menschen zieht. Von den rund 250 Dachsteinhöhlen, deren gewaltiges Ausmaß noch immer nicht restlos erforscht ist, sind drei durch bequeme Weganlagen erschlossen. Der Großteil der Besucher strömt zur Dachstein-Rieseneishöhle, aber auch die Domhallen der Mammuthöhle und die von unterirdischen Gewässern durchtobte Koppenbrüllerhöhle sind begehrte Wanderziele. Ein Eisenbahner aus Linz (Georg Lahner) hatte 1910 die unterirdische Märchenwelt des Dachsteins aus dem Dornröschenschlaf geweckt.

Keiner der Dachstein-Pioniere ist im Bewußtsein der Bevölkerung so lebendig geblieben wie Friedrich Simony (1813 bis 1896). Mit Recht trägt die älteste und bekannteste Dachsteinhütte seinen Namen. Auf dem Weg von Hallstatt zum Wiesberghaus und zur Simonyhütte erinnert ein schlichtes Denkmal an diesen Mann, der 1840 nach Hallstatt kam und dessen Leben fortan für immer mit Hallstatt und dem Dachstein verbunden blieb. Er hat die Wege ausgebaut und den Gipfel in eiserne Fesseln gelegt. Er hat 1842 als erster den Dachstein im Winter bestiegen, er hatte im darauffolgenden Sommer den Ehrgeiz, eine Nacht auf dem Dachsteingipfel zu verbringen – und blieb eine Woche später eine weitere Nacht, diesmal ganz allein.

Friedrich Simony und der Dachstein

Simony war es, der Adalbert Stifter auf den Dachstein aufmerksam machte und damit den Anlaß gab für die Erzählung „Bergkristall", mit der die Dachsteinlandschaft literarische Weltgeltung erlangte.

Adalbert Stifters „Bergkristall"

„Das Dachsteingebiet, ein geographisches Charakterbild aus den österreichischen Nordalpen, nach eigenen photographischen und Freihandzeichnungen illustriert und beschrieben von Dr. Friedrich Simony, k. k. Hofrat und em. Universitäts-Professor" lautet der Titel des ein Jahr vor Simonys Tod fertiggestellten Monumentalwerkes über den Dachstein.

Hier, auf dem Dachstein, schwelgte Simony „im Hochgenuße eines Sonnenunterganges auf dem länderbeherrschenden Felsenfürsten", hier wünschte er, sich „dem trügerischen Spiele der Luftgeister anheimzugeben und der Laune des Alpenkönigs Trotz zu bieten".

Auf dem Dachstein wurden selbst die Wissenschafter zu romantischen Dichtern.

Dokumentationen

*S*ie werden Ihren Augen kaum trauen! Sie werden sich selbst
es kaum glauben, daß Sie hier herabzukommen vermochten! Gewiß läßt diese kleine
Alpenexpedition ewig unauslöschliche Bilder in Ihrer Seele zurück, und
herzlich soll es mich noch im Grabe freuen, wenn ich Ihnen, Ihren Freunden,
und den Freunden des Großen und Erhabenen in der Natur, die sich durch mich zu
einer Exkursion auf den Hallstätter Schneeberg verführen ließen,
nur den zehnten Teil des Vergnügens verschaffen kann, das mir diese
Expedition gewährte.
Ich umarme Sie, und alle, die nach mir den Dachstein besteigen, im Geiste!

Joseph August Schultes (1809) (1)

*A*lle Versuche, die höchste Spitze dieses merkwürdigen
Gebirges von der nordöstlichen, östlichen und südlichen Seite zu besteigen,
sind mißglückt, und werden wahrscheinlich immer mißglücken, weil selbst da,
wo die Form des Gebirges kein Hindernis in den Weg legt,
die Eisklüfte das Aufsteigen zu gefährlich machen.

Franz Joachim Ritter von Kleyle (1810) (8)

*S*chon im Jahre 1811 besah Sr. kaiserliche Hoheit mit der
größten Aufmerksamkeit diesen höchst interessanten Gebirgsstock und wünschte
dessen Ersteigung. Bei den Exkursionen, welche dieser erhabene
Prinz in den folgenden Jahren in den Alpen der Steiermark unternahm, fesselte
der Dachstein in stets erhöhtem Maße dessen
Aufmerksamkeit, und vom Jahre 1817 an wurden auf Veranlassung Sr. kaiserl. Hoheit
ernste Anstalten getroffen, den Gipfel zu ersteigen,
da Höchstderselbe selbst sodann diese Ersteigung vorzunehmen gedachte.

Über Erzherzog Johann (1834) (9)

*I*ch harrte mit Sehnsucht, und nach 8 Uhr auch mit Bangig-
keit, ihrer Rückkunft entgegen; bis sie endlich um 10 Uhr erfolgte, und uns alle
mit Freuden erfüllte. Ein hölzernes Kreuz verkündet jetzt
in weite Ferne: Auch der Dachstein ist erstiegen!

Vikar Georg Niederjauffner (1834) (10)

*W*enigen mochte wohl bis jetzt der nicht gar leicht
zu erringende Genuß geworden sein, auf einer fast 10.000 Fuß hohen Bergspitze,
die in weitem Umkreise alles beherrscht, wie der Dachstein, ich möchte
sagen: die Gottheit selbst bei der Staffelei ihres täglich neu werdenden Werkes zu
belauschen, wie sie das Schleiertuch der Nacht vom Bilde
abrollt und nun allmählich mit der Prometheusfackel das Feuer des Lebens entflammt.
Ich habe ihn gehabt, diesen Genuß,
er schuf mir die schönste, die erhabenste Stunde meines Lebens.
*Friedrich Simony nach einer Nacht auf dem Hohen Dachstein
(15./16. 9. 1843)* ⑪

*U*nstreitig gebührt der Rieseneishöhle von allen unterirdischen Wundern des Dachsteinhöhlenparkes vom ästhetischen Standpunkte
aus der Vorrang, wenngleich sie an Längenausdehnung noch weit
hinter ihrer Nachbarin, der Mammuthöhle, zurückbleibt.
Die Pracht ihrer Eisgebilde ist unbeschreiblich, der Glanz der Höhle,
ihre Erhabenheit sind wie etwas Erdentrücktes – sie ist ein wahres Feenschloß.
Georg Lahner (1919) ⑫

Der Gipfel des Hohen Dachsteins.

Klettertouren aller Schwierigkeitsgrade weist der Dachstein auf.

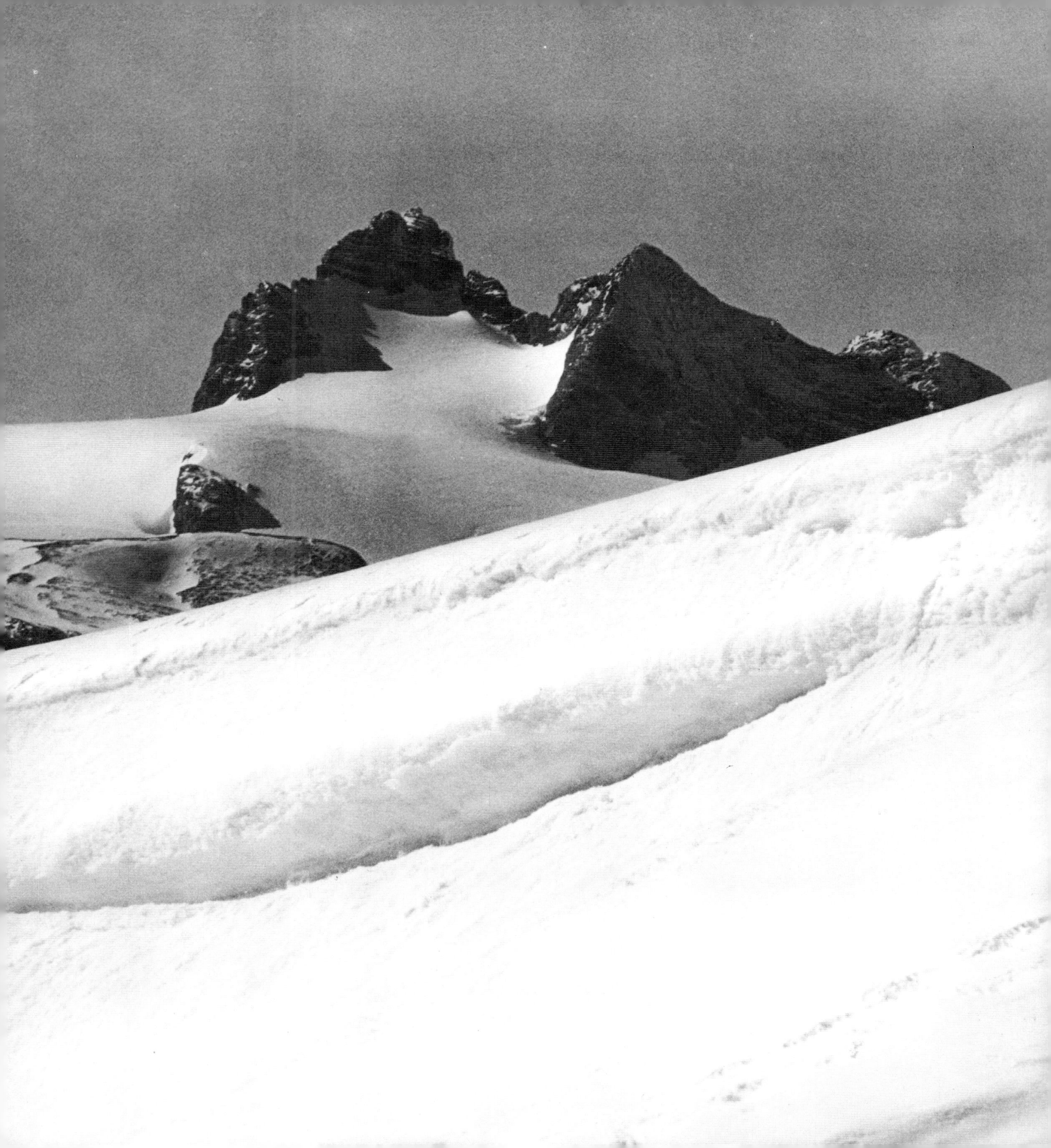

Hinter den weißen Feenlandschaften der Dachsteingletscher verbergen sich Gefahren, gegen die selbst geübte Kletterer nicht gefeit sind. Auf den Bildern: Die Bergung aus einer Gletscherspalte — was eine ganz besondere Technik erfordert — wird geübt.

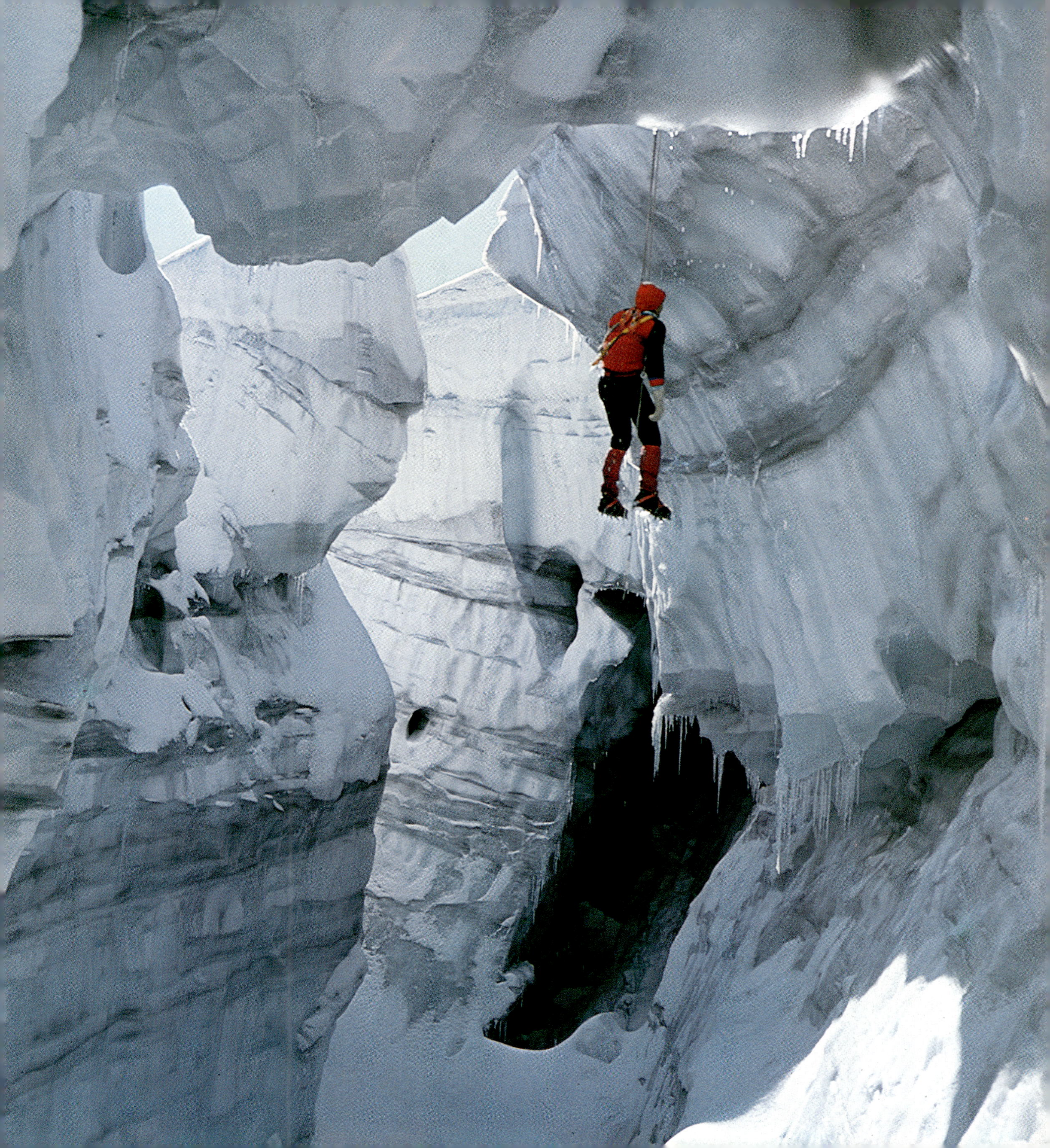

Zum Gedächtnis an die Heilbronner Lehrer und Schüler, die in der Karwoche des Jahres 1954 auf dem Dachstein ihr Leben lassen mußten, wurde auf dem Krippenstein diese Kapelle erbaut, in der Gottesdienste für beide christlichen Religionen abgehalten werden.

Gottesdienst in 2206 Meter Höhe. Neben der Simonyhütte steht die Dachstein-Kapelle.

Der fröhliche Musikant auf dem Wiesberghaus ist der Linzer Weihbischof Dr. Alois Wagner. Neben ihm die Hüttenwirtin, die Platzl Gretl.

Die Seniorin in der Hüttenfamilie des Dachsteins: Die Simonyhütte. Sie wurde zum 47. Geburtstag von Kaiser Franz Joseph (18. August 1877) eröffnet. So schön wie auf diesem Bild sah die Hütte damals allerdings noch nicht aus.

Ein etwas ungewöhnlicher Blick auf den Dachstein.

Hallstatt, von der Herrlichkeit des Dachsteins überstrahlt

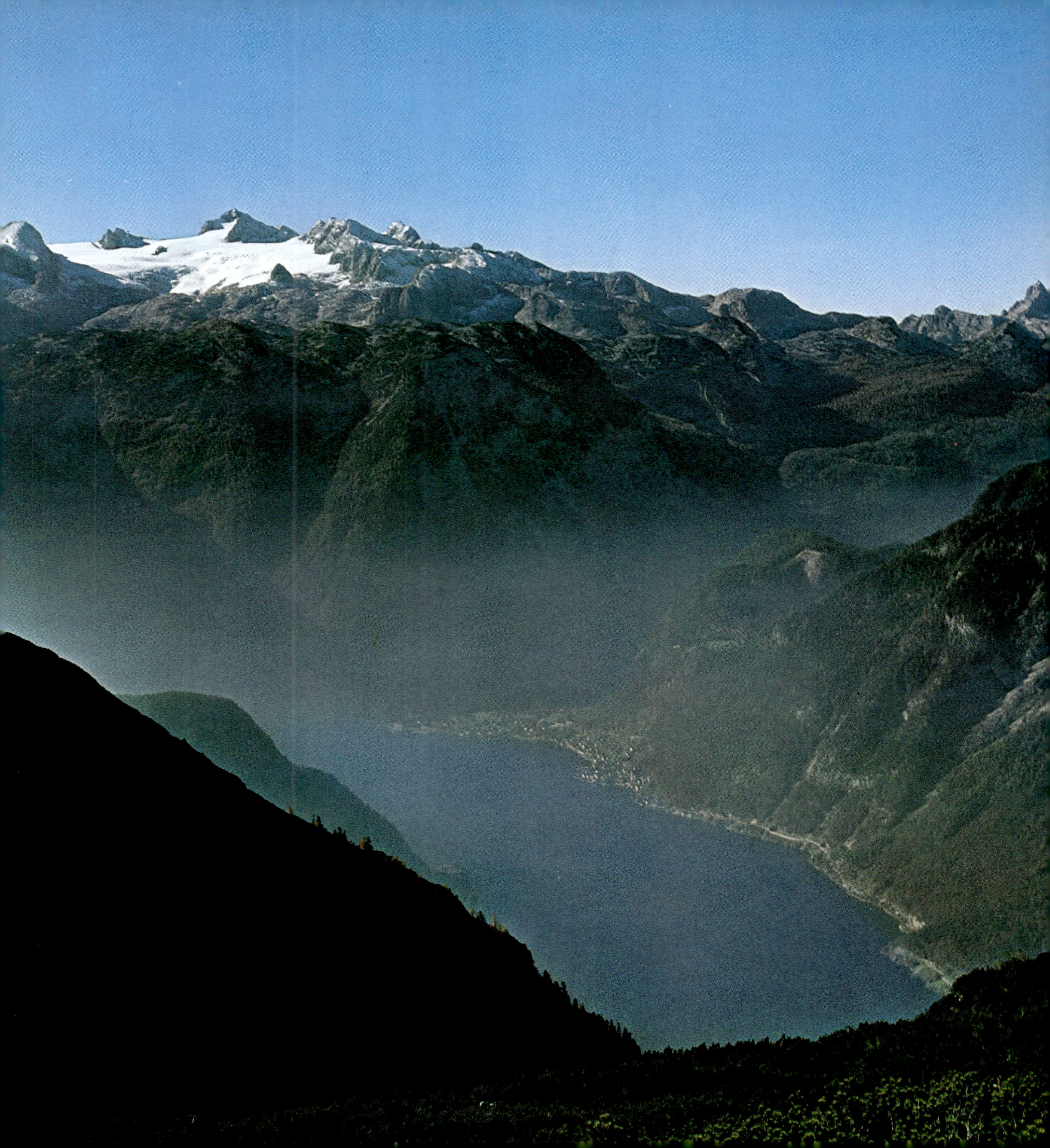

Tristandom nannten die ersten Höhlenforscher diesen Eispalast im Inneren des Dachsteins.

Seilbahnen haben das Dachsteingebiet touristisch erschlossen.

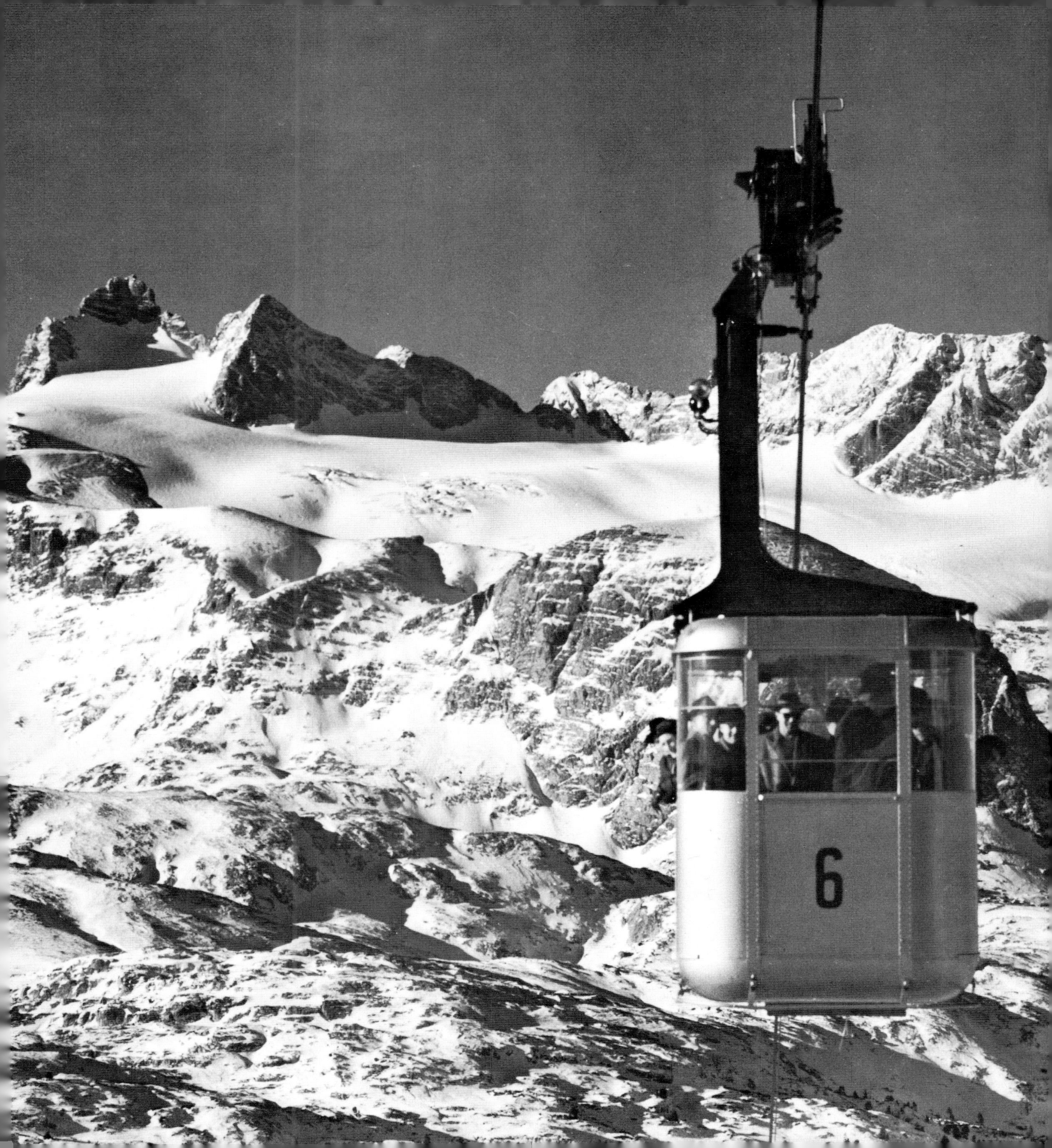
6

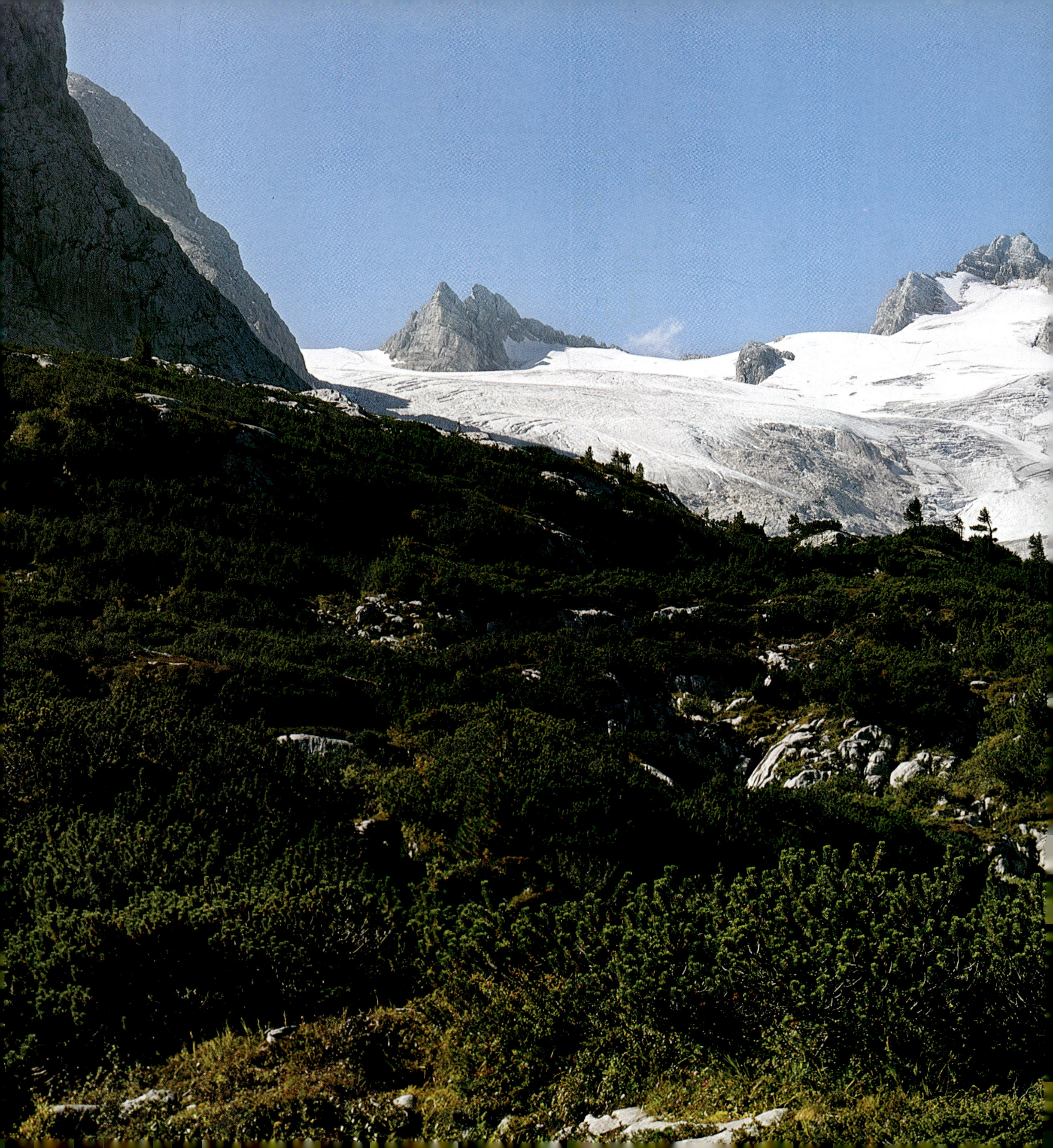

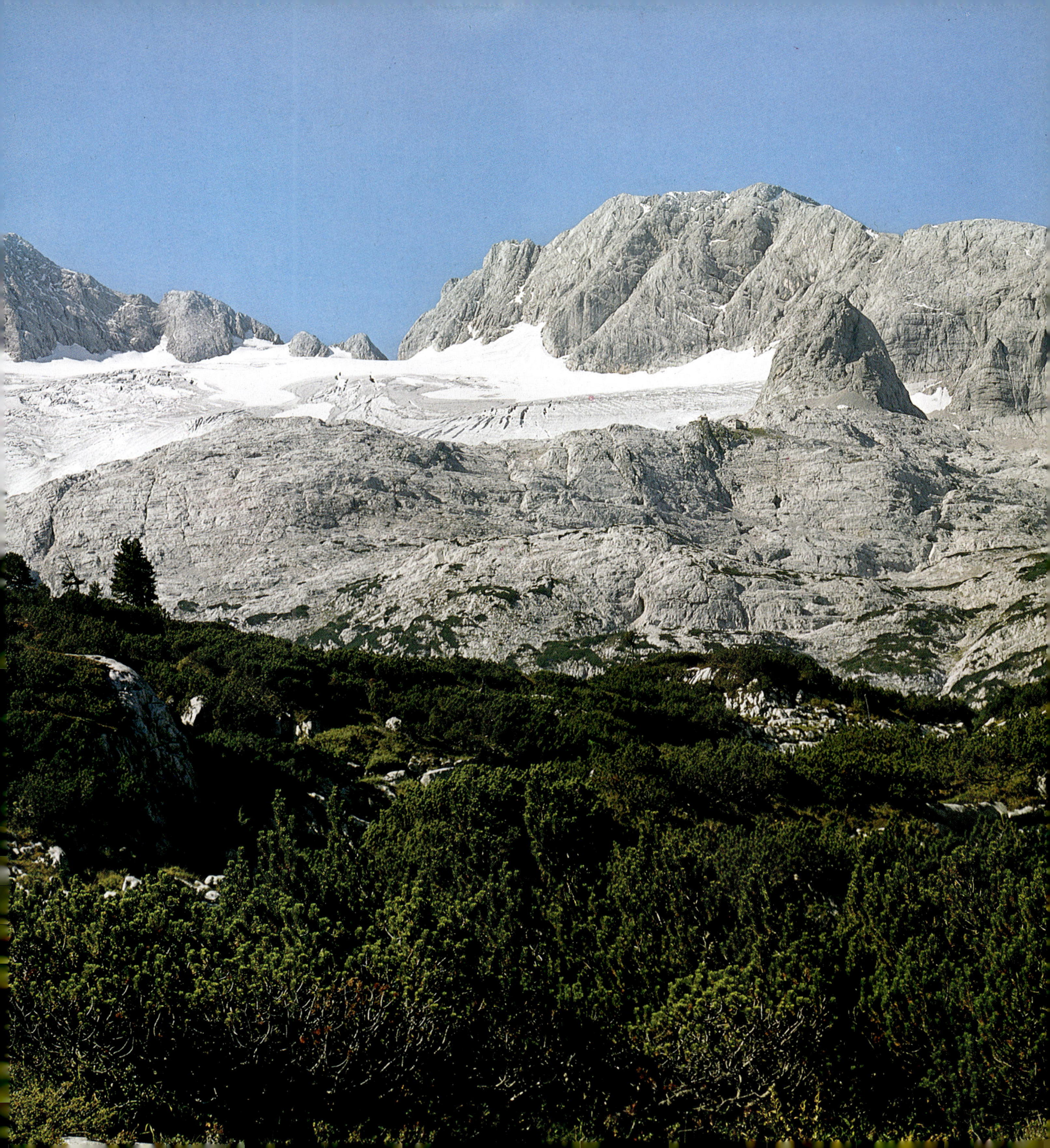

Nur noch als helle Tupfen auszunehmen ist aus diesen Höhen der Ort Hallstatt.

Die Gemse, das Symboltier der Alpen, findet in den Weiten des Dachsteinmassivs einen idealen Lebensbereich.

Das Schönberghaus (1350 m) bei der Mittelstation der Dachstein-Seilbahn.

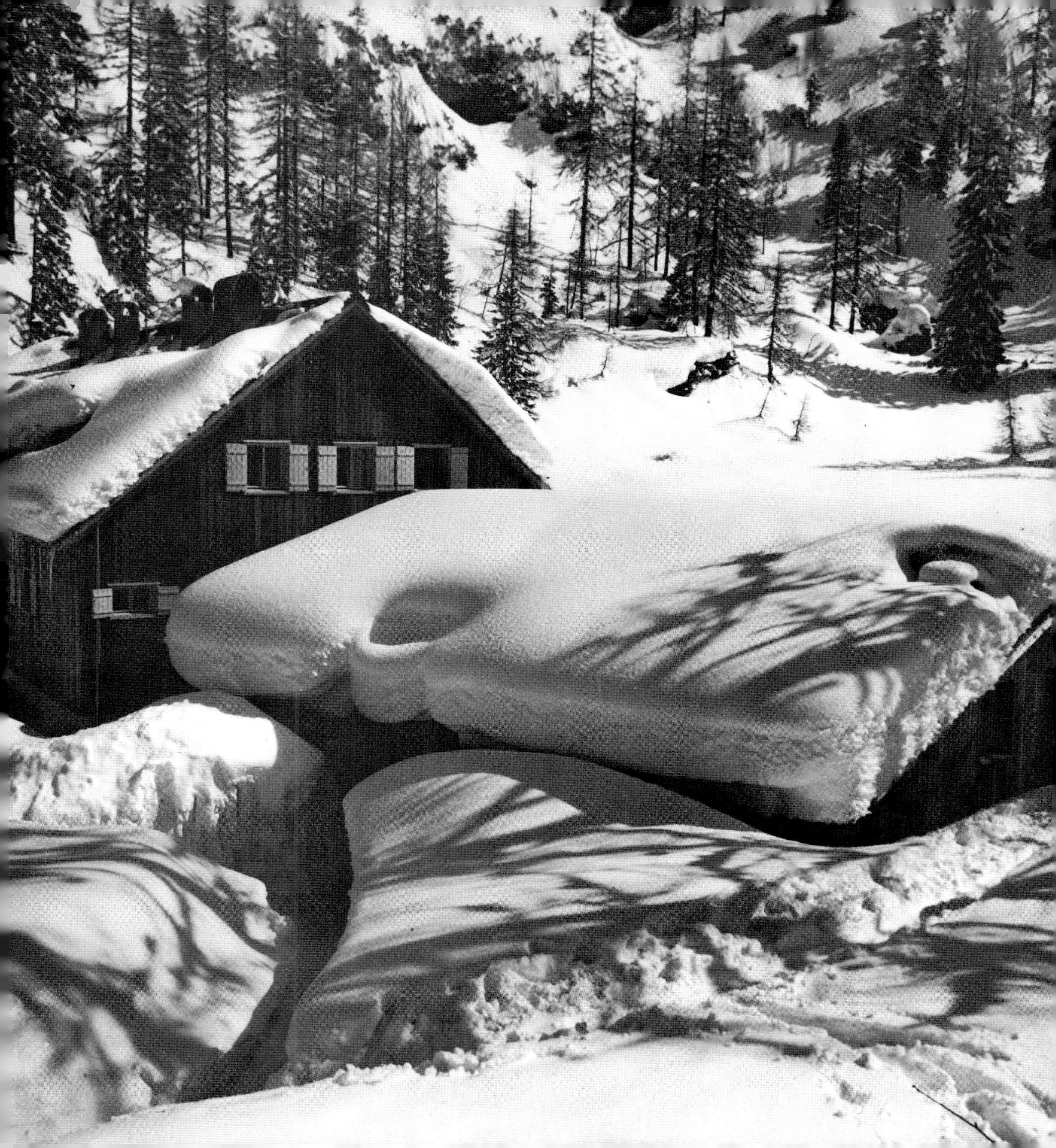

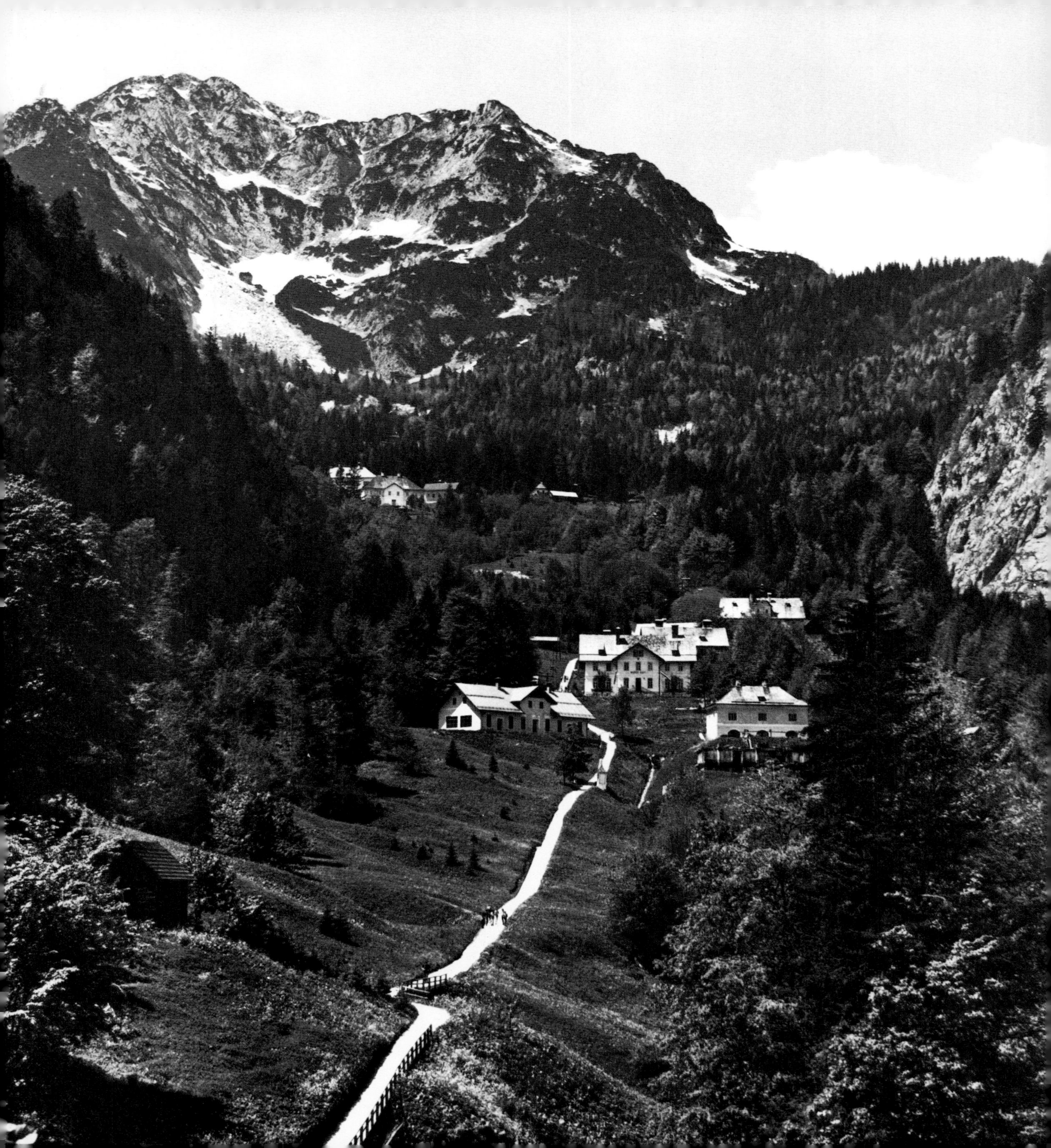

IV. Die Urgeschichte
Hallstatt als Taufpate einer Epoche der Menschheitsgeschichte

Auf einer seiner Weltreisen hatte Oberösterreichs Landeshauptmann Dr. Josef Ratzenböck dieses Erlebnis: In einem Museum in Beirut war auf einer großen Wandkarte über die Welt im Jahr 1000 vor Christus in Mitteleuropa ein großer weißer Fleck, unterbrochen von einem einzigen Punkt: Hallstatt. „Und von dort bin i" hatte Ratzenböck gesagt. Die Folgen dieser Eingemeindung nach Hallstatt kommentierte der Landeshauptmann so: „Seit i das gesagt hab, war i jemand!"

Die ersten Österreicher, die in die Geschichte traten, taten es gleich so kräftig, daß sie einer ganzen Kulturepoche der Menschheit ihren Namen gaben. Nach dem reichsten prähistorischen Fundort nördlich der Alpen wurde die ältere Eisenzeit (800 bis 400 vor Christus) Hallstattzeit genannt. Wirtschaftlicher Wohlstand, technischer Fortschritt und ein hoher Kunstsinn waren typisch für diese Zeit – eine Zeit, von der wir mehr als zweitausend Jahre hindurch keine Ahnung hatten.

Daß Hallstatt zu so großen historischen Ehren gekommen ist, daß sich heute Wissenschafter aus Ost und West, Nord und Süd immer wieder hier treffen, um am namengebenden Fundort ihre Erfahrungen und Erkenntnisse über Hallstattzeit und Hallstattkultur auszutauschen, verdankt Österreich einem kleinen Salinenbeamten aus Hallstatt. Er hieß Johann Georg Ramsauer, lebte von 1795 bis 1874 und hat außer ein paar Briefen nicht sehr viel hinterlassen, was uns über seine persönlichen Verhältnisse Auskunft geben könnte. 1846, also noch bevor Heinrich Schliemann Troja auszugraben begann, hat Ramsauer das urgeschicht-

Das Salz war es, das vor 4500 Jahren die Menschen in diese abgeschiedene Gegend brachte. Nicht dort allerdings, wo die Hallstatt-Besucher heute den lieblichen Markt bewundern, sondern 350 bis 500 Meter über dem See entstand in der älteren Eisenzeit (= Hallstattzeit, 800–400 v. Chr.) das Zentrum der vorgeschichtlichen Kultur in unserem Raum.

liche Gräberfeld von Hallstatt entdeckt und in den folgenden 17 Jahren in 980 Gräbern insgesamt 19.497 Objekte ausgegraben. Nach dem Tod seiner Frau hatte Ramsauer für zwölf Kinder zu sorgen, und seine geschichtemachenden Entdeckungen änderten nichts daran, daß er für seine Familie um „hochgnädige Gewährung einer Unterstützung" bitten mußte. Dieser von Schicksalsschlägen verfolgte, trotz seiner aufsehenerregenden Funde als Sonderling belächelte, ohne akademische und adelige Titel von der Gesellschaft nicht anerkannte und zuletzt sogar der Unterschlagung verdächtigte Mann markiert das Jahr 1 der österreichischen Geschichte. Nicht ein Staatsmann oder Heerführer, nicht ein Historiker oder Archäologe, sondern ein Bergwerksbeamter aus Hallstatt hat die ersten vierhundert Jahre der österreichischen Geschichte geschrieben und damit auch das Bild der europäischen Geschichte gründlich verändert.

Bitte um „hochgnädige Gewährung einer Unterstützung"

Die höchsten wissenschaftlichen Kapazitäten anerkennen heute Ramsauers Leistungen und kanzeln sie keineswegs als Zufallstreffer der Geschichte ab. Zu Lebzeiten Ramsauers jedoch sah die gebildete Welt das ganz anders. Gewiß, es wurde gebührend bestaunt, was der unbekannte Laie da im Hallstätter Salzberg an schönen Waffen und Schmuckgegenständen entdeckt hatte. Von Ischl aus wurden die Grabungen besichtigt. Sogar der Kaiser und die Kaiserin fanden sich einmal zur Öffnung eines Grabes ein und ließen sich eine bronzene Rinderfigur schenken. Aber das alles wurde doch eher als schickes gesellschaftliches Ereignis betrachtet und weniger als kulturelle und wissenschaftliche Großtat. Hallstatt – was war schon dieser unscheinbare Gebirgsort in den Alpen gegen den Nimbus, den die Fundorte der antiken Hochkultur ausstrahlten? Einer der namhaftesten österreichischen Prähistoriker, der Vorstand des Instituts für Vor- und Frühgeschichte der Universität Innsbruck, Univ.-Prof. Dr. Karl Kromer, hat auf diese Umstände hingewiesen und auch festgestellt, daß Ramsauers gewissenhafte Aufzeichnungen die ersten Protokolle einer prähistorischen Grabung in Mitteleuropa überhaupt waren, die jedoch lange nicht jene Beachtung fanden, mit

Das Kaiserpaar besichtigt die Grabungen

der die Berichte über Entdeckungen in Ägypten und dem Vorderen Orient verfolgt wurden.

„Durch Öffnung einer Schottergrube im November 1846", brachte Johann Georg Ramsauer zu Papier, kam es „zur Entdeckung des noch unbekannten Leichenfeldes." Mit pedantischer Genauigkeit führte Ramsauer, der sich vom Bergzögling und „Büchelschreiber" zum Unterbergschaffer, Oberbergschaffer und schließlich zum Bergrat emporgearbeitet hatte, über seine Tätigkeit Buch. Er vermerkte Ort und Datum der Ausgrabung, gab jedem Grab eine Nummer, beschrieb die Fundgegenstände, die Lage und Umstände des Fundes, die Relation, in der sich Skelette und einzelne Knochen zu den Grabbeigaben befanden, registrierte die Grabestiefe. Ein zweiter Hallstätter Bergmann, Isidor Engl, fertigte Aquarelle und Skizzen von den Fundgegenständen an. Der Prähistoriker Kromer: „Es ist erstaunlich, mit welcher Exaktheit diese beiden Männer, die doch keinerlei fachliche Vorbildung hatten, ihre Aufgabe erfüllten. Ihnen allein ist es zu verdanken, daß das Phänomen Hallstatt, wenn auch nicht ganz ohne Verluste, so doch als geschlossenes Bild der Wissenschaft unserer Tage erhalten blieb."

Ohne fachliche Vorbildung

Die erste amtliche Stelle, die sich für die aufsehenerregenden Funde interessierte, war das Museum Francisco-Carolinum (Landesmuseum) in Linz. Von dort erhielt Ramsauer Ratschläge für seine Grabungen. Vier Jahre nach der Entdeckung des Gräberfeldes wurden die Grabungen unter die wissenschaftliche Leitung des k. k. Münz- und Antikenkabinetts in Wien gestellt, das Ramsauer schließlich auch die Auslagen ersetzte – allerdings immer erst dann, wenn er einen Fundgegenstand abgeliefert hatte.

Trotz dieser halboffiziellen Unterstützung gab es kein genaues wissenschaftliches Verfahren für diese bedeutendsten Ausgrabungen auf österreichischem Boden. Viele der Skelette sind zugrunde gegangen, weil man noch nicht verstand, sie zu erhalten. Dafür verstanden andere, die Funde wegzuschaffen. Noch im Jahr 1907 gelang es der Großherzogin Maria von Mecklenburg,

in der Nähe von Ramsauers Fundplätzen den Boden durchwühlen zu lassen. Das Kaiserhaus, das die Grabungen schließlich finanzierte, sah zu, ja der zuständige Musealchef mußte sich von einem Lakaien der Großherzogin die Tür weisen lassen!
Mühelos wurde gefunden, was das Herz der Großherzogin begehrte. In New York fand nach dem Tod der Großherzogin eine Versteigerung dieser Ausbeute (besser: dieses Beutezugs) statt.

Der Bedeutung Hallstatts konnte das nichts anhaben. Die noch vorhandenen Funde reichen aus zum Beweis einer in sich geschlossenen, großen europäischen Kultur.
Die Ausgrabungen im Gräberfeld wurden in den Jahren 1937 bis 1939 von dem Wahl-Hallstätter Friedrich Morton abgeschlossen, dem verdienstvollen Forscher, dem zu Ehren die Hallstätter den „Oberen Weg" in „Dr.-Friedrich-Morton-Weg" umbenannt haben.

Der Beutezug der Großherzogin von Mecklenburg

Historische Bilder müssen nicht immer ruhmreiche Ereignisse überliefern. Auf dieser Aufnahme ist die Großherzogin von Mecklenburg höchstpersönlich zu sehen (Bildmitte, vorne), die sich im Jahr 1907 in einer Privatgrabung aus dem Hallstätter Gräberfeld holte, was ihr Herz begehrte. Nach einer Versteigerung in New York sind die bei diesen Grabungen erbeuteten kostbaren prähistorischen Kunstschätze in alle Winde zerstreut und für immer unauffindbar.

Die zweite Fundstelle von Hallstatt: das Bergwerk

Nicht abgeschlossen ist die Arbeit der Archäologen in der zweiten Fundstelle von Hallstatt, dem Bergwerk.

Die Wissenschafter sind sich heute einig, daß der älteste Teil des Bergwerks in die ausgehende Bronzezeit zu datieren ist und somit älter ist als das Gräberfeld. Der Leiter der prähistorischen Ausgrabungen im Hallstätter Bergwerk, Dr. Fritz Eckart Barth (Naturhistorisches Museum Wien), fand für diese Datierung weitere Argumente: Es gibt deutliche Parallelen zum Kupferbergbau in Mitterberghütten.

Für die Archäologen ist der Salzberg seit Jahren eine Fundgrube. Schon deswegen, weil im Salz Dinge erhalten blieben, die unter anderen Lagerbedingungen nicht mehr vorhanden wären: Holzgefäße, Schäftungsreste, Leuchtspäne, Gewebe-, Leder- und Fellreste. Nirgends sonst in der Welt gibt es eine prähistorische Abbaukammer zu sehen, weil sich im plastischen Salzgebirge die Hohlräume des prähistorischen Bergbaues normalerweise längst

Der Leiter der prähistorischen Ausgrabungen im Hallstätter Bergwerk, Dr. Fritz Eckart Barth vom Naturhistorischen Museum in Wien.

wieder geschlossen haben. Ein Zufall, wie er ohne Beispiel ist: Bei einem Wassereinbruch hat sich das Wasser gestaut, durch die Verbruchsmasse bildete sich eine Luftblase, die durch einen wasserdichten Pfropfen aus diesem Urmaterial eingeschlossen war. Diese Art Luftpolster ließ sich nun nicht mehr zusammendrücken und bewirkte, daß der Raum bis heute erhalten geblieben ist.

Viele Einzelheiten über den prähistorischen Bergbau sind in mühevoller wissenschaftlicher Kleinarbeit bekannt geworden. Vor allem weiß man, daß es „kein kleiner, hinterwäldlerischer Grubenbetrieb, sondern eine ganze Industrie" war (Kromer), „ein umsichtig und straff organisierter Betrieb mit zahlreichen Spezialarbeitern" (Barth). Bergwerke dieser Art waren nur dann möglich, wenn Handel und Vertrieb gewährleistet waren. Es wurde sicher nicht ins Blaue produziert.

Ein straff organisierter Betrieb

Welche Methoden der prähistorische Bergmann anwendete, wissen wir allerdings bis heute nicht. Alle Versuche, mit nachgebildeten Geräten die Abbautechnik des vorgeschichtlichen Häuers zu rekonstruieren, sind bisher mißglückt.

Die prähistorischen Bergbaumethoden bleiben ein Geheimnis

Trotzdem sorgt der Hallstätter Salzberg immer wieder für Überraschungen. Beträchtliches Aufsehen erregte 1975 die Entdeckung einer etwa zwanzig Zentimeter dicken Trampelschicht, worunter die Prähistoriker die zusammengedrückten Werkzeug- und Materialabfälle früherer Bergbauperioden verstehen. In zwei Schichten übereinander trat deutlich zutage, daß der Salzabbau in diesem Teil des Berges durch mehrere Jahrhunderte gedauert haben mußte.

Wir kennen den Arbeitsbereich der vorchristlichen Hallstätter, wir kennen ihren Friedhof, unbekannt jedoch ist uns bis heute die Wohnstätte dieser Menschen.

Genau genommen wurde die zweite bedeutende prähistorische Fundstätte von Hallstatt, das Bergwerk, schon vor dem Gräberfeld entdeckt, nur wußte man das nicht. Einen hallstattzeitlichen

Der Mann im Salz Bergmann, dessen im Salz konservierte Leiche im Jahr 1734 gefunden wurde und der als „Mann im Salz" bekannt geworden ist, hielt man noch 112 Jahr später für „die Mumie eines bewaffneten Römers, der vermutlich bei Besichtigung des Salzberges verunglückte". So zu lesen in einem Buch aus dem Jahr 1846. Was sollen wir da mit den Zeitgenossen dieses Fundes ins Gericht gehen, die sich mit der Feststellung begnügten, einen Heiden vor sich zu haben, um ihn nach Sitte der Zeit in der Selbstmörderecke des Hallstätter Friedhofs zu begraben?

Lebensstandard und Kunstsinn der alten Hallstätter Heute wissen wir mehr über diese Menschen, die vor 2500 und mehr Jahren irgendwo auf dem Hallstätter Salzberg lebten.
Sie waren fleißig und arbeiteten zwölf Stunden am Tag im Bergwerk. Sie hatten einen erstaunlichen Kunstsinn, das erkennen wir in den schönen Gegenständen, die sie ihren Toten mitgaben. Und sie hatten einen hohen Lebensstandard, sonst hätten sie sich weder reichverzierte Waffen (mit Elfenbein und Bernstein besetzte Schwerter, Dolche mit Goldeinlagen) noch prunkvollen Schmuck leisten können. Sogar reine Gebrauchsgüter, wie Schalen und Eimer, weisen kunstvolle Verzierungen auf. Als künstlerisch bedeutendstes Werk gilt nicht ein Schmuckstück, sondern ein Eimerdeckel mit getriebenen Verzierungen – Figuren und Fabelwesen –, der in einem Hallstätter Grab gefunden worden war. Er dürfte nicht in Hallstatt hergestellt, sondern aus der Gegend der nördlichen Adria importiert worden sein. Im Tausch für das Salz erwarben die Hallstätter Kostbarkeit um Kostbarkeit.

Gräber mit wertvollen Beigaben gibt es in vielen, fast allen Kulturen. Überall sonst aber war eine prunkvolle Grabausstattung das Vorrecht hoher Persönlichkeiten. In Hallstatt jedoch ist kaum ein Grab ohne Beigabe. Natürlich gab es eine soziale Gliederung: Bergmänner und Bergherren, Techniker und Transportarbeiter, Handelsleute und einen Wehrstand. Doch für die Wissenschafter ist die Erkenntnis verblüffend, daß sich der Reichtum der Hallstätter weitgehend gleichmäßig verteilte. Es scheint eine auf demokratischen Grundlagen beruhende Gesell-

schaft gewesen zu sein, die hier lebte. Auch der einfachste Knappe besaß Fibel und Gürtelhaken. In den Gräbern der Krieger, also jener Bevölkerungsgruppe, deren Aufgabe der militärische Schutz der Siedlung war, fand man für den Kampf ungeeignete, dafür aber prächtig geschmückte Waffen. Die Kunst lag den alten Hallstättern mehr als der Krieg.
Hallstatt war in dieser Zeit der Mittelpunkt des Handels, der Mittelpunkt einer Kultur. „Frühform europäischer Einheit" wurde nicht zufällig zum Motto der internationalen Hallstattzeit-Ausstellung 1980 im Schloß Lamberg in Steyr gewählt. Ein Gebiet, das heute durch verschiedene Staaten, verschiedene Sprachen und verschiedene politische Systeme getrennt ist, war eine Einheit. Von Frankreich bis Slowenien sprach alles eine Sprache, wenn auch mundartlich verschieden, die Menschen hatten eine gemeinsame Kultur. Bei einer Prähistorikertagung in Hallstatt veranlaßte dieser Gedanke einen der Wissenschafter zu einem begeisterten Ausruf: „Es gab einmal eine schöne Zeit, die Hallstattzeit!"

Dokumentationen

...hat man in solchen Niederganghimmel einen natürlichen
Körper von einem toten Menschen gesehen, welcher mutmaßlich und dem Ansehen
nach vor mehr als 400 Jahren muß verschüttet sein worden, massen selbiger
in das Gebirg völlig verwachsen, doch sieht man noch von seinem Rock
etliche Flöck, wie auch die Schuh an dessen Füssen, und dieses verursachet in der
Wehr einen sehr üblen Geruch.
Wochenbericht des Bergwerks (1734) (13)

Der Verfasser kam auf dieselbe Weise, nämlich durch
Öffnung einer Schottergrube im November 1846, womit ein zerstörtes Skelett
gefunden, zur Aufdeckung des noch unbekannten
Leichenfeldes, und zwar damit, daß er hierauf in seinem Beisein und mit aller Sorgfalt
einen Flächenraum von vier Quadratklaftern aufgraben ließ, womit er
so glücklich war, sieben Skelette mit einigen Schmucksachen zu treffen.
Johann Georg Ramsauer (1846) (14)

Habe ich ergebenst zu berichten, daß ich auf Ehre
versichern kann, daß nur zwei Schwertgriffe mit Elfenbein und Bernsteineinlage,
u. z. die mit N. 1840 und N. 1610 gesendeten, und diese auch ganz
dieselben sind, welche im September 1857 Ser. Exzellenz nebst den Eisenschwert mit
Spuren von Goldauflage N. 1609 vorgezeigt wurden. Ein drittes Schwert mit
Elfenbein und Bernstein ist nicht gefunden worden, und
ich kann nicht unterlassen, beizufügen, daß mich eine Vermutung der Hinweggabe
oder Zurückbehaltung eines derlei wichtigen Gegenstandes
sehr kränken und jede Freude für die weitere Forschung nehmen würde.

★

Zugleich erlaube ich mir Euer Hochwohlgeboren das mich getroffene so schwere
Unglück zu berichten, das mir vor zwei Wochen meine Gattin,
mit der ich durch 22 Jahren in sehr glücklicher Ehe lebte, bei der Entbindung
zum 18ten Kinde, durch den Tod entrissen worden ist.
Ich befinde mich gegenwärtig mit zwölf unversorgten Kindern
in einer sehr bedrängten Lage.
Johann Georg Ramsauer (1858) (15)

Diese armen toten Krieger, Weiber, Jünglinge und
Jungfrauen! Es ist nicht angenehm, sich nach so vielen Jahrhunderten ruhigen,
ungestörten Schlafes von einem so verzerrten, verkümmerten,
närrischen Geschlecht wecken und angaffen lassen zu müssen. Wie wäre es, wenn
plötzlich solch ein tausendjähriges zerfallendes Gebein sich rasselnd

zusammenraffte, aufrichtete, den Schlaf aus den hohlen Augenhöhlen riebe und
ärgerlich nach dem Bronzeschwert griffe,
um unter die Hämorrhoidarier, die Krinolinen, Professoren und gähnenden
Reisebummler zu fahren?

Wilhelm Raabe (1864) (7)

... sei festgehalten, daß die Hallstattkultur eine solche
Fülle menschlicher Lebensäußerungen und so viele ideelle und materielle
Abweichungen und Fortschritte gegenüber dem bis dahin Gewesenen
erkennen läßt, daß wir ihr – trotz Fehlens von Schrift und städtischer
Siedlungszentren – mit großer Berechtigung den Charakter einer
wohldifferenzierten, geschlossenen und gefestigten Kultur zuerkennen können.
Von der vorausgegangenen Urnenfelderzeit hebt sie sich als
selbständige und zukunftsweisende Neuformung klar ab.
Sie ist bedeutend genug, um als einer der Grundpfeiler unserer mitteleuropäischen
Tradition gewertet zu werden.

Josef Reitinger (1969) (16)

So wurde die Bedeutung Hallstatts durch eine Reihe von
Ausstellungen, die von der Prähistorischen Abteilung im Naturhistorischen Museum
in Wien organisiert wurden, gerade im letzten Jahrzehnt auch der
Öffentlichkeit nahegebracht. „Hallstatt, die Salzhandelsmetropole des ersten
Jahrtausends vor Christus" war von 1963 bis 1968 in Wien zu sehen,
„Hallstatt a Býči skalá" wurde 1969 bis 1970 in Brünn, Prag, Preßburg, Warschau, Krakau
und Posen gezeigt, „Krieger und Salzherren" war 1970 bis 1972 in Mainz,
Berlin, Stockholm, Göteborg, Innsbruck, Linz, Graz, Laibach,
Belgrad, Pula und Zagreb zu sehen, in Schweden
unter dem Titel „Wohlstand Hallstatt, Gruben und Handel im Zentrum Europas
2500 Jahre vor der EWG."

Fritz Eckart Barth (1975) (17)

Die berühmten, reichen Funde des Gräberfeldes von
Hallstatt und die gut konservierten Gezähe (Bronzepickel, Schäftungen, Tragkörbe,
Signalhorn) sowie Kleidungsstücke wie Fellmützen, Schuhe
und Gewebereste haben Archäologen und Bergleute zu immer erneuter
Beschäftigung mit dem prähistorischen Salzbergbau
in Hallstatt veranlaßt. Eine Fülle von Veröffentlichungen zeugt davon.
Sie täuscht leider darüber hinweg, daß man über den prähistorischen Bergbau selbst
zu wenig weiß.

Fritz Eckart Barth (1976) (18)

Von jeder Generation aufs neue bestaunt werden die Prunkstücke der Hallstattzeit.

Das Schwert war für den Mann der Hallstattzeit ein Statussymbol. Bei diesem Hallstätter Schwert aus Eisen sind Griffschalen und Knauf aus Elfenbein und reich mit Bernsteineinlagen verziert.

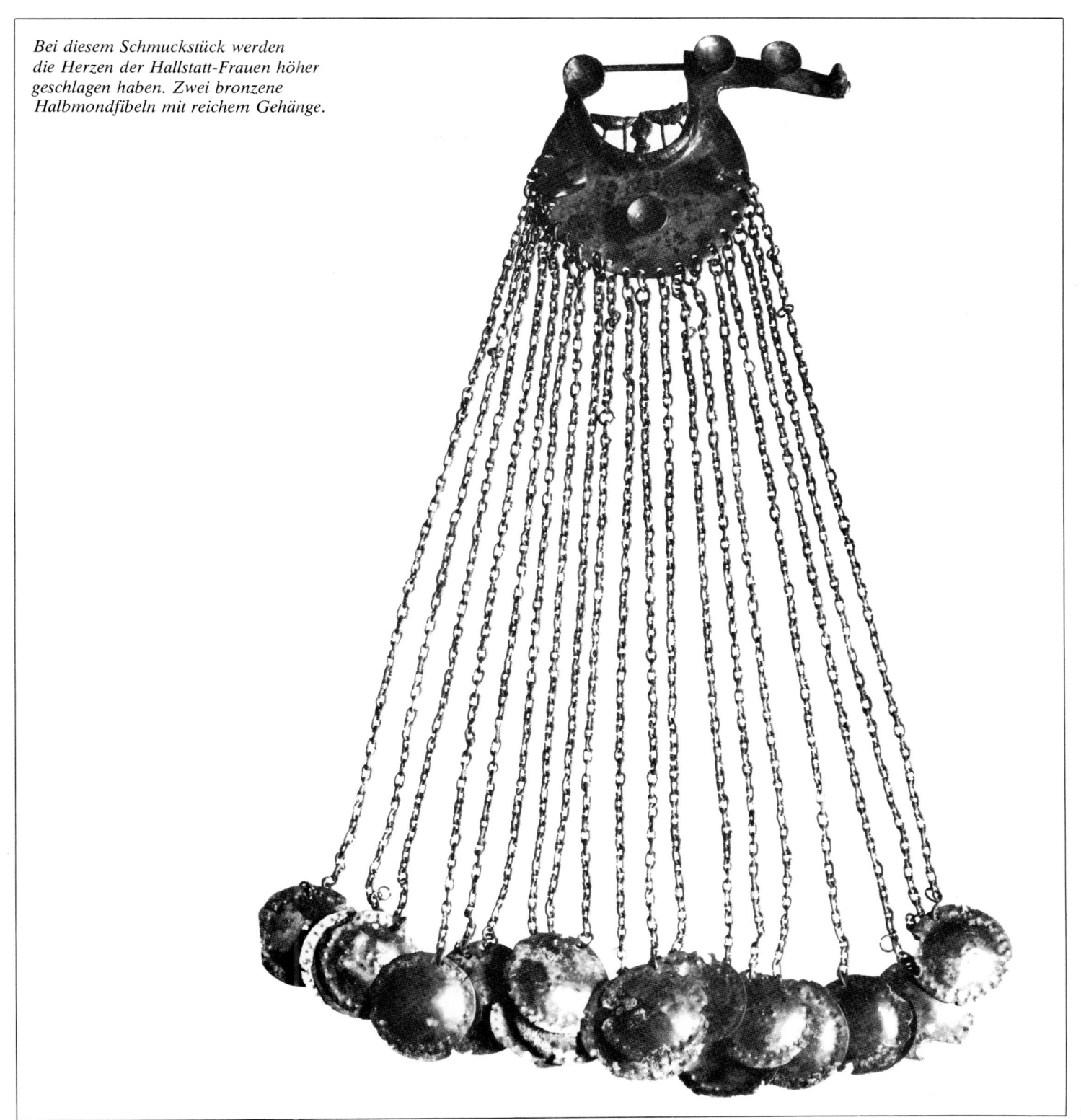

Bei diesem Schmuckstück werden die Herzen der Hallstatt-Frauen höher geschlagen haben. Zwei bronzene Halbmondfibeln mit reichem Gehänge.

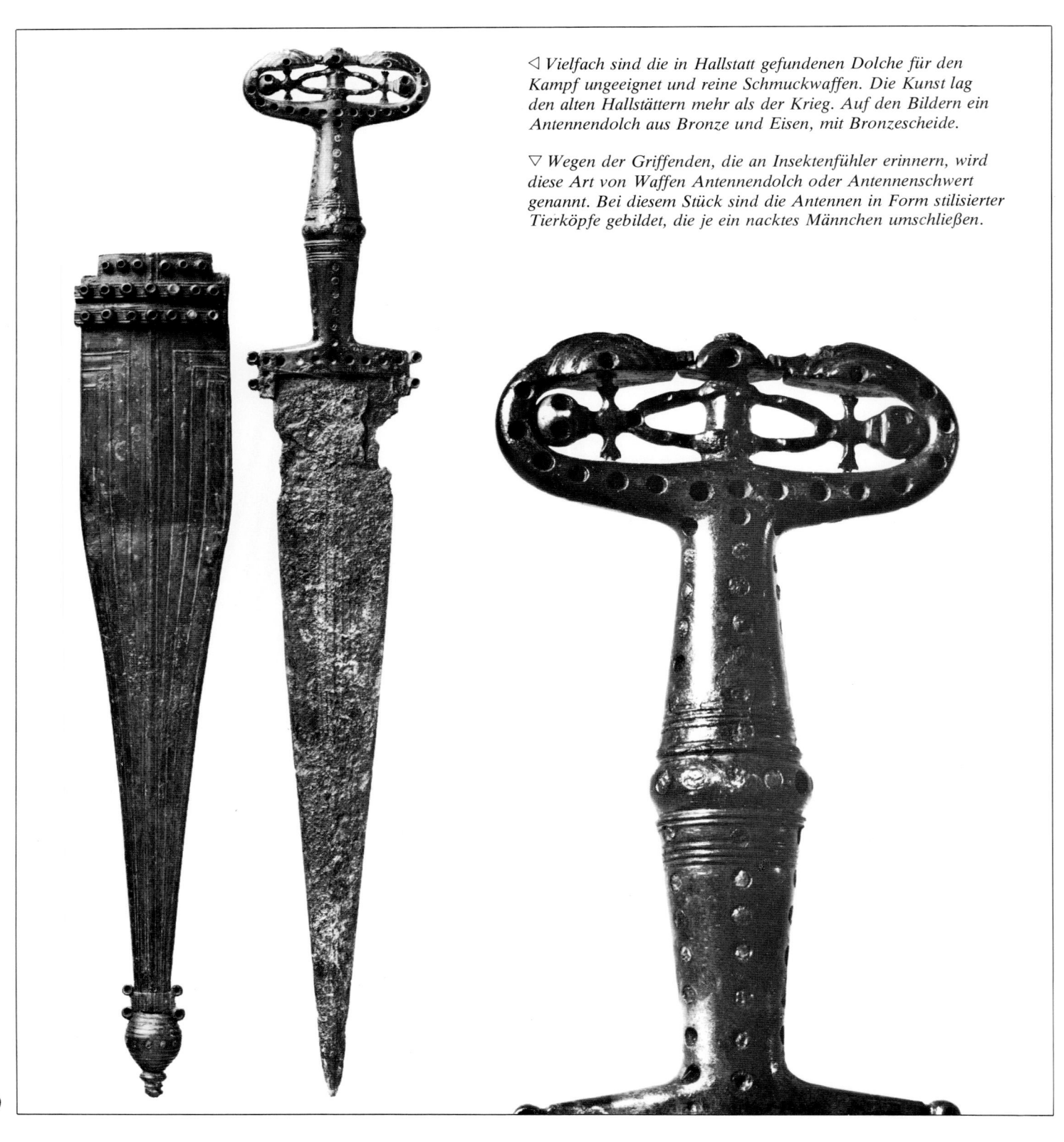

◁ *Vielfach sind die in Hallstatt gefundenen Dolche für den Kampf ungeeignet und reine Schmuckwaffen. Die Kunst lag den alten Hallstättern mehr als der Krieg. Auf den Bildern ein Antennendolch aus Bronze und Eisen, mit Bronzescheide.*

▽ *Wegen der Griffenden, die an Insektenfühler erinnern, wird diese Art von Waffen Antennendolch oder Antennenschwert genannt. Bei diesem Stück sind die Antennen in Form stilisierter Tierköpfe gebildet, die je ein nacktes Männchen umschließen.*

Auch reine Gebrauchsgegenstände haben die Menschen der Hallstattzeit kunstvoll verziert. Beile zum Beispiel wurden häufig mit vollplastisch gearbeiteten Tierfiguren geschmückt, in diesem einen Fall sogar mit einem Reiter. Offenbar handelte es sich beim Besitzer dieses bronzenen Zierbeils um einen Mann, der im Bergbau eine leitende Funktion innehatte.

92

◁ *Im Tausch für das Salz erwarben die Hallstätter Kostbarkeit um Kostbarkeit. Als künstlerisch bedeutendstes Werk, das im Hallstätter Gräberfeld gefunden wurde, gilt nicht ein Schmuckstück, sondern dieser bronzene Eimerdeckel mit getriebenen und punzierten Verzierungen: Figuren und Fabelwesen. Diese figurale Kunst wird Situlenstil genannt. Im Relief des Eimerdeckels sind äußerst lebendige Darstellungen zu erkennen: ein Hirsch mit einem baumartigen Gewächs und eine Sphinx. Der Deckel wurde nicht in Hallstatt produziert, sondern aus dem Bereich der nördlichen Adria importiert. Er ist damit auch ein Beweisstück für die intensiven Handelsbeziehungen der alten Hallstätter.*

▽ *Das berühmt gewordene Hallstätter Schöpfgefäß, bei dem der Griff in Form einer Kuh gestaltet ist, dem ein Kälbchen folgt.*

Nicht nur ihren Schmuck, ihre Waffen und Haushaltsgeräte haben uns die Menschen der Hallstattzeit hinterlassen, sondern auch ihr Werkzeug. Das Salz hat Dinge erhalten, die wir unter normalen Lagerbedingungen nach 2500 bis 3000 Jahren nicht mehr sehen könnten. Schaufeln und Holzschlägel zum Beispiel. Links Knieholzschäftungen für ein Lappenbeil aus Bronze.

Rechts: Rund 45 Kilogramm Salzgestein faßte ein solcher Tragkorb aus Rindsfell und Leder. Um die schwere Last bequem ausleeren zu können, hat der prähistorische Bergmann eine besondere Vorrichtung erfunden: Mit einem Gurt, der mit beiden Enden am Unterteil befestigt war, wurde der Korb an der linken Schulter aufgenommen. Über die andere Schulter führte ein kurzer Lederriemen, der in einem Holzknüppel endete. War der Bergmann mit seiner Last aus dem Bergrevier herausgekommen, brauchte er nur den Holzknüppel über die rechte Schulter abgleiten zu lassen, der Korb kippte um, entleerte sich, wurde aber noch mit dem Gurt an der linken Schulter gehalten. Der leere Korb wurde mit Schwung in die aufrechte Lage zurückgebracht und der Bergmann konnte wieder in den Stollen absteigen.

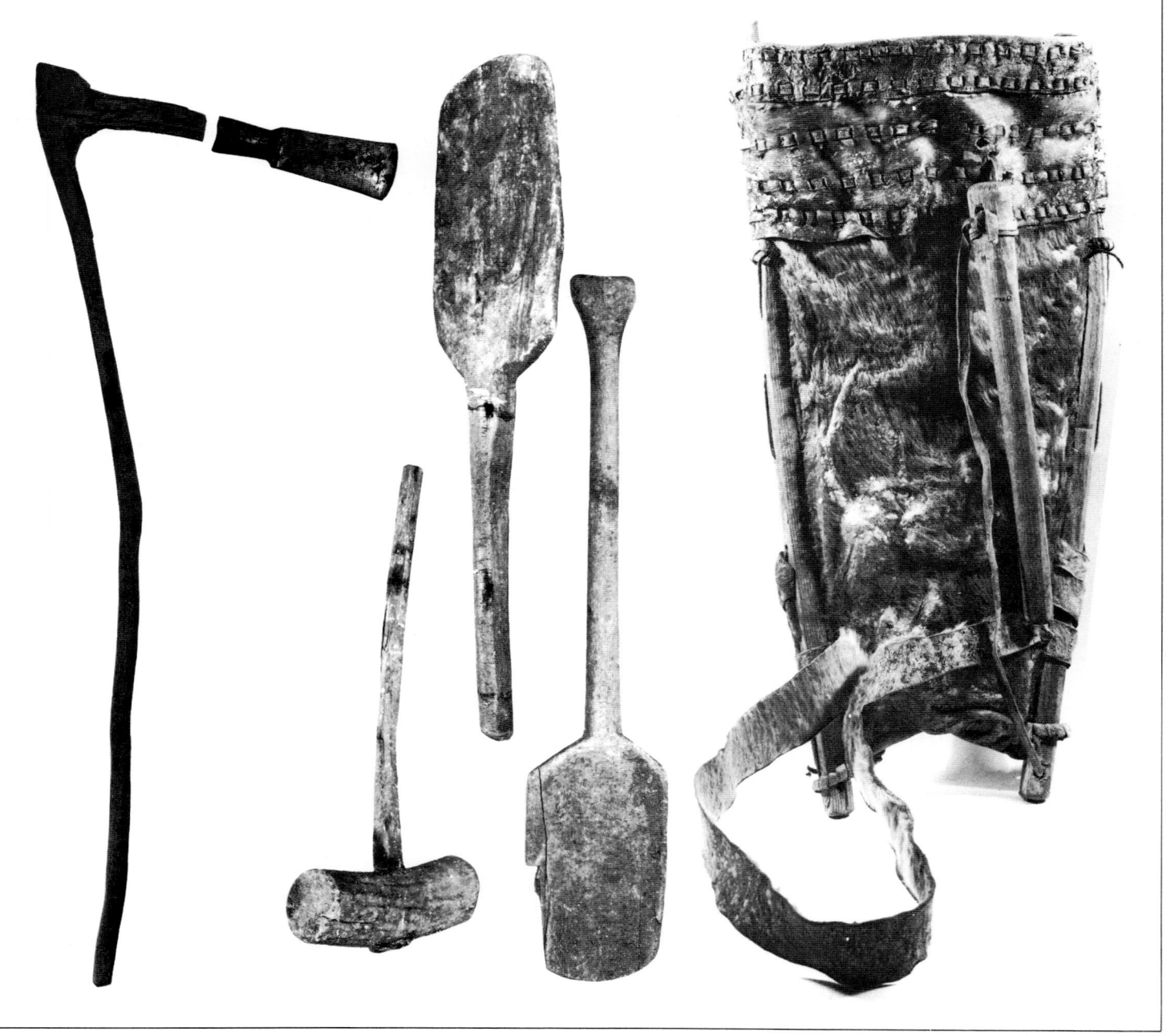

Aug in Aug mit einem Menschen der Hallstattzeit: Ein Skelettgrab, das im Linzer Schloßmuseum zu sehen ist.

Archäologen-Gipfel in Hallstatt: Nicht irgendeine Gruppe von Bergwerksbesuchern hat hier vor dem Eingang zum Christina-Stollen Aufstellung genommen. Es sind Teilnehmer einer Prähistorikertagung in Hallstatt. Auf dem Bild sind in der ersten Reihe zu erkennen: Der ehemalige Bad Ischler Salinendirektor und Leiter der geologischen Forschungsstelle der Salinen-Generaldirektion, Hofrat Dipl.-Ing. Othmar Schauberger, Frau Dr. Liselotte Zemmer-Plank vom Tiroler Landesmuseum Ferdinandeum (Innsbruck), Dr. Fritz Moosleitner vom Museum Carolino Augusteum (Salzburg), Dr. Fritz Eckart Barth vom Naturhistorischen Museum in Wien, Leiter der prähistorischen Ausgrabungen im Hallstätter Bergwerk, Heimatforscher Matthias Kirchschlager aus Obertraun, der Direktor des Salzbergbaues Hallstatt, Hofrat Dipl.-Ing. Wilhelm Günther, Dr. René Wyss vom Schweizerischen Landesmuseum Zürich, Univ.-Prof. Dr. J. J. Hatt, Direktor des Archäologiemuseums in Straßburg, und Direktor Ing. Dr. Ernst Penninger vom Keltenmuseum in Hallein.

Ein weiblicher Bergmann? Nein. Eine Archäologin (Prof. Dr. Renate Rolle vom Institut für Archäologie in Göttingen), die im Hallstätter Bergwerk die Spuren der hallstattzeitlichen Bergleute verfolgt. Deutlich sieht man auf dem Bild auch die Reste von Leuchtspänen, wie sie der prähistorische Bergmann verwendete.

▷ *Von zeitloser Schönheit:* Eine Spiralenfibel aus der Hallstattzeit.

HALLSTATT

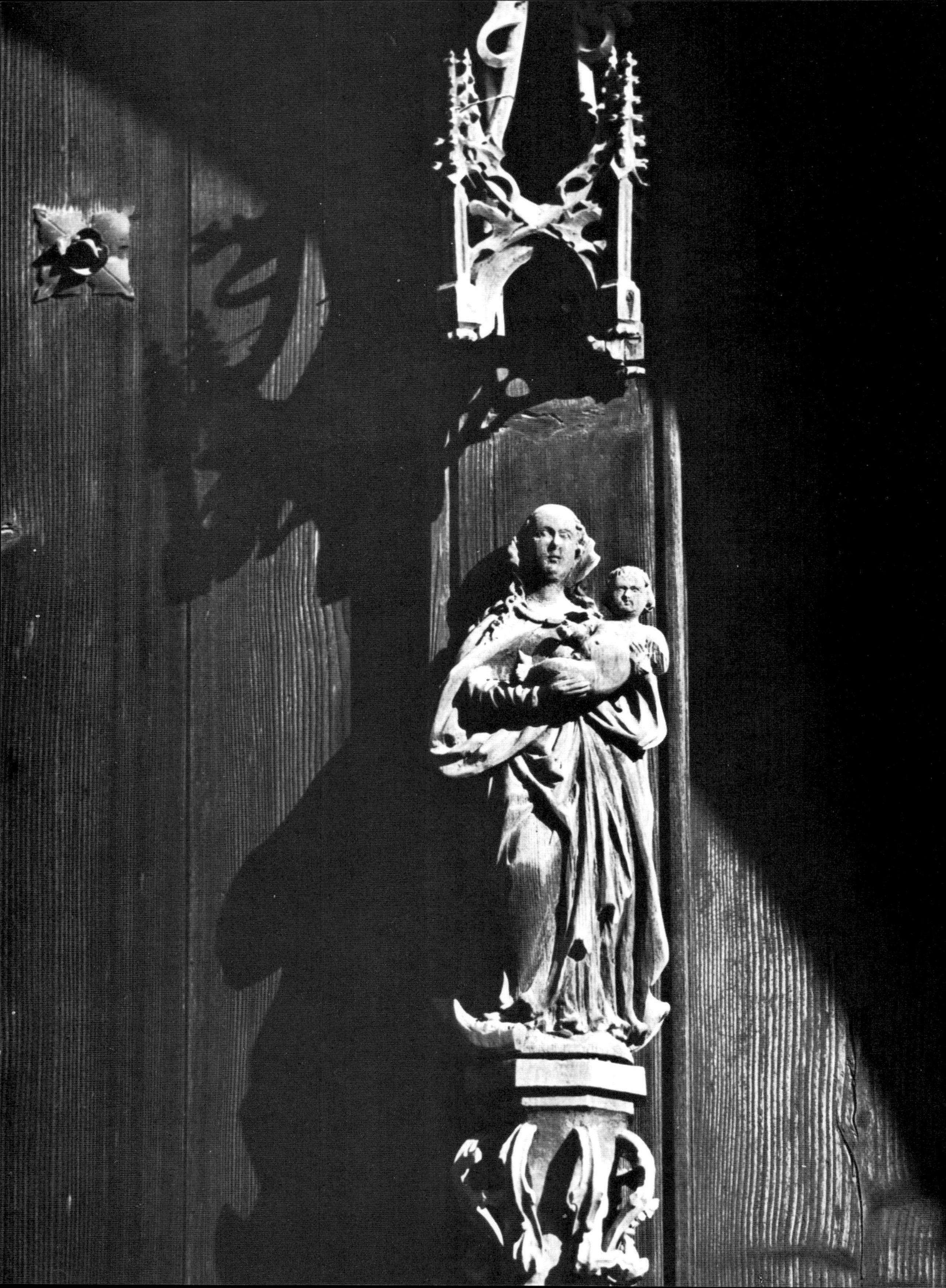

V. Die Meister der Gotik
Wir kennen ihre Werke, aber kaum ihre Namen

Den gotischen Altar wollte man loswerden

„Der altgotische Altar, auf welchem gewöhnlich der Gottesdienst gefeiert wird, ist schon so ruinös, daß der Priester beim Meßopfer sich kaum mehr sicher fühlt." Das war die Begründung, mit der sich im Jahr 1799 fünf ehrenwerte Hallstätter Bürger – Pfarrer, Marktrichter, Pfleger und zwei Räte – an die „hohe ob der Enns'sche Landesregierung in Linz bittlich gewandt" haben, damit der Altar von Hallstatt abgetragen und durch einen neuen ersetzt wird. Daß wir heute dieses Meisterwerk der gotischen Schnitzkunst bewundern können, verdanken wir nicht einem kunstsinnigen Beamten der „hohen ob der Enns'schen Landesregierung". Ganz im Gegenteil: der zuständige Regierungsrat hatte „für einen günstigen Erfolg eines derartigen Gesuches die beste Hoffnung gegeben". Wir verdanken die Erhaltung des Altars einzig dem Umstand, daß sich niemand fand, der die Kosten für den Abbruch bezahlen wollte.

Mehr als die Sorge um die Sicherheit des Priesters stand bei diesem Gesuch wohl der Wunsch im Vordergrund, dem Zug der Zeit zu entsprechen und den gotischen Altar loszuwerden, um ihn durch einen barocken Altar zu ersetzen. Wir müssen uns vergegenwärtigen, daß es allein in Oberösterreich einmal 1400 gotische Altäre gab, heute sind es knapp zwei Dutzend. Es war an der Tagesordnung, daß Kunstwerke wie der Flügelaltar von Hallstatt zu Spreißelholz gemacht wurden.

Die Rolle des Aschenbrödels müssen die gotischen Meisterwerke von Hallstatt auch heute spielen. Daran ist keineswegs nur der berühmtere Stiefbruder in St. Wolfgang schuld. Hallstatt, da denkt im Zusammenhang mit Kunst jeder an die Hallstattkultur.

Die vorgeschichtlichen Ausgrabungen nehmen „die Aufmerksamkeit der Wissenschafter so sehr in Anspruch, daß unser spätgotisches Schnitzwerk allzusehr in den Hintergrund des Interesses gedrängt wurde", bedauert Ekkart Sauser, dem wir die fundierteste Abhandlung über den Hallstätter Marienaltar zu danken haben.

Kein Zweifel besteht in der Kunstwelt über den Wert dieses Doppelflügelaltars. „Einer der bedeutendsten Schnitzaltäre Oberösterreichs", urteilt das Kunstdenkmäler-Handbuch „Dehio", und „Reclams Kunstführer" präzisiert das: „Er ist nach Pachers Altar in St. Wolfgang, nach dem Kefermarkter Altar und mit dem Altar von Gampern der bedeutendste Oberösterreichs."

Einer der bedeutendsten Schnitzaltäre

Zum Unterschied von Kefermarkt kennen wir den Schöpfer des Hallstätter Meisterwerkes, und zumindest einen Teil seines Namens. Eine „genaue Besichtigung und Durchforschung des ganzen Werkes führte uns zur Entdeckung des bisher unbekannten Namens des Künstlers", berichtete darüber schon um die Mitte des vorigen Jahrhunderts der Wiener Reiseschriftsteller Matthias Koch und wurde damit zum Entdecker des Namens Astl. „Unter zahlreichen kurzen Bibelsprüchen, welche meist im Faltenwurf der Gewänder sehr flach eingeschnitten sind, erscheint eben dort bei der Vorstellung der Beschneidung der Name."

Die Entdeckung des Altarschöpfers

Der Hallstätter Marienaltar ist das einzige Werk, das Astl signiert hat. Wenn zur Advents- und Weihnachtszeit die Innenflügel des Altars geschlossen sind, werden an den Außenflügeln vier Reliefdarstellungen sichtbar. Auf dem Relief links unten ist die Beschneidung des Herrn dargestellt, und hier hat sich am Schultertuch des Hohenpriesters der Schöpfer des Altars verewigt. Zu lesen ist jedoch nur „. . .nhart Astl" und es war vom Entdecker dieser Inschrift ein voreiliger Schluß, daraus den Namen Leonard abzuleiten. Lienhart, Bernhart, Leonhart oder Leonard? rätseln die Gelehrten. Am Haupt des rechten Hohenpriesters finden sich noch einmal drei Buchstaben: HER. Das

Eine Inschrift sorgt für Verwirrung

hat nun zur völligen Verwirrung beigetragen. Denn als „Herr Astl" wird sich der Künstler wohl kaum bezeichnet haben. Soll man das „H" als ehemaliges „B" deuten und daraus Bernhart ableiten? Oder haben jene recht, die meinen, daß dieser „...nhart Astl" der Meister Leonharten zu Rottenmann gewesen sein könnte?

Ein Schüler Michael Pachers

Wie immer es sei: Jedenfalls war es ein heimischer Künstler, der dieses Meisterwerk von Hallstatt schuf. Wahrscheinlich war Astl ein Schüler von Michael Pacher. Sehr viel mehr wissen wir von ihm leider nicht.

Zweifelsfrei ist der Hallstätter Flügelaltar Astls Hauptwerk. Werke von Astl finden sich jedoch auch in anderen Orten Oberösterreichs (Goisern, Altmünster, Aurachkirchen, Schörfling, Aigen bei Wels, Gunskirchen, Kremsmünster, Linz), ferner in Salzburg (Salzburg-Nonnberg, Bischofshofen, Scheffau bei Salzburg) und in der Steiermark (Pürgg, St. Martin am Grimming, Irdning, Niederhofen bei Stainach, Gröbming, Rottenmann, Graz), nicht zuletzt aber in Hallstatt selbst: eine Kreuzigungsgruppe beim Eingang der Kirche und ein Jesusknabe im Hallstätter Museum.

Wahrscheinlich hatte Astl seine Werkstatt in der Gegend von Gmunden. Bekannt ist die Entstehungszeit des Hallstätter Marienaltars: 1505 dürfte Astl den Auftrag übernommen haben, 1510 glaubt man, haben die Arbeiten in vollem Ausmaß eingesetzt, 1515 gilt als das Jahr, in dem Astl mit seinen Gesellen das Richtfest feierte, vollendet wurde der Altar um das Jahr 1520. Vom Meister selbst stammen die Plastiken im Hauptschrein: Maria mit Kind, links davon die heilige Katharina, Schutzpatronin der Holzknechte, rechts die heilige Barbara, Schutzpatronin der Bergleute. Ganz sicher hat Astl auch die Reliefs an den Innenflügeln selbst geschnitzt, denn hier hat uns der Künstler ja seinen Namen hinterlassen.

Die Kirche, die dieses Meisterwerk beherbergt, wurde ungefähr in der Zeit fertiggestellt, in der auch der Altar geschaffen wurde.

Ein Ablaßbrief, mit dem die Kosten für den Bau der Kirche hereingebracht wurden, stammt aus dem Jahr 1505.
Wie fast überall, hatte auch diese gotische Kirche eine romanische Vorgängerin. Eine Weihe durch den Bischof von Passau ist aus dem Jahr 1320 überliefert. Zumindest seit 1181 hatte die kleine christliche Gemeinde von Hallstatt eine Kirche, von der noch der mächtige, fest mit der Felswand verwachsene Turm steht. Den Ernst der Romanik mildert heute die fröhlich-beschwingte Turmhaube aus der Barockzeit.

Kirche aus dem Jahr 1181

Der staatliche Bergbau, der mit der Erhebung Hallstatts zum Markt im Jahr 1311 begann, brachte einen wirtschaftlichen Aufschwung. Die Kirche erwies sich als zu klein. So entstand der Bau, den wir heute vor uns haben: eine zweischiffige und zweichörige gotische Hallenkirche mit einem schönen Netzrippengewölbe und Maßwerkfenstern. Zweischiffig wurde die Kirche nicht nur aus architektonischen, sondern auch aus gesellschaftlichen Gründen gebaut. Es waren Knappen und Bürger, die den Bau der Kirche ermöglichten. Das rechte Schiff war für die Knappen, das linke für die übrige Pfarrgemeinde bestimmt.

Was hat Hallstatt in und außerhalb der katholischen Pfarrkirche noch zu bieten an gotischen Kunstschätzen? Vor allem einen zweiten, kleinen Flügelaltar, der heute beim Nordeingang der Kirche aufgestellt ist. Auch dieser Altar, der um das Jahr 1450 entstand und das Werk eines unbekannten Bergmannes oder eines Arbeitsteams von Bergleuten ist, war von der Zerstörung bedroht.

Das ist die schlichte Geschichte von der Rettung eines der kostbarsten Schätze von Hallstatt: Etwa um das Jahr 1750 erhielt ein Bergmann den Auftrag, den kleinen gotischen Flügelaltar in der Häuerkapelle am Salzberg zu entfernen. Das war in dieser Zeit nichts Ungewöhnliches. Ungewöhnlich war jedoch, wie dieser unbekannte Arbeiter reagierte. Auf ein Holztäfelchen, mit dem er die Altarflügel zusammennagelte, schrieb er: „Ich habe heute Befehl bekommen, den kleinen Altar wegzuräumen, zusam-

Ein unbekannter Bergmann rettet eine gotische Kostbarkeit

menzuschneiden und zu verbrennen. Ich aber hebe ihn auf. Vielleicht findet ihn jemand, der mehr Herz hat."

Er gab sich nicht als Kunstkenner aus, dieser Bergmann, er prahlte nicht mit seinen religiösen Gefühlen, die vermutlich der Anlaß waren für den Entschluß, diesen Auftrag nicht auszuführen und den Altar im Häuerhaus in eine Ecke des Dachbodens zu stellen. Er sprach nur seine Hoffnung aus, daß eines Tages jemand mehr Herz haben soll. Hallstatt und die Hallstattbesucher aus aller Welt verdanken es diesem einfachen Bergmann, daß der heute in der Kirche wieder zu Ehren gekommene Altar erhalten geblieben ist.

Dominierend auf diesem Altar das Hauptbild: eine ungewöhnlich faszinierende, lebendige, weit über die bloße Realistik der Szene hinausgehende Kreuzigungsdarstellung, mit einer Fülle von Menschen, unter denen auch nicht ein einziges Dutzendgesicht ist.

Weitere gotische Schätze Die Hallstätter Kirche beherbergt schließlich noch, wie erwähnt, eine lebensgroße Kreuzigungsgruppe aus der Hand von Meister Astl, die beim Haupteingang aufgestellt ist und um 1515/20 entstanden sein dürfte: Christus, Maria, Johannes. Der Kunsthistoriker Ekkart Sauser: „Johannes und Maria sind ganz im Sinne der Astlschen Werkstätte geschaffen. St. Johannes, dessen edel geformtes Antlitz ihn zu den besten Werken von Meister Astl gehören läßt, erinnert in seiner Kopfform und den markanten Gesichtszügen an die Astlschen Männertypen jugendlichen Alters, wie sie zahlreich bei den Hallstätter Aufsatzfiguren und Reliefs zu finden sind. Maria findet Parallelen bei den hl. Frauen auf dem Hallstätter Beschneidungs- und Darstellungsrelief. Der Gekreuzigte zeigt in seinen Gesichtszügen asketische Strenge, hat betonte Kinnladen und eingefallene Wangen."

Kunst der Donauschule Der Donauschule zugezählt werden die Fresken über dem Haupteingang zur Kirche: farbige Passionsszenen; Kreuzestragung und Kreuzesnagelung (um 1500). In dieser Zeit entstand auch das Christophorus-Fresko an der Ostseite der Kirche. Aus dem Jahr 1519 stammt das Portal aus rotem Salzburger Marmor mit schön gestalteter Türleiste. Bei der Aufzählung der gotischen Werke von Hallstatt darf die Michaelskapelle nicht vergessen werden (um 1300), mit romanischem Unterbau und darüber einem gotischen Kapellenraum. Hier befindet sich das weithin bekannte Beinhaus.

Darf ich Sie aber bitte am Schluß dieses Kapitels noch einmal einladen zu einem kurzen Besuch der Kirche, um zurückzukehren zum Schönsten, was die Gotik in Hallstatt zu bieten hat. Es ist dies, ganz im Sinne der Pfarrkirche Mariä Himmelfahrt und des Marienaltars, die Mutter Gottes auf dem Hauptaltar. Der Kunsthistoriker Ekkard Sauser analysiert sie so: „Einfach, schlicht, sehr natürlich, wie aus dem Leben gegriffen, nichts Aszetisches, Hoheitsvolles, ja nicht einmal überaus edle Formen in den Gesichtszügen und Gewandfalten."

Maria, nicht nur künstlerisch betrachtet

Einfach, schlicht, natürlich? Das ist viel ungewöhnlicher, als es sich auf den ersten Blick ausnimmt. Für den Künstler von Hallstatt ist Maria nicht das Ideal höchster himmlischer und irdischer Schönheit mit verinnerlichtem, versunkenem Ausdruck, wie wir sie in anderen Werken vor uns haben. Maria ist hier eine einfache, schlichte, natürliche Frau.

Vielleicht ist das nicht nur für eine künstlerische Betrachtung von Bedeutung. Ich könnte mir vorstellen, daß bei einer solchen Maria viel eher das Gefühl aufkommt, hier eine Vermittlerin zwischen Gott und den Menschen vor sich zu haben. Diese Maria ist eine Frau und Mutter, nicht anders als die Frauen und Mütter, die im Laufe von viereinhalb Jahrhunderten vor dieser Maria gekniet sind.

Dokumentationen

*R*eichtum und Sinnigkeit der Komposition, Kraft und Leben
in der Darstellung, eine besonders zierliche Behandlung der Gewandung, Geschmack
in der Anordnung des Ganzen, überall gleicher Fleiß in den Details,
sind hervorstechende Merkmale dieser Schnitzarbeit und Malerei.
Das Ganze zeugt von bedeutender Kunstfertigkeit, entbehrt jedoch der Vollendung
und der genialen Konzeption der Idee, an deren statt eine reiche Entfaltung
des Gemütslebens offenbar wird.

Matthias Koch (1846) (6)

*L*eonard Astl. Die österreichische Kunstgeschichte wird
Ursache haben, sich mit diesem Namen zu bereichern.

Matthias Koch (1846) (6)

*V*on welchem Künstler der Altarschrein geschnitzt ist, weiß
ich nicht, und es geht mich auch gar nichts an.

Wilhelm Raabe (1864) (7)

*I*m gesamten erlebt, genossen und begriffen, wirkt dieser
Hallstätter Flügelaltar des Lienhart Astl – ergänzt durch einen zeitlich etwas früheren
Altar oder durch eine Kreuzgruppe in der Vorhalle –
wie eine brandende Welle, die der sonst so stille, melancholische Hallstätter See
im Sturme kennt und liebt, und man darf sich vorstellen, daß
diese Plastiken und Malereien ihre Schöpfungskraft aus erregten Wassern gewonnen
haben. So erstrebten sie sich eine bildliche Vielschichtigkeit, die ausreicht,
um anzuziehen und zu begeistern.

Rudolf Walter Litschel (1974) (19)

Quellenangaben auf Seite 244.

Das wertvollste Dokument der mittelalterlichen Kulturtradition: Die katholische Pfarrkirche.

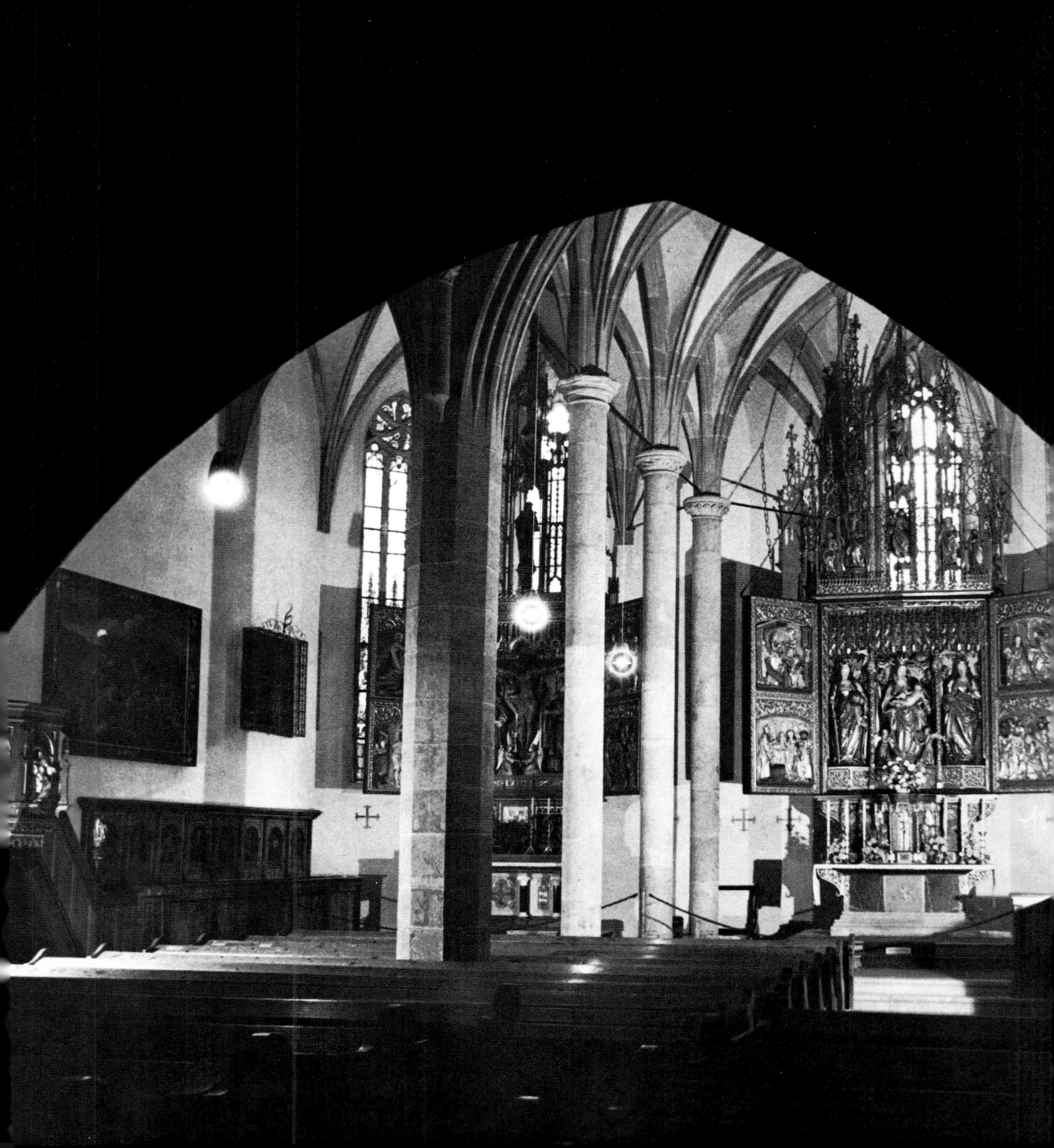

Das Südportal der Kirche. Links Säulenbasen, rechts Türgriff. (Türleiste auf Seite 98.)

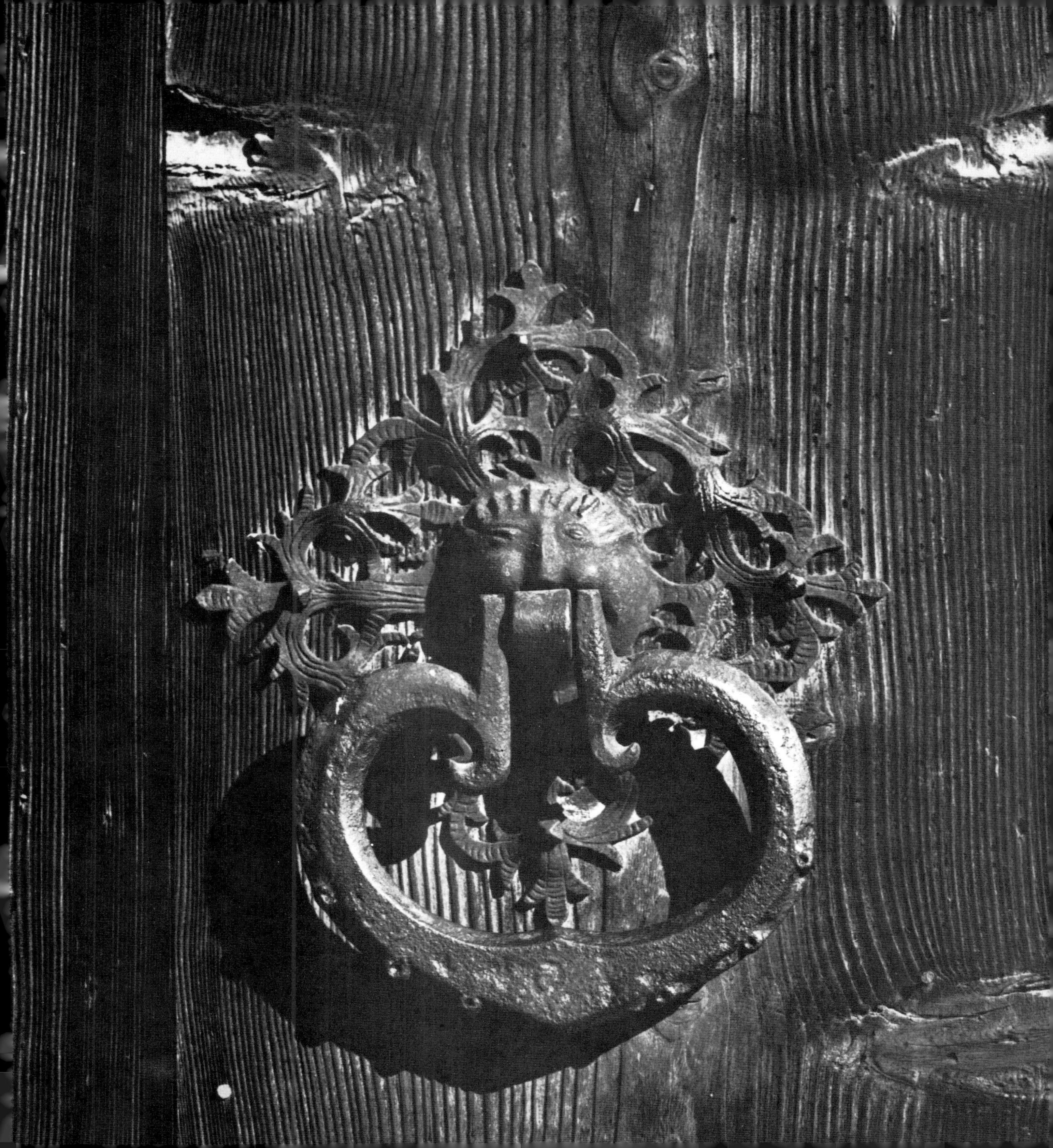

Maria mit der heiligen Katharina (links) und der heiligen Barbara (rechts).

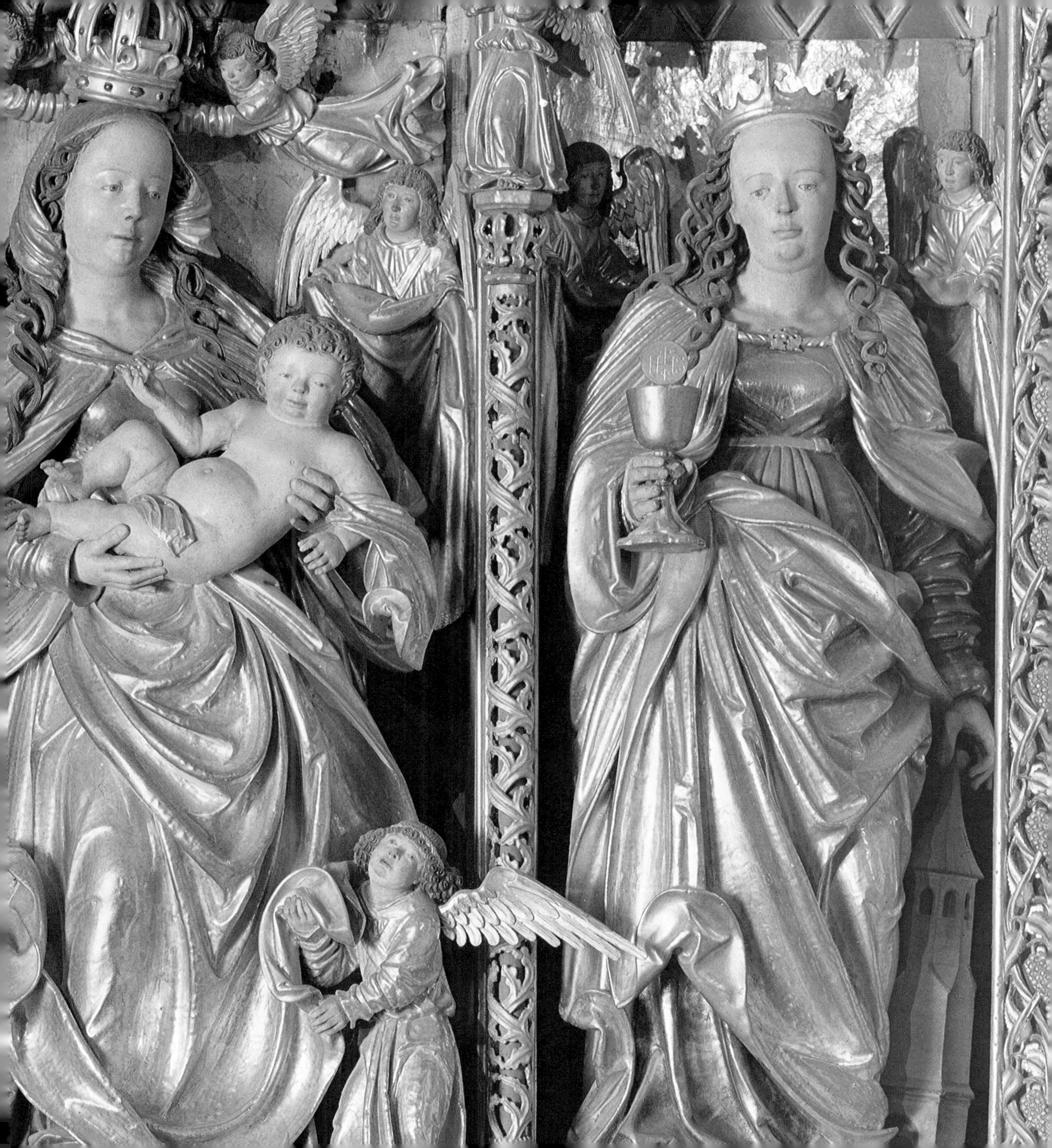

◁ Die Michaelskapelle (um 1300) mit dem Beinhaus.

▷ Ein Blick auf die katholische Kirche, die eine Fülle gotischer Meisterwerke beherbergt.

Ein kleines Werk eines großen Meisters: Das segnende Jesuskind, eine Arbeit jenes Lienhart, Bernhart, Leonhart oder Leonard Astl, der als Schöpfer des Hallstätter Marienaltars in die Kunstgeschichte eingegangen ist.

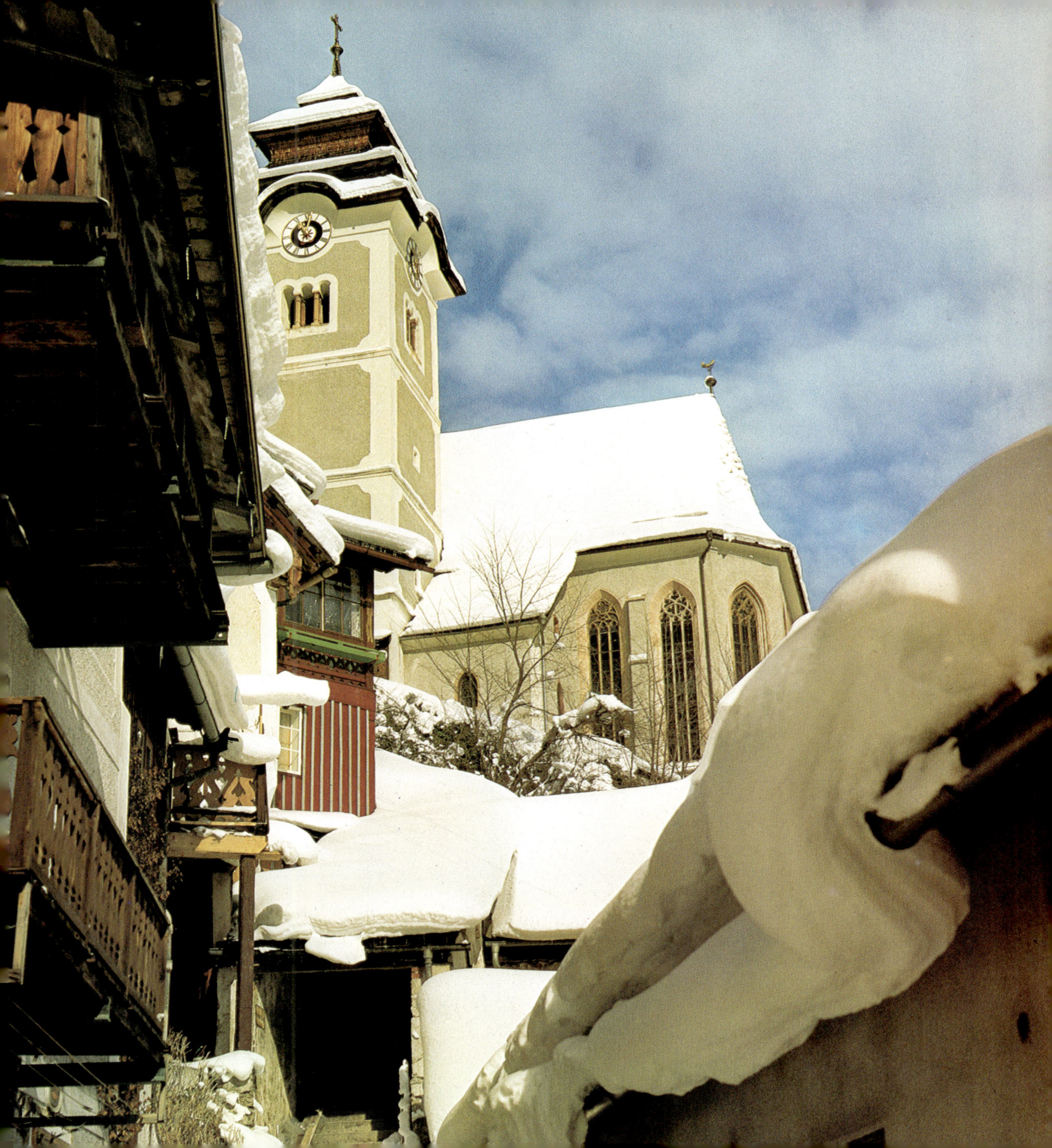

Der Astl-Altar, vollendet 1520, einer der bedeutendsten gotischen Schnitzaltäre Oberösterreichs.

Im Mittelpunkt des Altars steht die Figur der Maria, deren Einfachheit und Schlichtheit jeden Besucher stark beeindruckt.

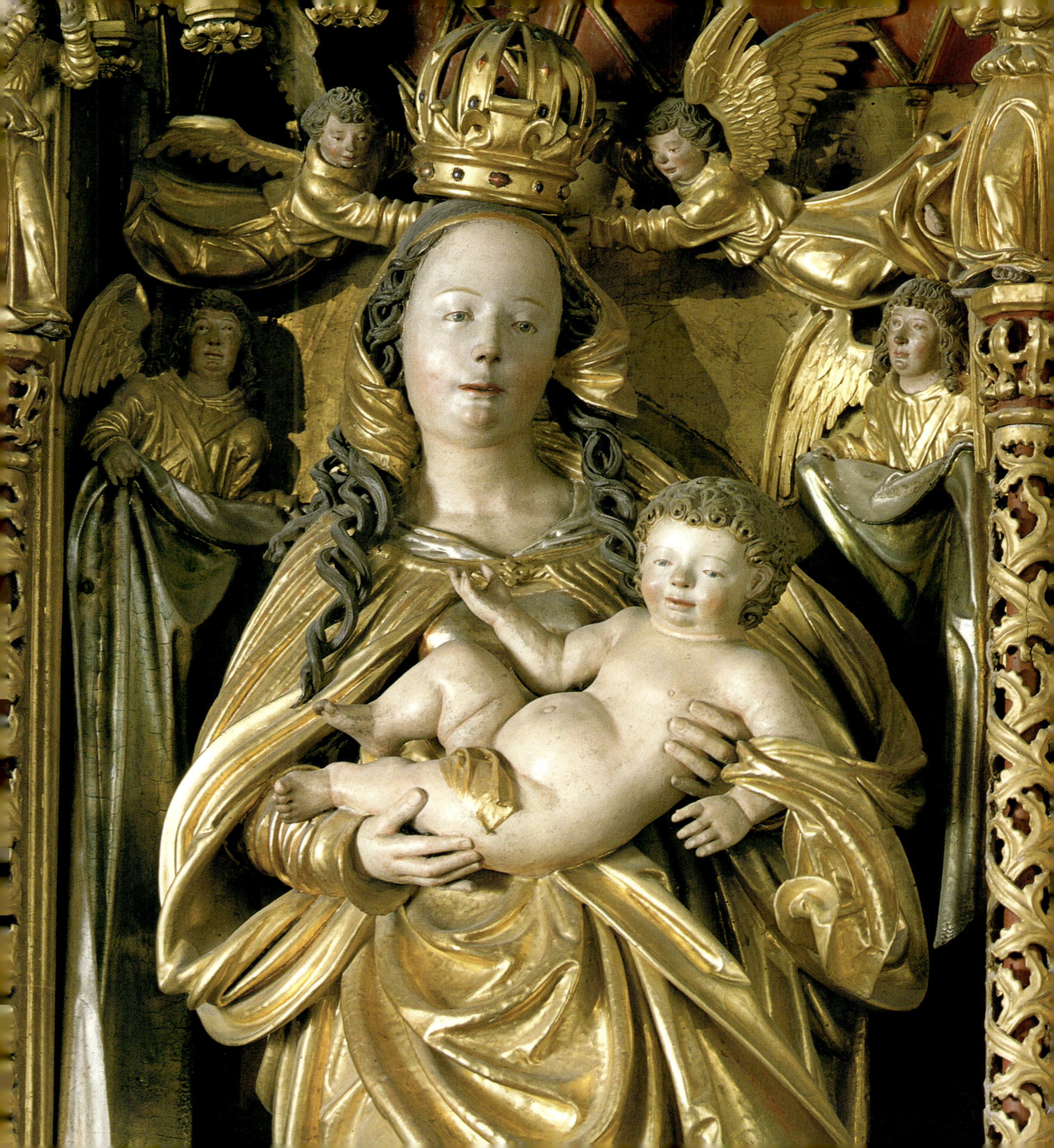

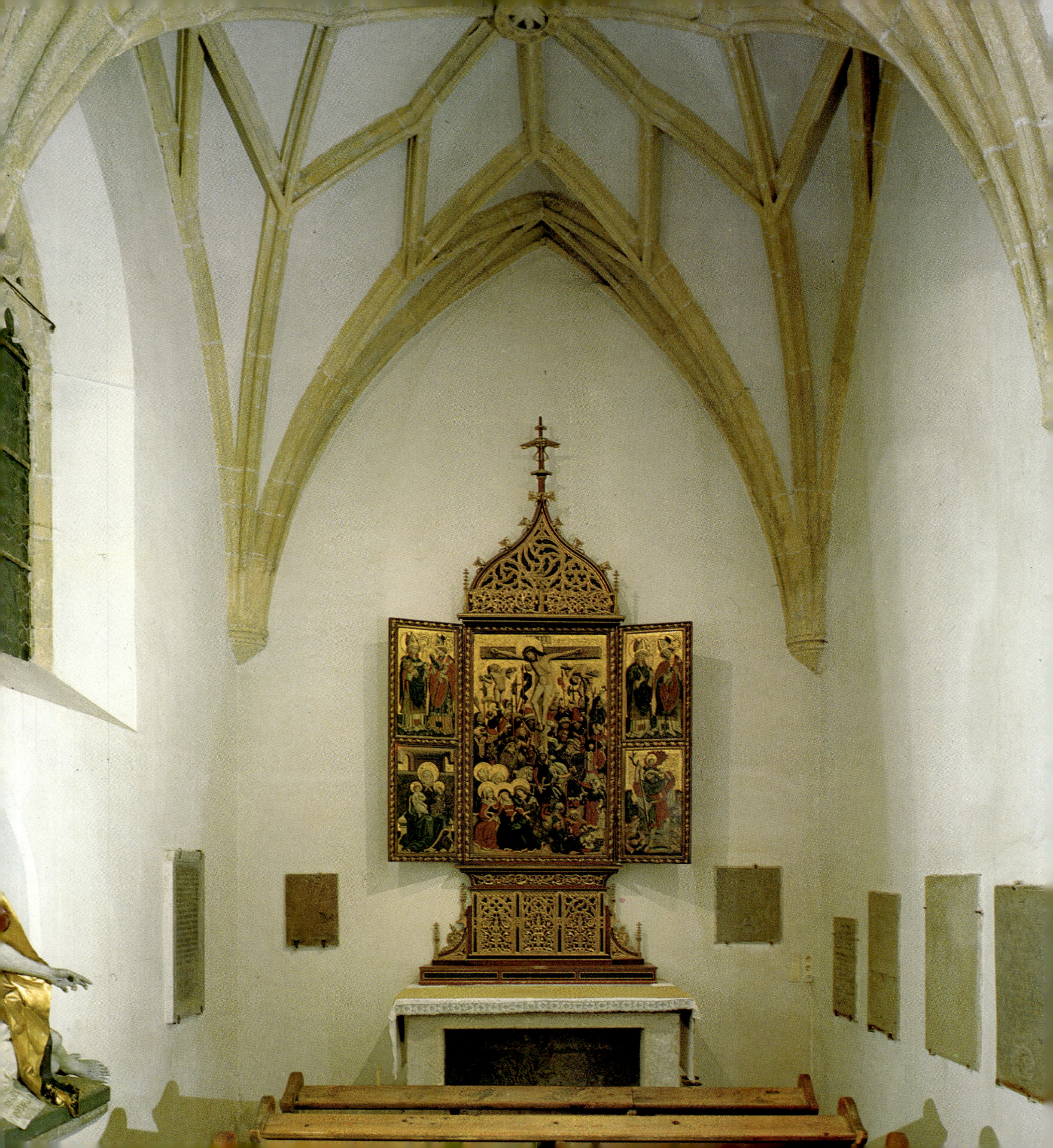

Zusammengeschnitten und verbrannt sollte dieser kleine, spätgotische Altar werden, der um das Jahr 1450 entstand und das Werk eines unbekannten Bergmannes ist. 300 Jahre später war es wieder ein unbekannter Bergmann, der den Altar rettete.

Der heilige Johannes wird von den Kunsthistorikern zu den besten Werken Astls gezählt. Aus der um 1515/20 entstandenen Kreuzigungsgruppe, die heute beim Haupteingang der Kirche aufgestellt ist. Rechts der Christuskopf.

Der Donauschule zugezählt werden die Fresken über dem Hauptportal der Kirche (um 1500).

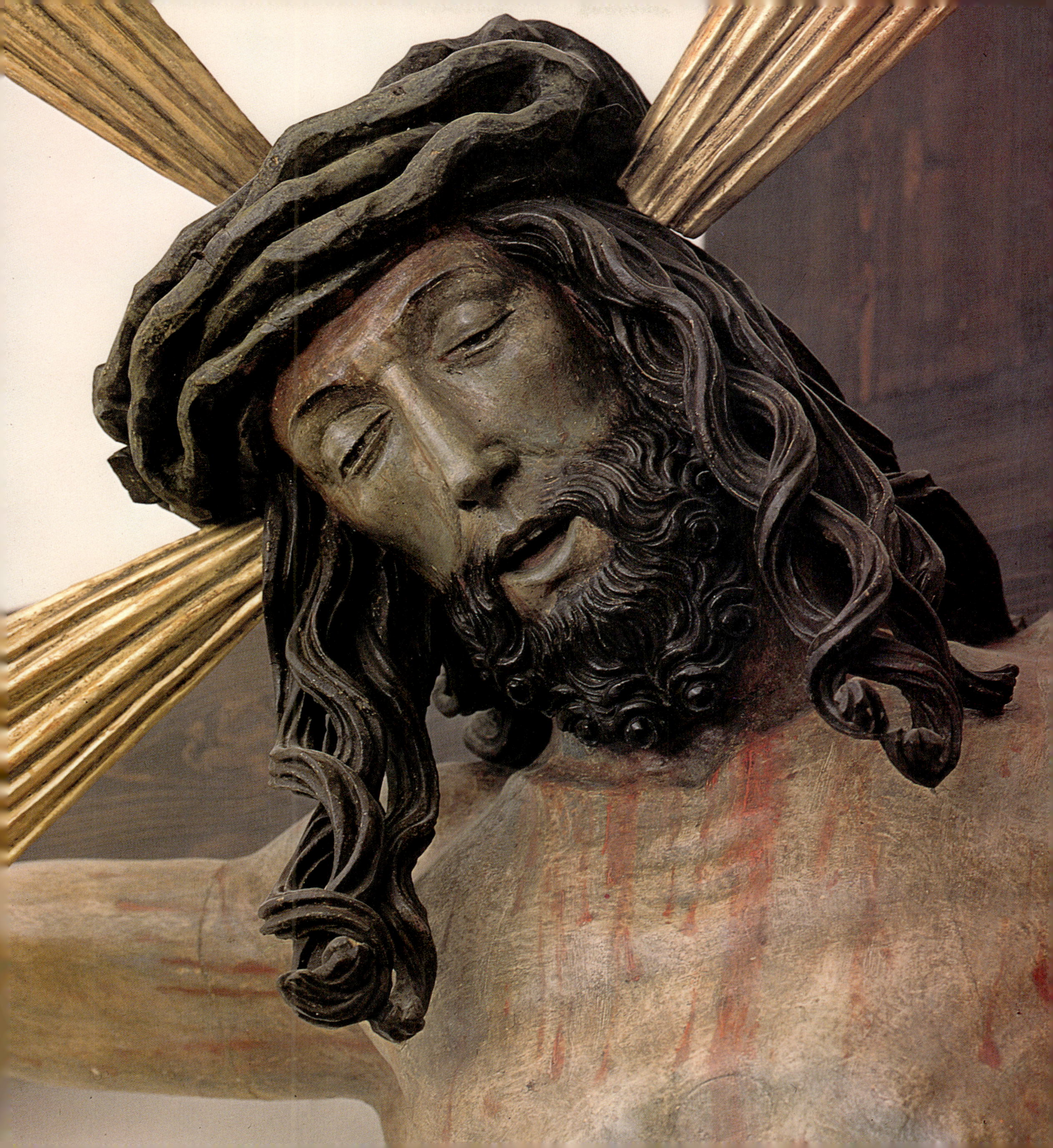

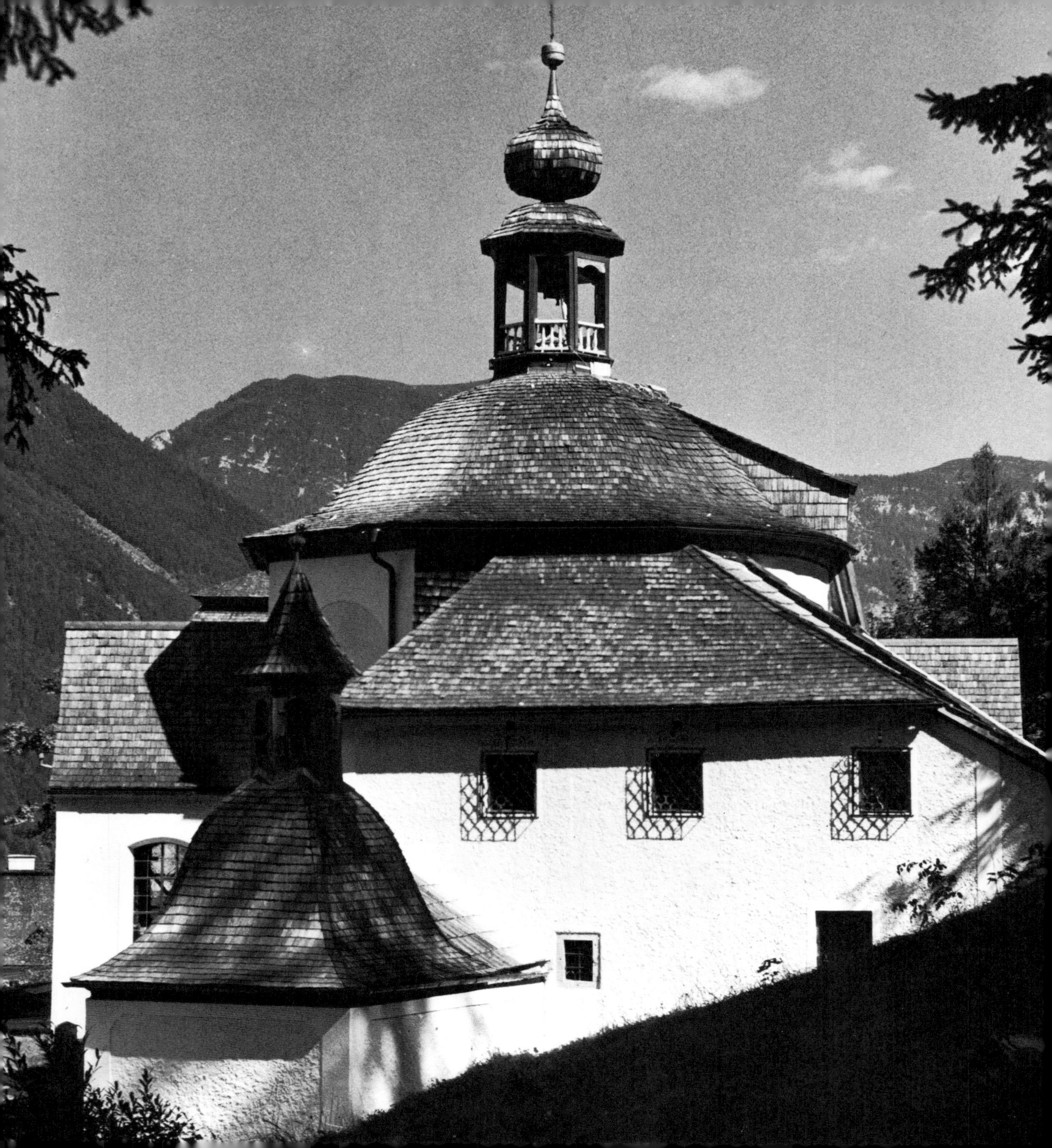

VI. Das Barock
Reichtum und Gläubigkeit der Salzherren

Es gibt barocke Bauten, barocke Musik, barocke Dichtung, warum soll es nicht auch barocke Menschen geben? Ich denke jetzt nicht an üppige Rubensfrauen oder ähnliche Äußerlichkeiten, sondern an Menschen mit einem barocken Lebensgefühl. So ein Mensch dürfte jener Salzverweser Christoph Eyssl von Eysselsberg gewesen sein, dem das gegenüber von Hallstatt thronende Schloß Grub gehörte. Als er im Jahre 1668 starb, hinterließ er eines der ausgefallensten Testamente, das man sich vorstellen kann: Sein Sarg sollte alle fünfzig Jahre, jeweils an seinem Todestag, aus der Gruft geholt, um den Kirchgang getragen und dann auf dem See bis zu seinem Schloß gefahren werden. Bis um die Mitte des vorigen Jahrhunderts soll diesem Wunsch auch entsprochen worden sein, denn der barocke Schloßherr hatte der katholischen Pfarrkirche ja eine Gruftkapelle gestiftet. Auf dem Hallstätter Friedhof erinnert an der Nordseite der Kirche eine Inschrift an diesen sonderbaren Salzverweser.
Verweser – das erweckt neuerlich Assoziationen an Friedhof und hat zumindest einen lächerlichen Beigeschmack. Ein Salzverweser war jedoch alles andere als ein Mann, über den man hätte lächeln dürfen. Verwesen heißt nicht nur „in Fäulnis übergehen", das Wort hat auch noch die Bedeutung von verwalten.

Sitz des Verwesamtes war Ischl. Unser Barockherr war einer der prominentesten dieser Verweser, der allerdings wegen seines Despotismus und seiner lockeren Lebensführung wenig geliebt wurde. Die in Ischl tätigen Verweser standen noch über den Hofschreibern. Was ein Hofschreiber ist? Heute denkt man da viel-

Das Kalvarienbergkirchlein im Hallstätter Ortsteil Lahn.

Geschnitzte Kreuzigungsgruppe in der Kalvarienbergkirche (um 1710).

IESVS NAZARENVS REX IVDEORVM.

Dieses Kreuzschleppungsbild (1653) beherrscht eine Wand in der katholischen Pfarrkirche.

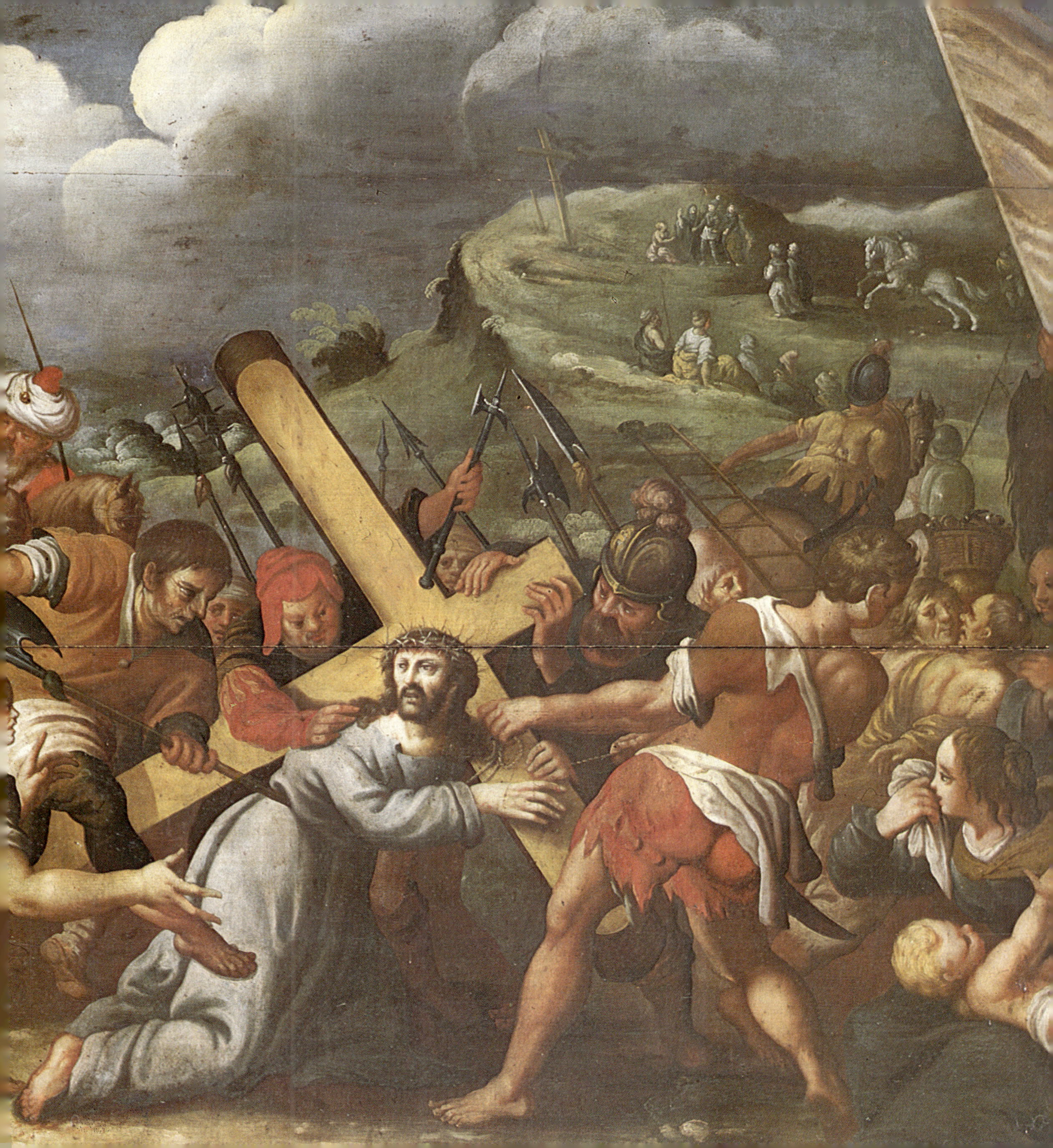

Dreifaltigkeitsgruppe, vermutlich eine Schwanthaler-Arbeit, original allerdings nur die Figuren von Gott-Vater und Gott-Sohn.

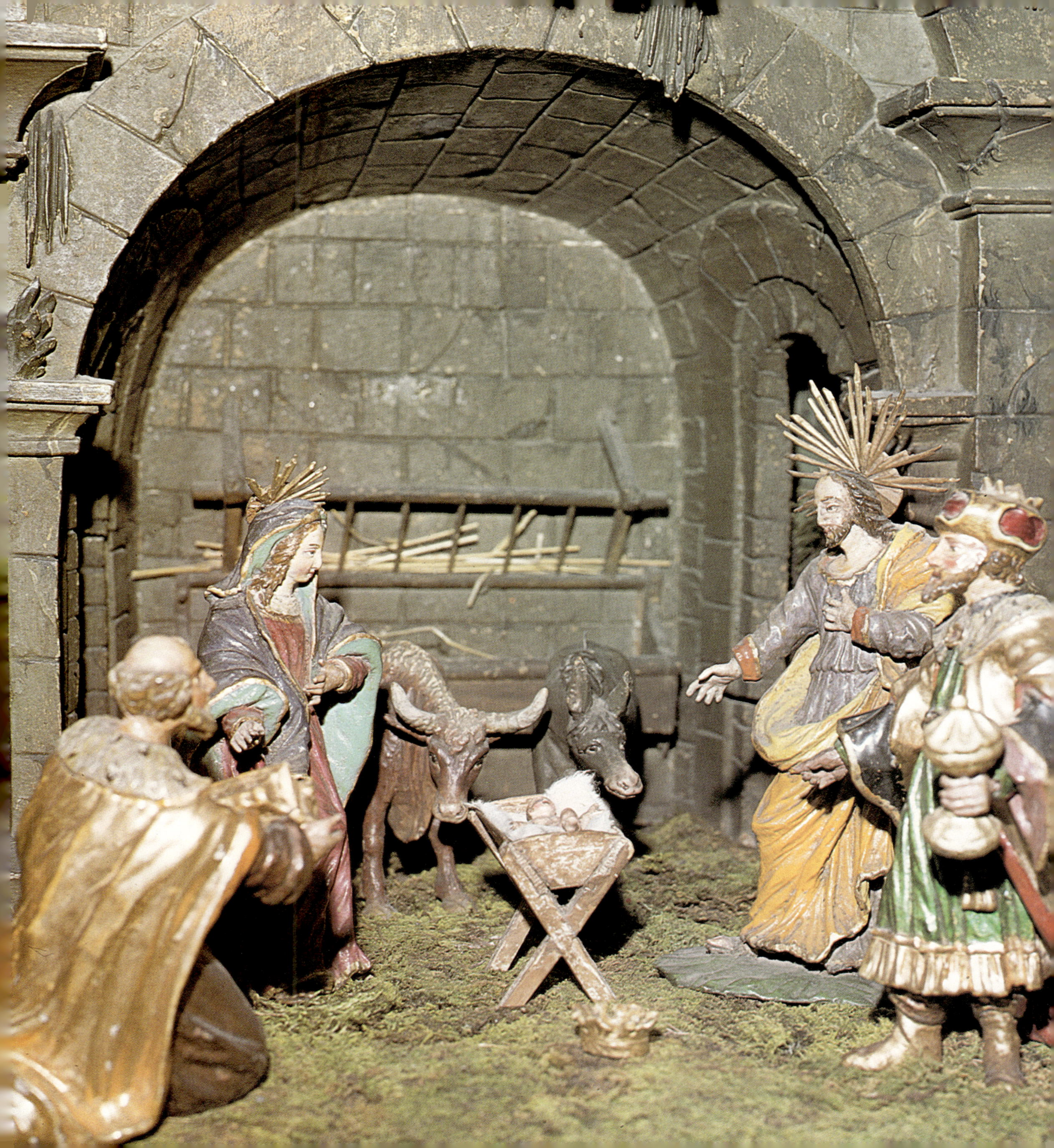

Farbbild: An der Außenmauer der katholischen Pfarrkirche erinnern Grabplatten an den Stand der Salzfertiger, der über ein halbes Jahrtausend in Hallstatt eine dominierende Rolle spielte.

Oben: Ein barocker Florian in einer Nische des Bräuhauses, im Schild der alte Braukrug.

Links: Ein Badschild aus dem Jahr 1659.

Rechts: Barocker Altar in der Michaelskapelle.

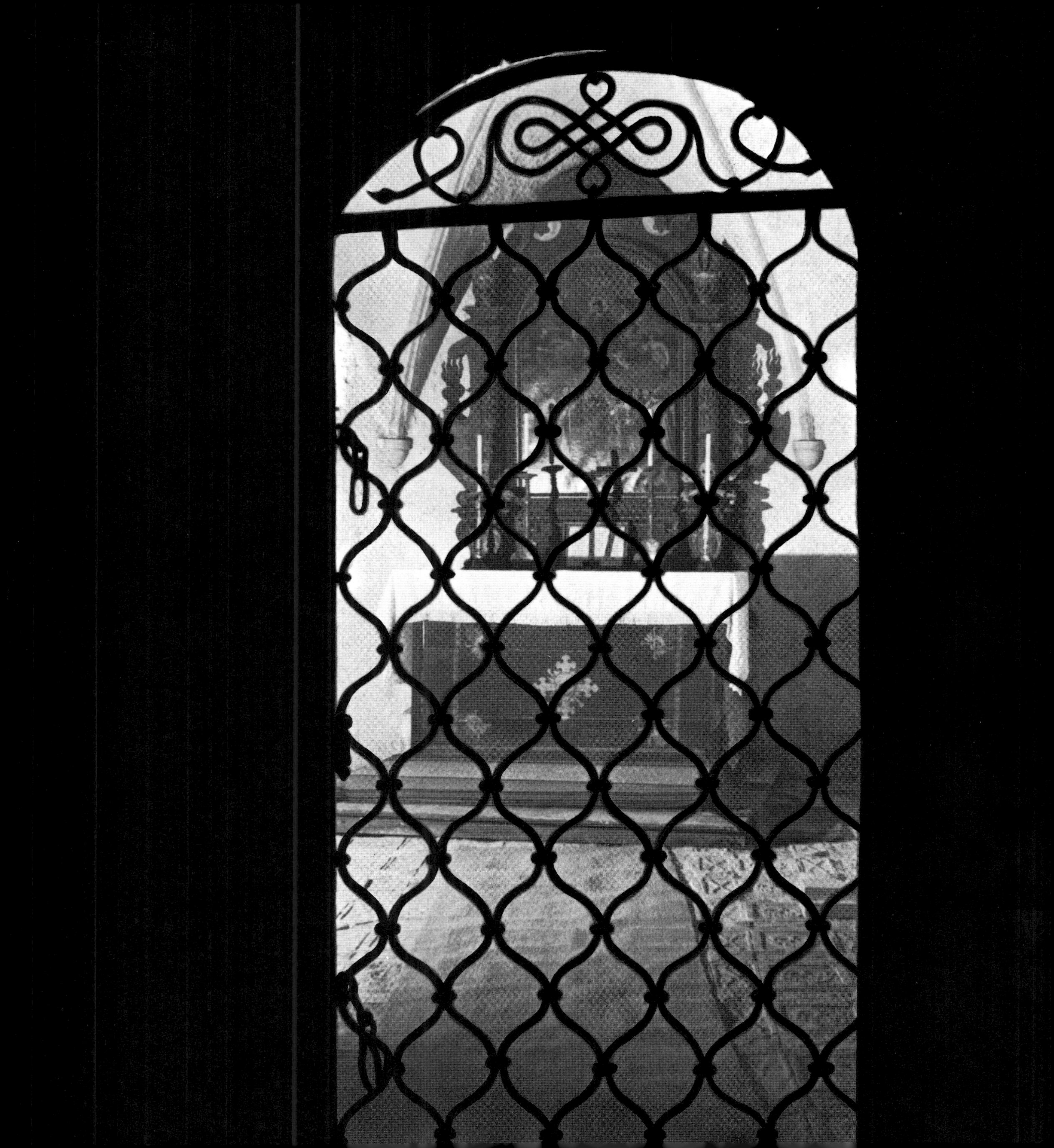

leicht an die Pressereferenten der Politiker, ein Hofschreiber in Hallstatt jedoch hatte andere Aufgaben. Er war der oberste Salinenbeamte von Hallstatt. Betriebsleiter würde man heute diese Funktion nennen.

Ebenso wenig wie mit einem Salzverweser oder einem Hofschreiber wissen wir heute auch mit der Berufsbezeichnung Salzfertiger etwas anzufangen. Das war jener mit vielen Privilegien ausgestattete Stand, der vom staatlichen Bergbau das Salz als Urprodukt übernahm, es dörrte, verpackte, verfrachtete und in den Handel brachte. Salzverweser, Hofschreiber und Salzfertiger waren mächtige und reiche Leute in Hallstatt, gelegentlich auch großzügige. Was an barocken Bauten in Hallstatt zu bewundern ist, wurde von ihnen gestiftet. Alle diese Stiftungen zeugen jedoch nicht nur vom Reichtum der Hallstätter Salzherren, sondern auch von ihrer tiefen Gläubigkeit.

Sie dürfen, wenn Sie in Hallstatt das Wort Barock hören, allerdings nicht an prunkvolle Schlösser und Paläste denken. So et-

Für Kunstkenner keine Sehenswürdigkeit, in seiner bizarren Bauweise aber zweifellos etwas Besonderes: Das gegenüber von Hallstatt auf einer Halbinsel gelegene Schloß des extravaganten Barockherrn Eyssl von Eysselsberg.

Ein liebes Barock was werden Sie vergeblich suchen – und es wäre auch kein Platz vorhanden. Dafür finden Sie in Hallstatt – wenn dieser unfachmännische Ausdruck gestattet ist – so etwas wie ein liebes Barock.

Barock in Hallstatt – das ist die Dreifaltigkeitssäule auf dem Marktplatz (1744), ein bezauberndes Gegenstück zu den Kolossaldenkmälern in Wien und Linz. Barock in Hallstatt, das sind mit Lärchenschindeln gedeckte Kirchlein und Kapellen, Weihnachtskrippen, schmiedeeiserne Fensterkörbe, Schilder, Grabsteine.

Das Kalvarienbergkirchlein Rund 24.000 gebogene Lärchenschindeln waren notwendig, um die Kalvarienbergkirche vor dem Verfall zu retten. Die geschwungene Dachform wurde vor wenigen Jahren originalgetreu erneuert. Die Kirche stammt aus dem Jahr 1711 und wurde gemeinsam mit den Kreuzwegkapellen von einem kinderlosen Hofschreiber-Ehepaar gestiftet, das dort auch seine letzte Ruhestätte haben wollte. Ebenfalls aus dieser Zeit und vom gleichen Stifter dürfte das Bild „Vom Leben und Sterben des Bergmannes" (Seite 25) sein. Es befindet sich im Gebäude der Salinendirektion. Das Büro des Bergbaudirektors ziert zusätzlich ein barockes Kleinod: ein Bild der heiligen Barbara, jener von den Bergleuten besonders verehrten Märtyrerin, der auch ein Altar gewidmet ist. Er kommt aus der Salzbergkapelle und ist heute in der Krippenstein-Kapelle zu sehen. Die heilige Barbara ist demnach in der Kunst von Hallstatt gleich mit drei Stilrichtungen vertreten: als gotische Altarfigur, in einem barocken Altar und als barockes Bild, als moderne Plastik. (Bilder siehe Seite 165).

13 Tote und 13 Engel Über die Jahrhunderte hinweg spielt die heilige Barbara in Hallstatt eine Rolle, zwischen den Jahrhunderten stellte das Schicksal merkwürdige Verbindungen her: Die Krippenstein-Kapelle mit dem Barbara-Altar ist die Gedächtnisstätte für die zehn Schüler und drei Lehrer, die in der Karwoche des Jahres 1954 auf dem Dachstein ihr Leben lassen mußten. Zufällig, aber verblüffend ist in diesem Zusammenhang, daß die Zahl der Engel des barocken Altars (13) mit der Zahl der Toten der Dachstein-Tragödie 1954 übereinstimmt.

Bleiben wir noch beim Barock: Den Innenraum der Kalvarienbergkirche beherrscht eine große geschnitzte Kalvarienberggruppe (um 1710) aus dem Arbeitskreis des Bildhauers Johann Meinrad Guggenbichler. Neben der Kalvarienbergkirche steht der schönste barocke Profanbau von Hallstatt: das Amtshaus. Mit seinem Giebeldach paßt es sich besonders schön der Landschaft an.

Weitere barocke Schätze

Auch die katholische Pfarrkirche erinnert daran, daß es in der Barockzeit in Hallstatt wohlhabende Spender gab: Die Haube des Kirchturms stammt aus dem Jahr 1751, im Innern der Kirche wird eine Wand von einem prächtigen schmiedeeisernen Fensterkorb (um 1650) und einem Kreuzschleppungsbild (1653) geschmückt. Oberhalb des neugotischen Taufbeckens prangt eine barocke Dreifaltigkeitsgruppe, vermutlich eine Schwanthaler-Arbeit, bei der allerdings nur die Figuren von Gott-Vater und Gott-Sohn original sind, der Rest stammt aus der Holzfachschule Hallstatt.

An der Friedhofsmauer hockt eine kleine Kapelle (Angstkapelle) mit Gitter und Ölberggruppe aus dem Jahr 1730. Erwähnen müßte man auch noch die Gruftkapelle mit Stiftungsaltar (aus dem Jahr 1652) und die barocken Stücke in der Michaelskapelle, die allerdings der Öffentlichkeit nicht zugänglich sind.

Es sollte ja auch kein Besichtigungsprogramm werden, das ich hier zusammengestellt habe. Auch nicht auf eine Inventur der barocken Sehenswürdigkeiten kam es mir an, sondern auf den Beweis, daß neben der Urgeschichte und der Gotik auch das Barock seine Spuren hinterlassen hat in diesem traditionsreichen und traditionsbewußten Ort, dessen Bewohner immer und zu jeder Zeit einen Sinn für das Schöne hatten.

Dokumentationen

*E*in Kalvarienberg sollte erbaut werden zur Ehre des leidenden Herrn, als Bitte für das eigene Seelenheil, als Ort des Betens und des Trostes für die Bergleute und ihre Familien; und das eigene Wohnhaus sollte dem Bergkaplan als Wohnung dienen.

Aus dem Testament eines Hallstätter Hofschreiber-Ehepaares (1721) [20]

*N*ächst den Salinengebäuden ist der, samt einem Benefiziathause im Jahre 1721 von einem Salinenbeamten gestiftete Kalvarienberg mit einer Kirche angebracht, deren heilige Grabkapelle den Fremden gewöhnlich in der Beleuchtung mit buntfärbigen Kugelgläsern gezeigt wird.

Matthias Koch (1846) [6]

Eines der schönsten Zeugnisse barocker Schmiedeeisenkunst, das um 1650 entstanden ist: Die Eysselsberg-Empore. Von der Bevölkerung getrennt und von ihr geschützt, wie es in der Zeit der Glaubenskämpfe für die Aristokraten üblich war, nahmen die Salzherren hinter diesem Gitter am Gottesdienst teil.

Die Dreifaltigkeitssäule auf dem Marktplatz (1744).

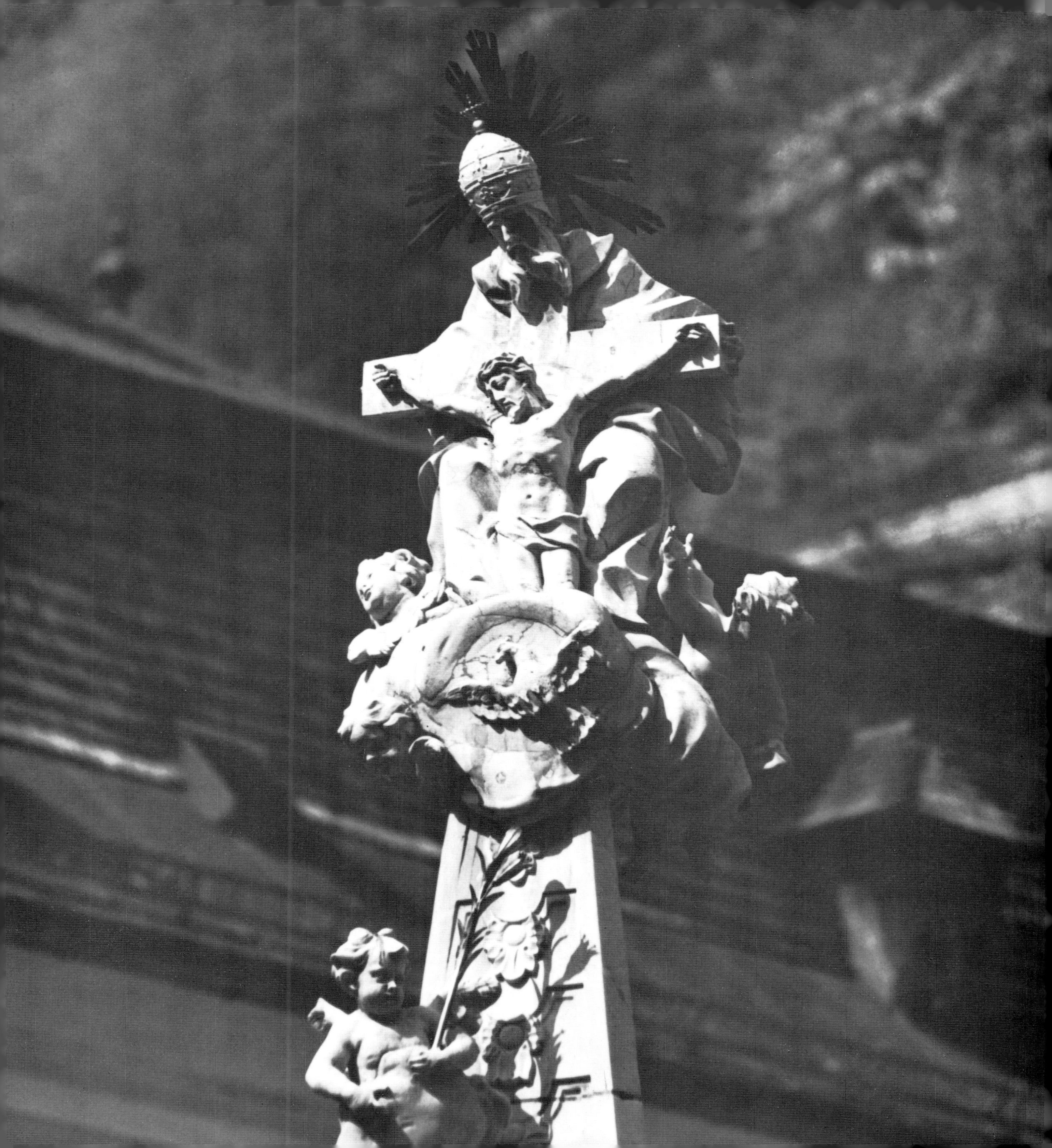

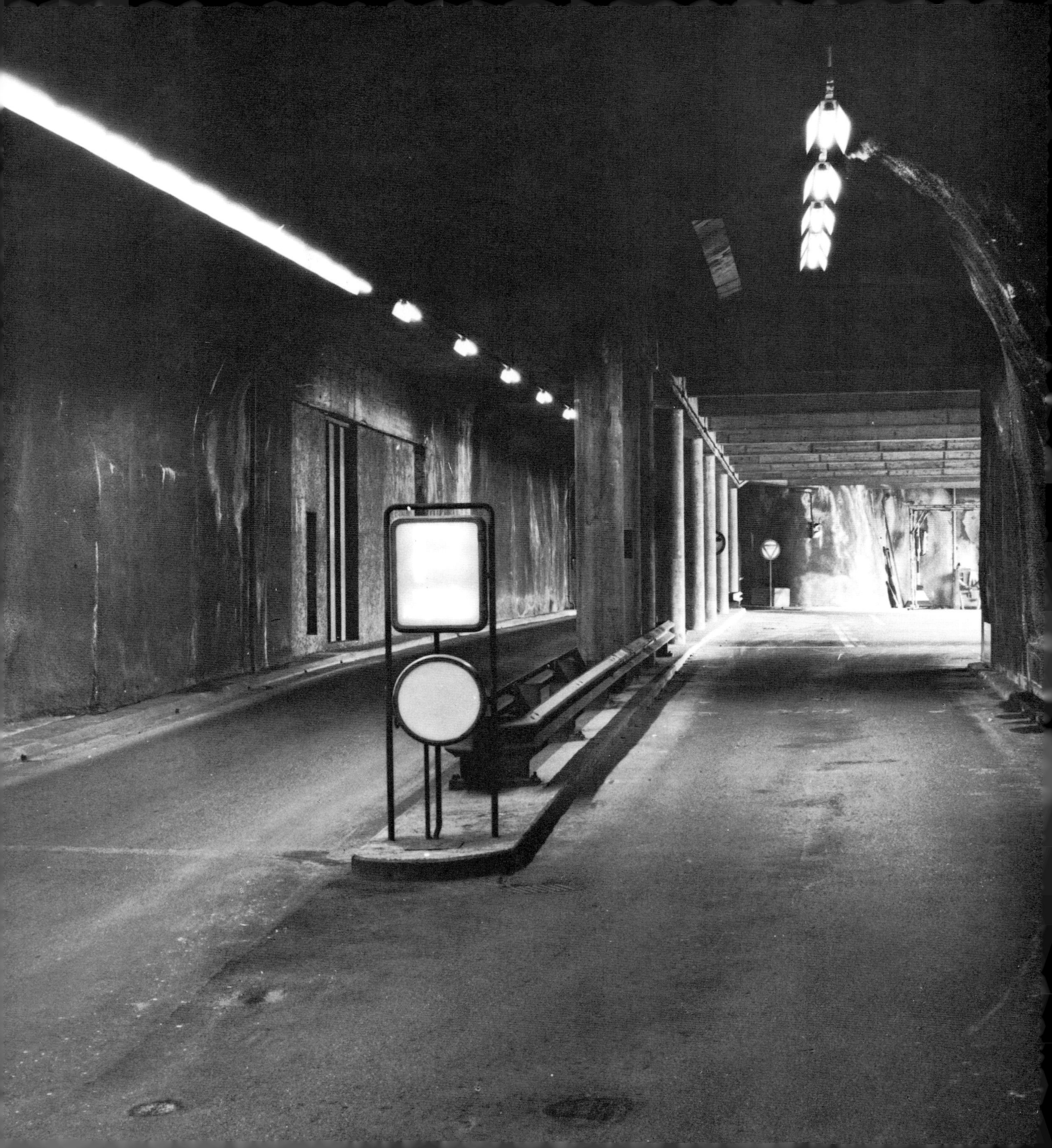

VII. Die Moderne
Erhalten und Erneuern des Schönen

Für Hallstatt Schlechtes zu befürchten ... Eine Katastrophe für Hallstatt ... Chaotische Zustände ... Eine Entscheidung gegen die Erfordernisse des modernen Kundendienstes ... Dieses und ähnliches stand im Jahr 1958 über Hallstatt zu lesen. Nicht eine Stimme erhob sich, die es begrüßte, was die Mehrheit der Bevölkerung von Hallstatt entschieden hatte: Sie war gegen das Projekt einer Straße, die zwischen See und Berg hätte gezwängt werden sollen. Im zweiten Kapitel dieses Buches war davon schon kurz die Rede. Entweder diese Straße oder Hallstatt bleibt für immer von der Welt und damit vom Fremdenverkehr abgeschlossen, hieß es. Das Projekt war beschlossene Sache. Als sich der Widerstand regte, reagierte die Obrigkeit mit Zuckerbrot und Peitsche. Auf österreichisch heißt das: Seid's gscheit, aber wenn's net gscheit seid's, werdet's schon sehen, was passiert! Wortführer des Widerstands gegen die Seeuferstraße war der Hallstätter Naturforscher Dr. Friedrich Morton, der (wörtliches Zitat einer Pressestimme dieser Tage) „sich verpflichtet fühlte, gegen jede Beeinträchtigung des historischen Ortsbildes aufzutreten." Schließlich erreichten die Hallstätter, daß sie wenigstens abstimmen durften über das Schicksal ihres Ortes. Kurz zuvor fand eine Versammlung statt, zu der aus Linz der für Straßen zuständige Landesrat erschien. Er entwarf ein düsteres Bild für die Hallstätter, falls sie sich gegen die Seeuferstraße entscheiden würden. Die Hallstätter nickten beifällig, klatschten höflich, der Landesrat fuhr zufrieden nach Hause. Und traute seinen Augen nicht, als er das Abstimmungsergebnis erfuhr: 422 Gegenstimmen, 311 waren für eine Seeuferstraße.

Gegen die Obrigkeit durchgesetzt haben die Hallstätter die Tunnellösung der Ortsumfahrung und damit das historische Bild Hallstatts erhalten.

Damals wurde den Hallstättern ihre Traditionsgebundenheit als Rückschrittlichkeit und sture Gegnerschaft aller Bestrebungen für einen zeitgemäßen Ausbau des Fremdenverkehrs ausgelegt. Daß sie recht hatten, stellte sich jedoch sehr bald heraus. Die düsteren Prophezeiungen sind nicht eingetreten. Hallstatt ist von der Welt nicht abgeschlossen, und das schöne, historische Ortsbild ist erhalten geblieben. Acht Jahre später war der Tunnel fertig. Es ging also doch auch anders. Und der Tunnelbau hat Staat und Land nicht an den Rand des Bankrotts gebracht.
Es sollen hier nicht alte Wunden aufgerissen werden. Aber es

Parkplätze unterbrechen die Tunnelröhren. Auf dem Bild Mühlbachschlucht und Mühlenhäuser. (Von den beiden Parkterrassen bietet sich ein prachtvoller Blick auf die Hallstätter Häuser, den Hallstätter See und das gewaltige Gebirgspanorama.)

darf dieses Ereignis andererseits auch nicht vergessen werden, wenn davon die Rede ist, wie sehr die Hallstätter bemüht sind, das zu erhalten, was an Hallstatt bewundernswert ist.

Immer und zu jeder Zeit hatten die Bewohner von Hallstatt einen Sinn für das Schöne, wurde im vorangegangenen Kapitel behauptet. Ich höre die Verfechter der modernen Kunst schon fragen: Und wie steht es da mit unserer Zeit? Lebt Hallstatt nur in und für Traditionen oder findet es auch einen Zugang zur Kunst von heute?

Felssicherung beim Bau des Straßentunnels.

Ich kenne nicht viele Orte, wo die Kunst so gegenwärtig ist wie in Hallstatt, und ich meine damit nicht die Schöpfungen moderner Künstler, obwohl auch die in Hallstatt zahlreicher vertreten sind als in Orten vergleichbarer Größe: Eine steinerne Barbara auf der Parkterrasse (Hannes Haslecker), die Plastik eines Salzträgers auf dem Isidor-Engl-Platz (Helga Födisch), eine Plastik vor der Volksschule, mit der die ehemaligen Hauptberufe der Hallstätter – Bergmann, Holzfäller und Fischer – in Stein verewigt wurden (Georg Zauner), ein Brunnen auf dem Gräberfeld (Clemens Holzmeister), eine Gedenktafel, die an die ehemalige Sudhütte erinnert (Franz Xaver Wirth).

In Hallstatt sind Kunst und künstlerische Betätigung etwas Lebendiges. Tischler- und Drechslerarbeiten beherrschen fast alle Hallstätter, viele können auch schnitzen. Zentrum der künstlerischen Bestrebungen und Ausbildungsstätte ist seit mehr als hundert Jahren die Bundesfachschule für Holzbearbeitung. Der neugotische Kreuzaltar (1890) in der katholischen Pfarrkirche ist ein Werk der Hallstätter Holzfachschule. Viele namhafte Künstler von heute – sowohl Bildhauer als auch Architekten – sind aus dieser Schule hervorgegangen: Alois Dorn, Johannes Gsteu, Hannes Haslecker, Heinz Karbus, Karl Kessler, Klaus Liedl, Josef Moser, Erwin Reiter, Rudolf Schwaiger, Maximilian Stockenhuber, Hermann Walenta, Franz Xaver Wirth, Georg Zauner. Neben der Holzfachschule ist auch die Hallstatt-Keramik (gegründet von Gudrun Wittke-Baudisch) international bekannt.

Holzfachschule und Hallstatt-Keramik

„Basis Hallstatt" nannte sich eine Ausstellung, in der sich vor einigen Jahren jene Künstler zu einem Rendezvous trafen, denen gemeinsam war, daß sie in Hallstatt ihre gediegene handwerkliche Ausbildung erhalten hatten, daß an dieser Schule ein Stil- und Formbewußtsein ausgebildet wurde, das die Grundlage für ihren künstlerischen Werdegang bildete. Die jungen Menschen, die heute die Hallstätter Holzfachschule besuchen, sind eine Garantie dafür, daß die Devise „Erhalten und Erneuern des Schönen" in Hallstatt auch in Zukunft gelten wird.

„Basis Hallstatt"

Dokumentationen

*D*ie gestrige Volksbefragung, die über die Zukunft des
Dachstein-Fremdenverkehrsgebietes zu entscheiden hatte, brachte ein Ergebnis,
das den traditionsgebundenen Ansichten eines Großteiles
der Bevölkerung entspricht: 422 Hallstätter stimmten gegen die
Verwirklichung des Baues einer Seeuferstraße
nach dem Projekt von Oberbaurat Sapp, 311 Stimmen dafür.
„Oberösterreichische Nachrichten" (1958) (21)

*D*ie Volksbefragung, bei der 733 Stimmen abgegeben
wurden, was einer Wahlbeteiligung von 81 Prozent der Bevölkerung entspricht,
zeitigte ein überraschendes Ergebnis: 422 Hallstätter, das sind 58 Prozent der Wähler,
lehnten das Straßenprojekt ab, nur 311, das sind 42 Prozent, stimmten dafür.
„Linzer Volksblatt" (1958) (22)

*G*anz Oberösterreich und sein Fremdenverkehr haben das
„Nein" der Hallstätter mit Überraschung vermerkt, weil man außerhalb der
engen Gemeindegrenzen des Salinenortes die für den Wahlausgang
maßgeblich gewesenen traditionsbeschwerten Gedankengänge nicht mehr begreifen
kann, weil man sie als völlig irreal, auch nirgends für möglich hielt.
Das Interesse des gesamten österreichischen Fremdenverkehrs gilt aber der Hallstätter
Entscheidung, denn man wertet sie vielfach als eine Entscheidung gegen
die Erfordernisse des modernen Kundendienstes, zu dem ein Fremdenverkehrsland
wie Österreich nun einmal verpflichtet ist.
„Nachrichten für den Sonntag" (1958) (23)

*N*ach reiflicher Überprüfung – es wurden auch Hochschul-
gutachten eingeholt – fiel dann schließlich die Entscheidung für das Projekt
mit einem Doppeltunnel mit zwei übereinanderliegenden Parkterrassen
in der Mühlbachschlucht. Der alte Salinenort mit seinen unschätzbaren Kunstgütern und
seinem herrlichen Ortsbild bleibt fast unberührt.
Landeshauptmann Heinrich Gleißner (1966) (24)

*D*as Bestehen der Ausbildungsstätte für Holzbildhauer
in Hallstatt ist immer von großer Bedeutung für die weitere künstlerische Tätigkeit
gewesen, denn hier wurde gute Technik und höchstes Formgefühl vermittelt.
Landeshauptmann Erwin Wenzl (1975) (25)

*I*n Hallstatt lebt heute einer der bedeutendsten Holzschnitzer
unseres Landes, Karl Seemann. Seine Madonnen, Kruzifixe, seine Krippenfiguren
und Masken finden sich in privaten und öffentlichen Sammlungen
überall in der Welt. Er und Josef Hemetsberger aus dem Echerntal setzen
die seit dem 18. Jahrhundert heimische Kunst der Herrgott- und Krippenschnitzer
fort. Aber auch die jüngere Künstlergeneration ist in Hallstatt vertreten.
Der Bildhauer Georg Zauner fühlt sich dem Ort und der Landschaft künstlerisch nicht
weniger zugetan als seine beiden älteren Kollegen.
Zauners Arbeiten allerdings sind wohl von der Natur inspiriert,
keinesfalls aber naturalistisch.

ORF-Auslandsdienst (1977) (26)

▷ *Der Hallstätter Karl Seemann mit
einer für die katholische Pfarrkirche
geschnitzten Paulus-Figur.*

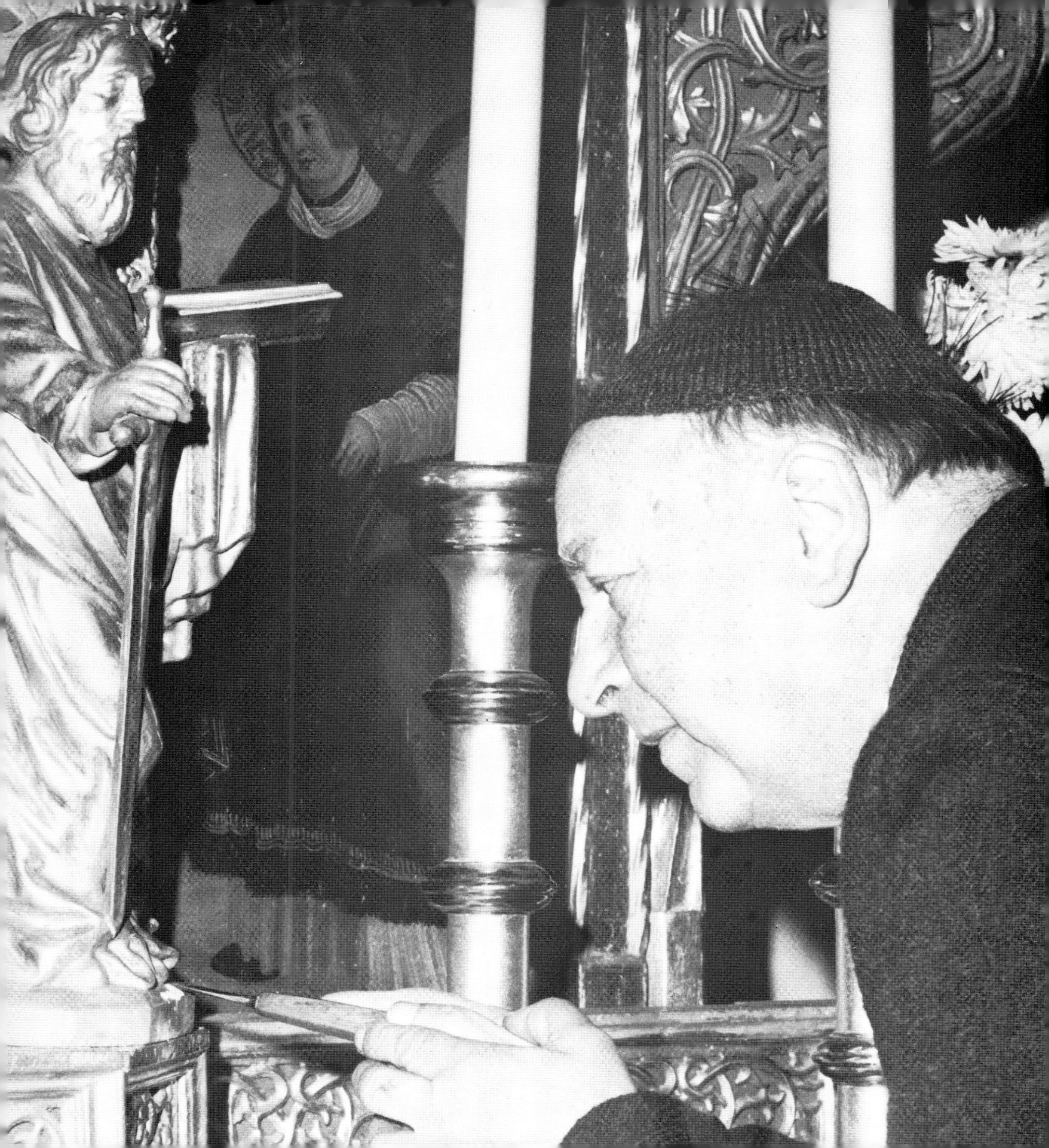

Krippenschnitzer aus Leidenschaft: Der Wab Sepp, der eigentlich Josef Hemetsberger heißt.

Der Hallstätter Bildhauer Prof. Georg Zauner hat sich vor allem als Schöpfer zahlreicher Großplastiken einen Namen gemacht. Auf dem Bild: Bei der Arbeit zu seinem Kunststeinrelief „Das letzte Abendmahl" für die Kirche „Am Tabor" in Wien.

Als Ausbildungsstätte für Bildhauer, Raumgestalter, Tischler und Drechsler hat die Holzfachschule Hallstatt seit mehr als hundert Jahren den besten Ruf.

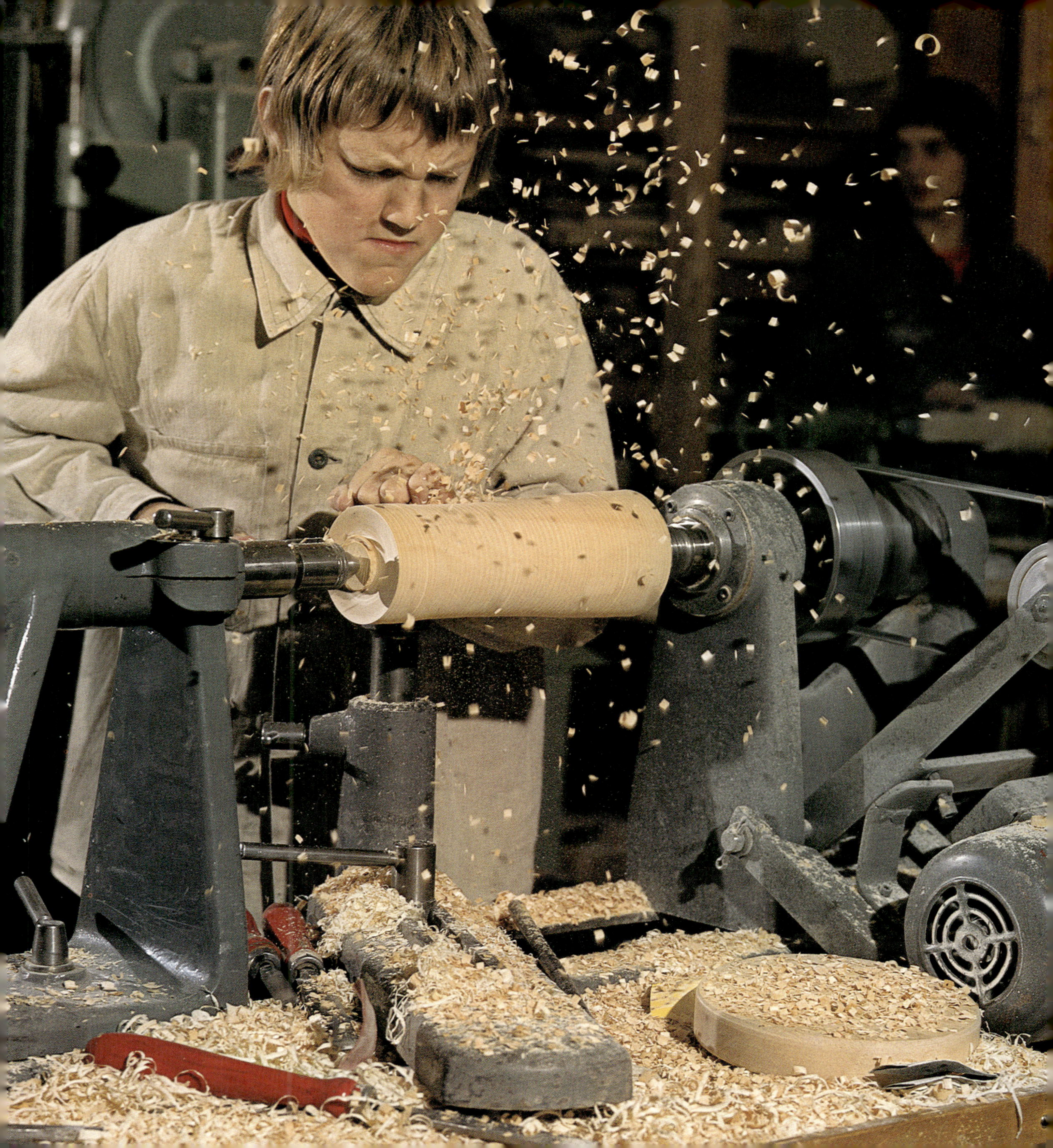

Schülerarbeiten der Holzfachschule Hallstatt.

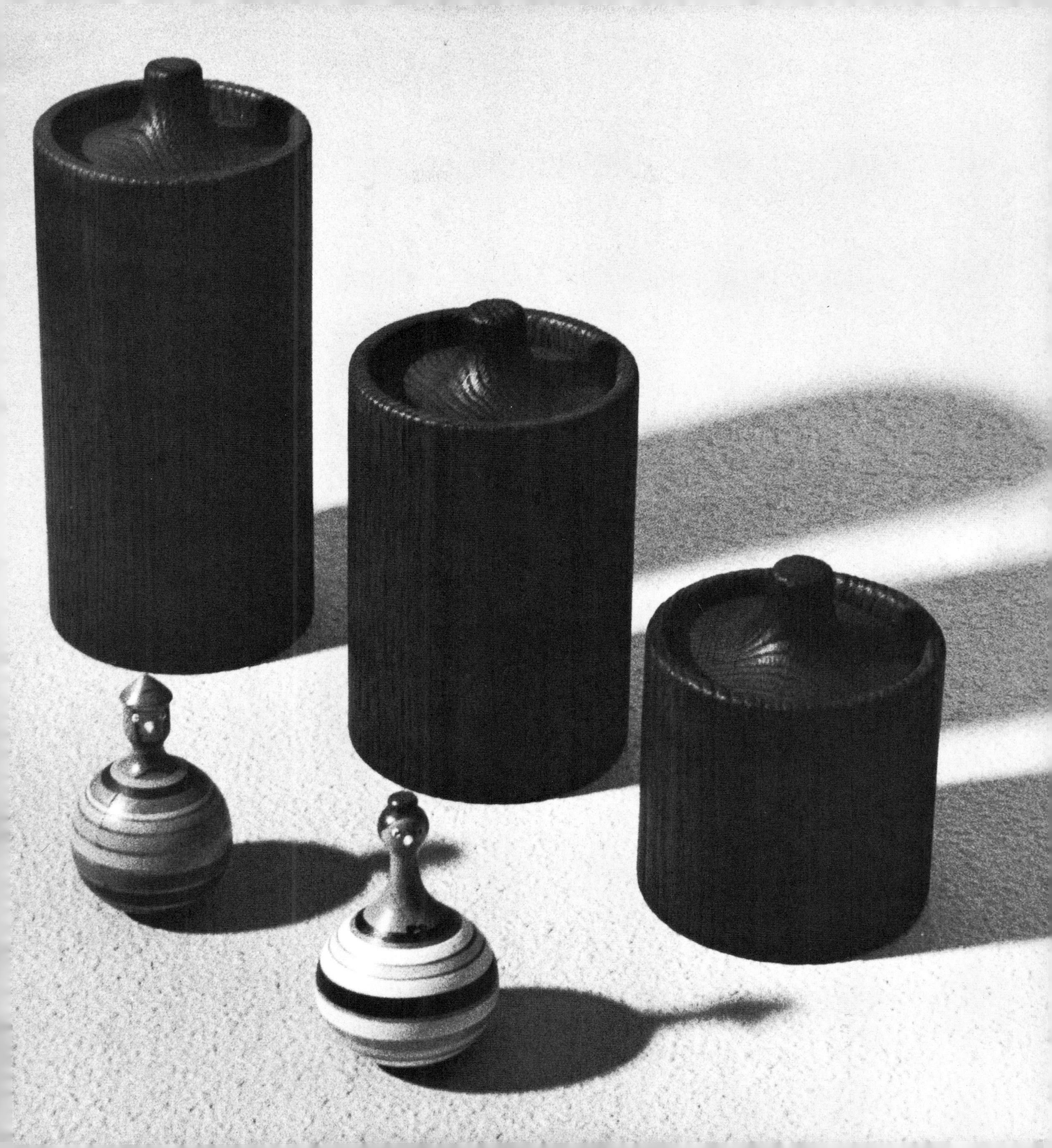

International bekannt: Die Hallstätter Keramik.

KLAUS LEHRER
1 2
4 5 6 7 8 9
11 12 13 14 15 16
18 19 20 21 22 23
25 26 27 28 29 30

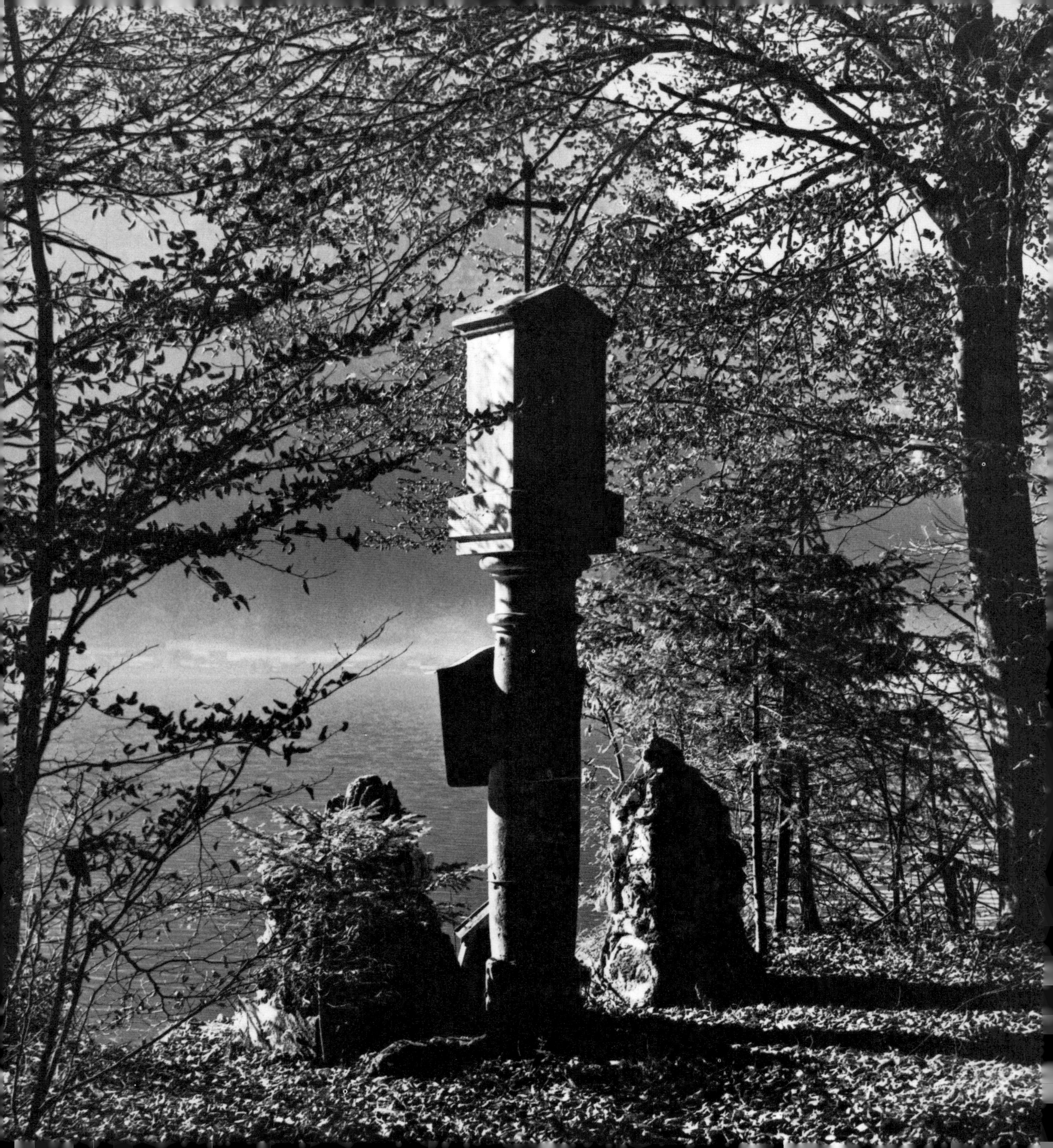

VIII. Die Nähe Gottes
Der Heilige des plötzlichen Todes

Die 36jährige Maria Blauensteiner, Mutter von fünf Kindern, war von Obertraun nach Hallstatt gefahren, um gemeinsam mit Nachbarn und Bekannten am Begräbnis der Lehrerin Anna Hinterer teilzunehmen. Wie üblich in diesen Tagen – man schrieb den 18. März 1822 – fuhr man über den See. Der Ort Obertraun hatte damals noch keinen eigenen Friedhof. Da zur gleichen Zeit ein zweites Begräbnis angesetzt war, kam eine besonders große Trauergemeinde zusammen. Insgesamt waren sechs Boote unterwegs.

Gemeinsam, wie man gekommen war, machte man sich auch wieder auf die Heimreise.

Die fünf Kinder warteten an diesem Tag vergeblich auf die Rückkehr ihrer Mutter. Maria Blauensteiner befand sich unter den Opfern des größten Unglücks, das sich auf dem Hallstätter See je ereignete. 41 Menschenleben forderte an diesem Tag der See. (Laut Salzoberamtsarchiv. Andere Quellen berichten von 39 Toten.) Ein schweres Unwetter, das Dächer abhob und Bäume ausriß, hatte die Boote innerhalb von drei Sekunden zum Kentern gebracht. Nur fünf Insassen der voll besetzten sechs Boote konnten gerettet werden.

Niemand kann sich vorstellen, welches unsagbare Leid dieses Unglück über viele Familien brachte.

Der Pfannhauser Josef Hinterer beklagte den Tod seiner Frau Maria, seiner Tochter Maria und seines Sohnes Georg. Der Aufsetzer Andreas Kaiser war samt Gattin und Tochter umgekommen. Der Fudertrager Johann Kaiser trauerte um seine Frau und sein vierjähriges Söhnchen Johann. Der Häuer Mathias Linber-

Ein schlichter Gedenkstein erinnert an das größte Unglück auf dem Hallstätter See.

ger blieb mit zwei Kindern zurück; er hatte seine Frau und seine Tochter verloren. Das gleiche Schicksal traf den Bergzimmermeister Blasius Gamsjäger und den Lettenschlager Karl Kieninger. Die zwei Kinder der Witwe Magdalena Hager weinten um ihre Mutter, die drei Kinder des Bergknechts Leopold Gamsjäger um ihren Vater.

Die Todesliste vom 18. März 1822 ließe sich noch fortsetzen. An der Spitze der Halbinsel Grub, gegenüber dem Markt Hallstatt, schimmert zwischen den Bäumen ein schlichtes Gedenkkreuz durch. Gelegentlich legt ein Boot an, hie und da liegen auch ein paar frische Blumen an dieser Stelle. Sonst erinnert nichts mehr an dieses Unglück.

Es soll hier keine Unfallstatistik angelegt werden. Die Gedenkstätte beim Schloß Grub ist nur eine Erinnerung daran, wie sehr sich die Menschen dieser Gegend ständig gegen die Übermacht der Natur zur Wehr setzen müssen. Steinschlag und Lawinen bedrohten die Bewohner von Hallstatt, denn nicht immer gab es, wie heute, Lawinenverbauungen. Der Berg und der See können zum Verhängnis werden. Im Jahr 1750 wurde Hallstatt vom größten Brand in seiner Geschichte heimgesucht, der das Pfarrhaus und nahezu den ganzen Ort verwüstete: Was Hallstatts Schönheit ausmacht, die übereinandergeschachtelten Häuser, wurde Hallstatt zum Verhängnis. Wie ein Scheiterhaufen bot sich der Ort dem Feuer dar.

Die Übermacht der Natur

Auch das Bergwerk fordert seine Opfer. Der „Mann im Salz" ist ja keine Legende, sondern ein Zeuge für den Kampf mit dem Berg; ein Kampf, in dem der Mensch, wann immer es dem Berg gefällt, unterliegt. Mit einem Bergrutsch fand schließlich im vierten vorchristlichen Jahrhundert ein ganzes Zeitalter sein Ende.

Kein Wunder, daß man in Hallstatt zum Tod eine andere Beziehung hat: in der Krypta der Michaelskapelle, dem weithin bekannten Beinhaus, sind auf einfachen Brettern fein säuberlich 1800 Schädel geschichtet, die Hälfte von ihnen mit Namen und Lebensdaten versehen, manchmal auch blumenverziert.

Das Beinhaus

Der plötzliche Tod – im Zeitalter der Unfallsopfer, die die Straße fordert, jeden von uns eine ständige Bedrohung – hat für die Menschen von Hallstatt immer schon eine große Rolle gespielt. Deshalb wurde hier der Heilige des plötzlichen Todes auch ganz besonders verehrt:

Der heilige Christophorus

Ein großes Christophorus-Fresko begrüßt an der Außenmauer der katholischen Pfarrkirche den Besucher von Hallstatt. Auf dem Hauptaltar der Kirche prangt in der Mitte des Gesprenges, direkt unter der Christusfigur, ein Christophorus. Dieser Christophorus ist übrigens die einzige Aufsatzfigur, die von Meister Astl selbst geschaffen wurde. Alle anderen Aufsatzplastiken wurden, wie es bei spätgotischen Altären üblich war, von Gesellen ausgeführt. Auf dem kleinen gotischen Altar begegnen wir Christophorus in einem Tafelbild. Christophorus-Darstellungen sind auf den Gräbern des Friedhofs, aber auch in den Wohnstuben und Arbeitsstätten der Hallstätter zu sehen.

Seit Jahrhunderten glaubten die Menschen, daß der Anblick eines Christophorus-Bildes vor dem plötzlichen Tod schütze.

Die Geschichtlichkeit von Christophorus läßt sich nicht beweisen. Der Überlieferung zufolge soll er unter Kaiser Decius (249 bis 251) hingerichtet worden sein. Im zwölften Jahrhundert entwickelte sich dann die bekannte Christophorus-Legende:

Die Christophorus-Legende

Christophorus tritt darin als Riese auf, der nur dem mächtigsten aller Könige dienen will. Der erste König, zu dem er kommt, bekreuzigt sich, sobald vom Teufel die Rede ist. Christophorus sucht daraufhin diesen mächtigeren König und findet ihn als schwarzen Ritter. Dieser aber macht jedesmal, wenn er ein Kreuz sieht, einen großen Umweg. Wieder begibt sich Christophorus auf die Suche nach dem noch Mächtigeren. Als er ihn nicht findet, übernimmt er die Aufgabe, Menschen auf dem Rücken über einen gefährlichen Fluß zu tragen. Eines Nachts hört er eine Kinderstimme. Er geht ihr nach und findet nach dem dritten Ruf einen Knaben, der über den Fluß will. Christophorus nimmt ihn auf seine Schulter und steigt ins Wasser. Doch die Last wird immer schwerer, das Wasser schwillt an, Christophorus

fürchtet, zu ertrinken. Er glaubt, die ganze Welt läge auf seinen Schultern. Da sagt das Kind: „Mehr als die Welt hast du getragen. Der Herr, der die Welt erschaffen hat, war deine Bürde!" Das Kind drückt Christophorus unter Wasser und tauft ihn. Plötzlich erkennt Christophorus seinen Herrn Jesus Christus, der ihm aufträgt, ans Ufer zurückzukehren und seinen Stab in den Boden zu stecken. Als Bekräftigung der Taufe werde der Stab zu blühen beginnen. Am Morgen darauf sieht Christophorus, daß aus dem Stab ein Baum mit Früchten geworden ist.
In der „Legenda aurea" (Goldene Legende), der berühmtesten mittelalterlichen Sammlung von volkstümlich dargestellten Heiligenlegenden, die der italienische Dominikanerprediger Jacobus a Voragine um das Jahr 1250 in lateinischer Sprache verfaßte, wird die Christophorus-Geschichte so erzählt:
Christophorus zieht predigend durchs Land. Auf einem Richtplatz tröstet er einen Verurteilten. Der Richter schlägt ihn. Da steckt Christophorus seinen Stab in die Erde, der zu grünen und blühen beginnt. Durch dieses Wunder werden 8000 Menschen bekehrt. Der König läßt Christophorus einkerkern und befiehlt zwei Dirnen, den Wundertäter zu verführen. Doch Christophorus bekehrt auch die Dirnen, die der König deshalb martern und enthaupten läßt. Kriegsknechte vermögen ebensowenig gegen Christophorus auszurichten, da sie bekehrt und ebenfalls enthauptet werden. Nun sollen Bogenschützen Christophorus töten, doch ihre Pfeile bleiben in der Luft stehen. Als der König das als Zauberei verspottet, trifft ihn ein Pfeil und er erblindet. Christophorus sagt zu ihm: „Morgen bin ich tot, dann nimm von meinem Blut, mische es mit Erde, lege es auf dein Auge und du wirst geheilt." Christophorus wird am anderen Tag enthauptet, der König nimmt von seinem Blut, wird sehend und bekehrt.
Als Schutzpatron der Reisenden, der Fuhrleute und Schiffer, wegen des grünenden Stabes auch der Gärtner, erlangte Christophorus große Popularität. Er ist einer der 14 Nothelfer, im späten Mittelalter betete man zu ihm vor allem als Fürsprecher gegen einen jähen Tod.

Fürsprecher gegen einen jähen Tod

Die Seeprozession

Die Nähe Gottes, die Christophorus in Hallstatt markiert, bedeutet jedoch nicht allein die Nähe des Todes. Der See, für viele Hallstätter Broterwerb – als Fischer, Schiffer, Bootsbauer –, dieser See, über den die Hallstätter das Holz transportieren, um ihre Stuben zu erwärmen, über den sie ihre Waren fortschafften, dieser See sollte auch der Platz sein, wenn sie ihren Gott verehren wollten. Daraus entstand, was heute eine Fremdenverkehrsattraktion ist – aber nicht nur eine Fremdenverkehrsattraktion – die Seeprozession.

Es gibt in Österreich nur zwei Orte, wo am Fronleichnamstag Seeprozessionen abgehalten werden. Neben Hallstatt noch Traunkirchen. Seit mehr als 350 Jahren kennt man in Hallstatt dieses ungewöhnliche Ereignis, unvergeßlich für jeden, der einmal dabei war. Erstmals beurkundet ist die Hallstätter Seeprozession 1623. Seit dem Jahr 1628 wird sie als immerwährende Stiftung festgelegt. Verehrung und Anbetung des Herrn im Sakrament, Bekenntnis des Glaubens und Segensbitte für alle Lebensbereiche des Bergwerksortes waren Anliegen und Versprechen der Stifter. Waren es früher die Salz- und Forstherren oder die Aristokraten, die der Prozession einen besonderen Glanz gaben, so sind es heute Tausende Gäste aus allen Teilen unseres Landes und aus dem Ausland, die diesen großen Tag im kleinen Hallstatt miterleben und mitgestalten wollen. Auf einem Mutzen ist der Altar errichtet, auf einem anderen musiziert die Salinenmusikkapelle. Die beiden Mutzen sind von vielen kleinen Booten begleitet und bilden den prunkvollen Rahmen für die Sakramentsprozession. Vor der mächtigen Berg- und Seekulisse bietet sich dem Beteiligten, aber auch dem Zuschauer, ein überwältigendes Bild. Kein Wunder, daß gläubige Menschen bei diesem Erlebnis die Nähe Gottes spüren.

*Der Hallstätter Bergfriedhof mit der Angstkapelle,
in der eine barocke Ölberggruppe steht.*

Dokumentationen

*D*a das Unglück an einer Stelle geschah, wo der See am
tiefsten ist, fanden fast alle Insassen in den Wellen den Tod. 41 Personen ertranken,
38 Kinder von Salinenarbeitern wurden zu Waisen. Unter den Toten
waren zwei aktive und drei jubilierte Arbeiter. 13 Arbeiterfrauen und -witwen und sechs
Arbeiterkinder. Die todesmutige Bemannung einer Neunerzille, die
ungeachtet des Sturmes zu Hilfe eilte, konnte nur fünf Menschen retten.
Bei der Amtshausschiffhütte in Lahn warf der See neun
Leiber ans Land, zwei anscheinend noch lebende, aber ganz erstarrte Weiber und ein
Mädchen brachte man zum sterbenden Wundarzte Löcker, bei welchem
zufälligerweise der Kammergutphysikus Doktor Götz weilte. Ihm gelang aber
nur die Rettung des jungen Wesens.

Salzoberamtsarchiv (1822/23) (27)

*D*a ist es die wuchtige Gestalt des hl. Christophorus, die
unser Entzücken erregt. Aus goldigem Hintergrunde tritt der Riese in veilchenblauem
Mantel hervor. Ein dunkelgrünes Tuch umhüllt das Kindlein, während
muntere Fische an den Füßen des Tragenden vorbeischwimmen und braune Felsen
das Ufer andeuten.

Friedrich Morton (1930) (28)

*Ü*berlebensgroße Darstellungen des Riesen mit dem Kinde
auf den Schultern, meist einen Baumstamm in Händen, sind als Wandmalerei außen
an den Kirchen, innen an den Chorwänden vom 12. Jahrhundert
an in zahlreichen Beispielen nachzuweisen, denn Christophorus ist der Patron der
Reisenden und beschützt als Nothelfer vor plötzlichem Tod.
Die Darstellungen bereichern sich vom 14. Jahrhundert an, ganz besonders in der
Tafelmalerei des 15. und 16. Jahrhunderts, mit ausführlichen
Schilderungen der Landschaft, des Flusses mit seinen Ufern, wo der Einsiedler die
nächtliche Laterne hält, wie etwa bei Konrad Witz um 1440
(Basel) oder Dierick Bouts (München).
Überaus zahlreich sind die Beispiele des Holzschnitts und Kupferstichs,
großartig die Werke der Bildschnitzer dieser Zeit.

Reclams Lexikon der Heiligen und der biblischen Gestalten (1968) (29)

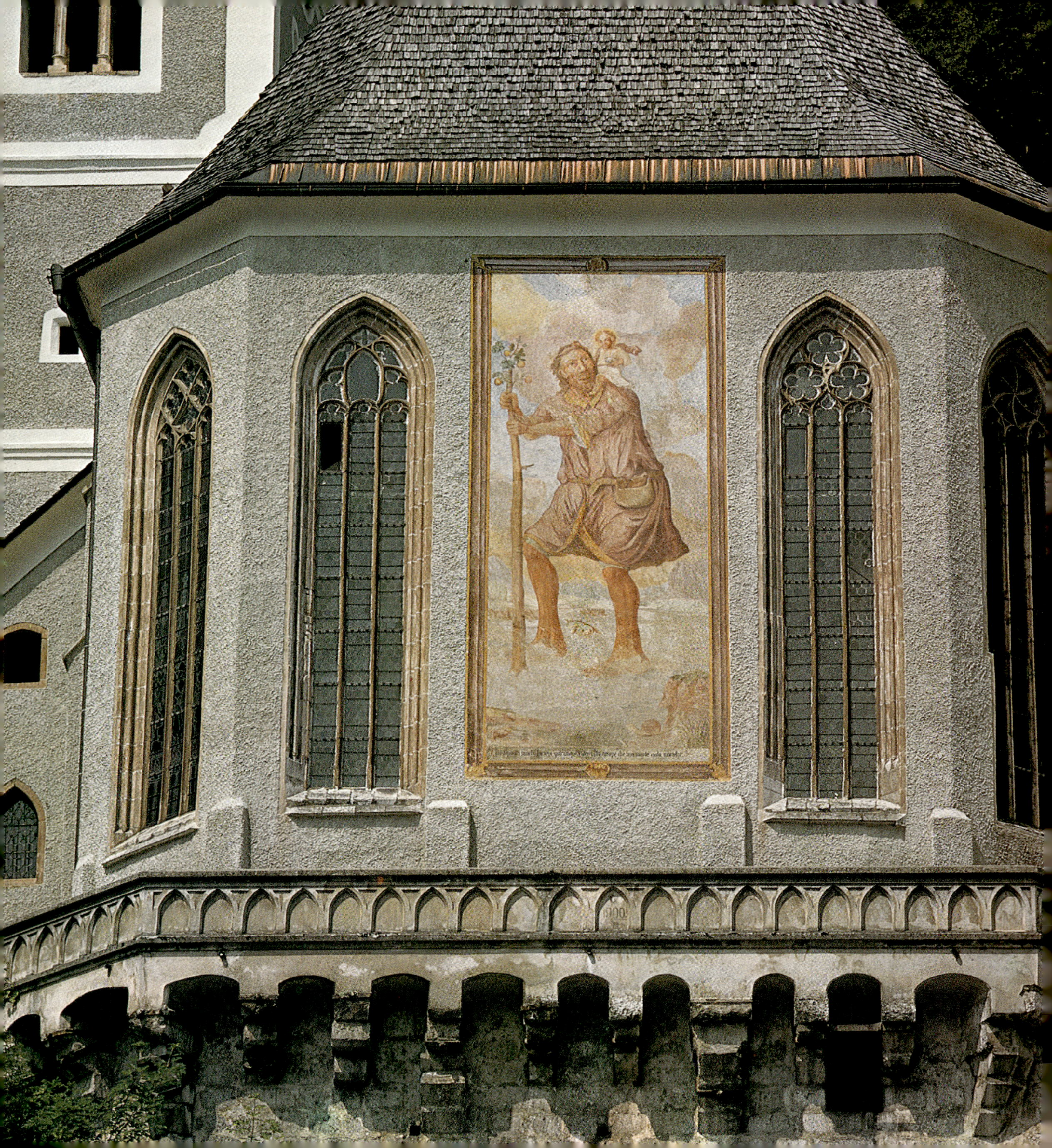

Der Heilige des plötzlichen Todes wurde und wird in Hallstatt besonders verehrt: Links das gotische Christophorus-Fresko an der Außenmauer der katholischen Pfarrkirche, oben eine moderne Plastik (Lärche geflämmt), ein Werk der Holzfachschule Hallstatt. Rechts Christophorus als Tafelbild des kleinen, spätgotischen Flügelaltars.

Bis vor wenigen Jahren noch war es in Hallstatt Brauch, Totenköpfe mit Namen und Jahreszahlen zu versehen und mit Blumen zu verzieren. Rechts: Das Beinhaus. Auf einfachen Brettern liegen säuberlich geschichtet 1800 Schädel.

I.N.
R.I.
Josefa Kogler
1884 – 1952
Joh. Georg Kogler
geb. am 31. März 1857
gest. am 1. Dez. 1941

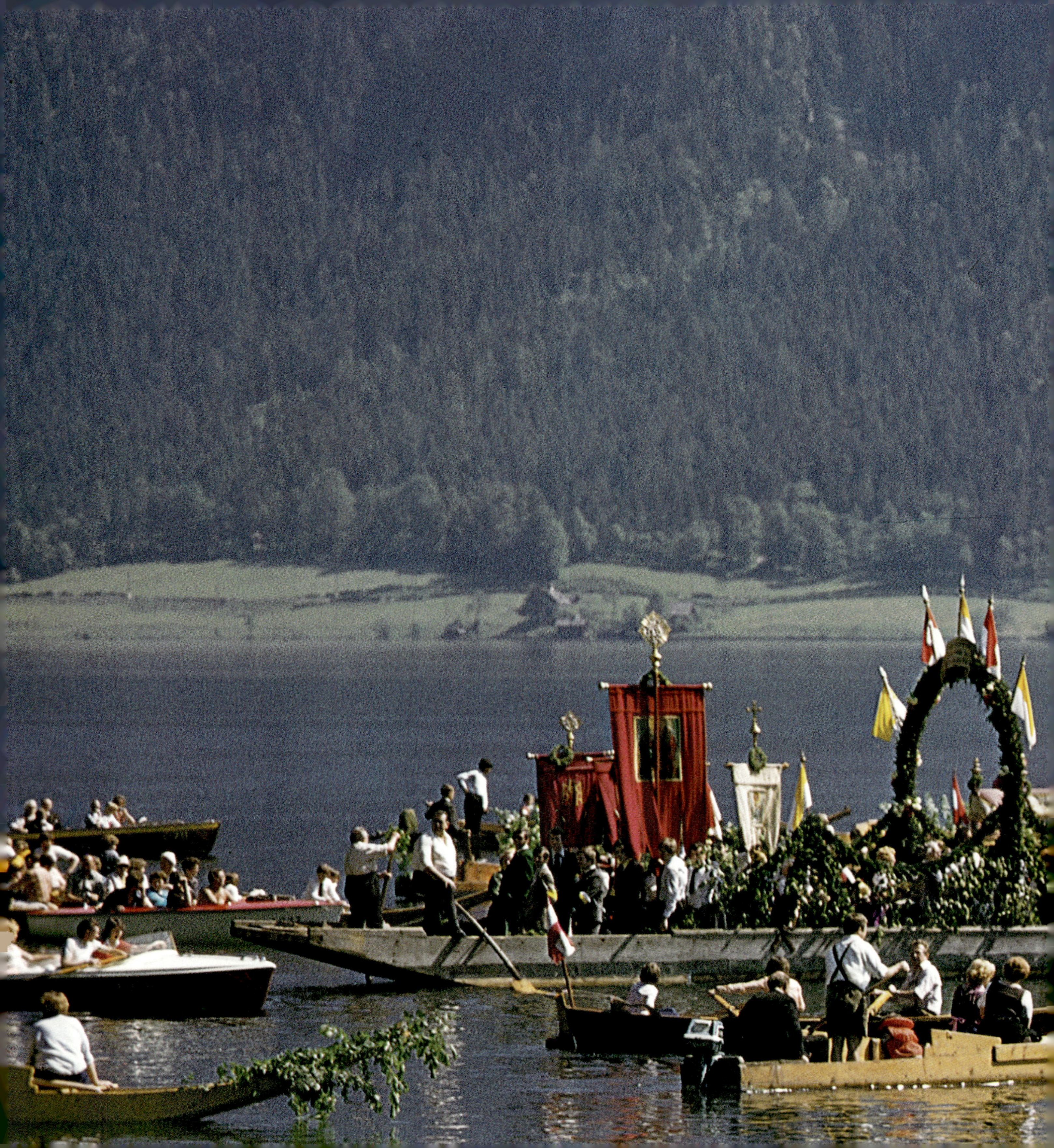

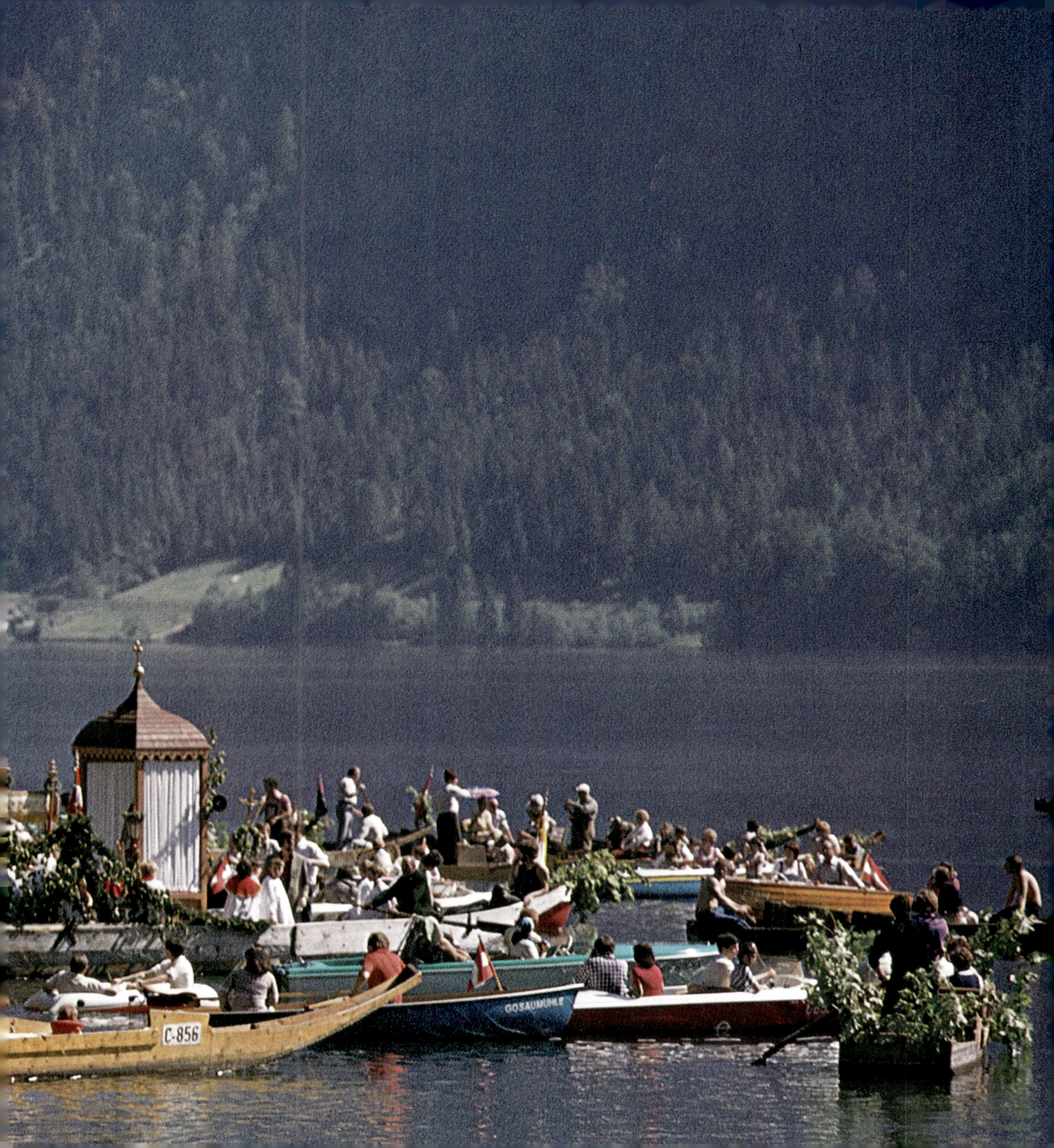
C-856

Es gibt in Österreich nur zwei Orte, wo am Fronleichnamstag die Prozession auf dem See abgehalten wird: Traunkirchen und Hallstatt. Unten: Eine alte Darstellung der Hallstätter Fronleichnamsprozession. (Radierung aus dem Jahr 1830.) Auf den Seiten 162/163: Die Seeprozession heute.

Schutzpatronin der Bergleute

Der heiligen Barbara
begegnen wir in Hallstatt
in drei Stilrichtungen:

Als gotische Altarfigur steht Barbara im Hauptschrein neben Maria.

In der Barockzeit entstanden dieses Bild . . .

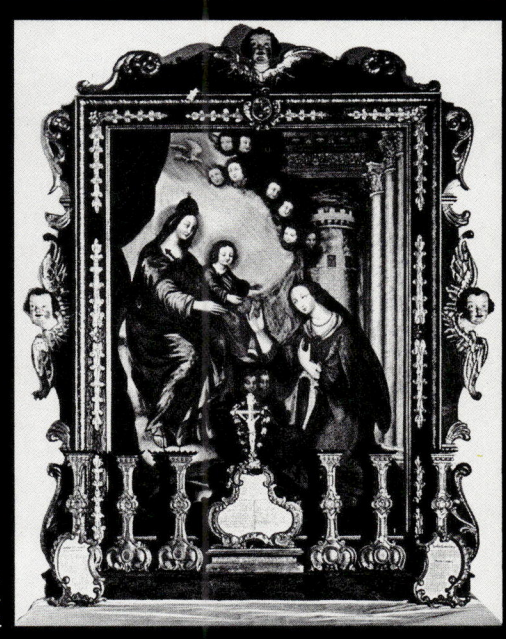

. . . und dieser Altar, der heute in der Krippenstein-Kapelle steht.

Für die Parkterrasse hat der Bildhauer Hannes Haslecker, ein Absolvent der Hallstätter Holzfachschule, diese Barbara geschaffen (1966).

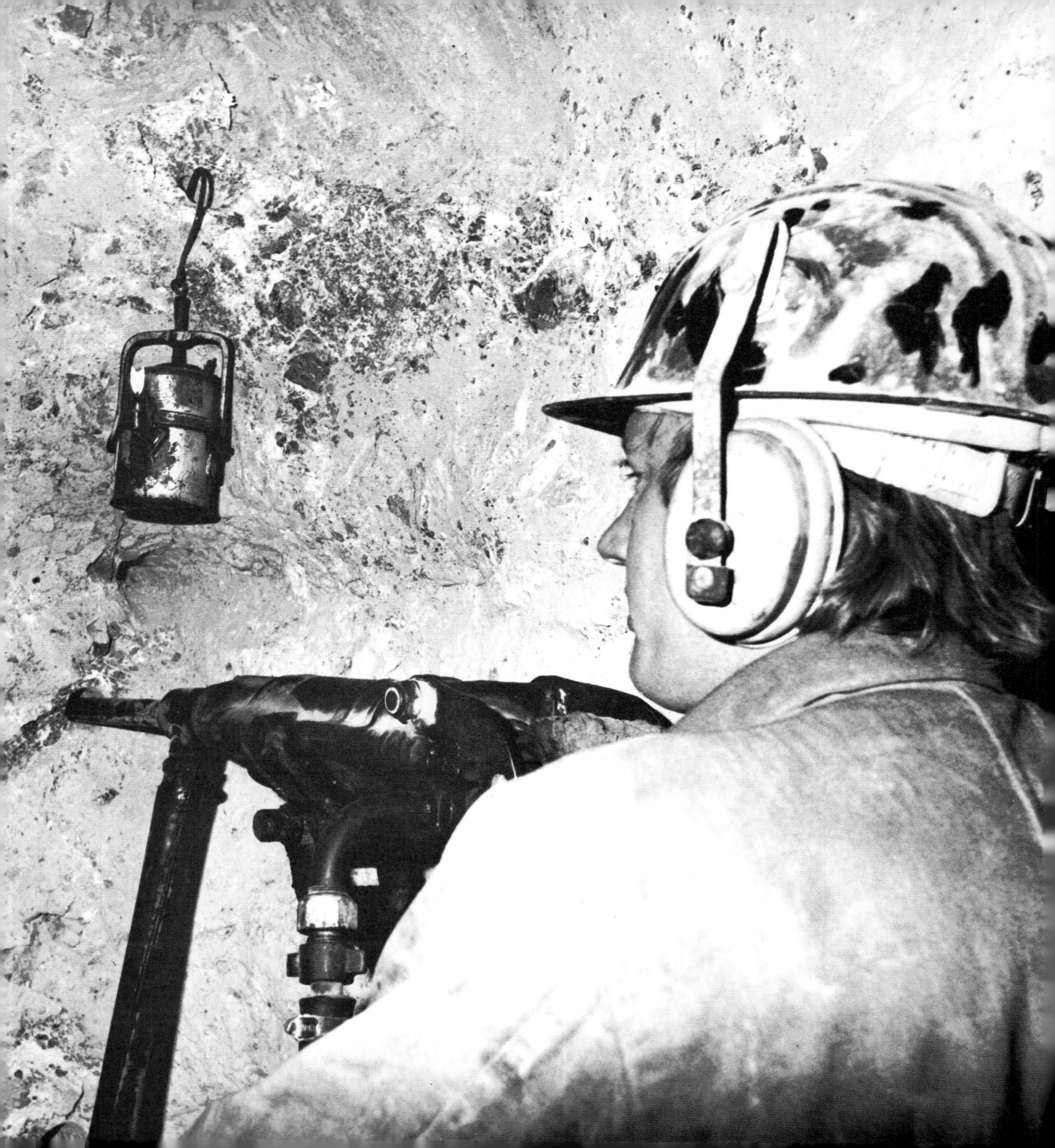

IX. Der Hallstätter
Wovon er lebt und was er liebt

„Komm her!" sagte der Großvater zu seinem Enkelbuben und griff nach dem Ruder. „Das muß dir schon ich zeigen, denn dein Vater, der Gosinger, der lernt dir das ja nie!"
Der Vater, der Gosinger, ist ein Gosauer, der vor vielen Jahren eine Hallstätterin geheiratet hat und seit ebenso vielen Jahren in Hallstatt lebt. Die Technik des Ruderns mit der Plätte beherrscht er genauso perfekt wie jeder Hallstätter. Vielleicht gibt es feine Unterschiede im Fahrstil, in der Eleganz der Ruderhaltung oder Steuerung. So einfach ist es nicht, mit einem solchen Gefährt über den See zu schaukeln, denn eine Plätte hat ja nur ein Ruder, und ein Ungeübter fährt deshalb meist im Kreis. In Hallstatt sagt man übrigens „Fuhr" zu diesem Gefährt, das aussieht wie eine Gondel. Eine Gondel jedoch nennen die Hallstätter, etwas verächtlich, die Fremdenverkehrsboote.
Ja, es sind eigene Menschen, diese Hallstätter, mit eigenen Bezeichnungen für das, war ihr Leben bestimmt, mit eigenen Ansichten, einem eigenen Heimatstolz und einer eigenen Lebensart. Keineswegs sind sie hinterwäldlerisch, wie man vermuten könnte, wenn man erfährt, daß diese Gegend jahrhundertelang schwer erreichbar war.
Weltoffen waren in Hallstatt schon die Ureinwohner, die oben auf dem Salzberg eine europäische Kultur begründeten und Handel mit halb Europa trieben. Salzproduktion und Salztransport verband sie auch später mit der Welt, die schließlich, als der Fremdenverkehr entdeckt wurde, zu ihnen kam. Heimatliebe und Weltoffenheit sind keine Gegensätze in Hallstatt.
Es war niemals leicht, ein Hallstätter zu sein – und leicht ist das

Das Salz bestimmt auch heute noch das Leben der Hallstätter. Ein Bohrhauer beim Streckenvortrieb.

auch heute nicht. Die Salinen haben ihren Personalstand in den letzten Jahren stark reduziert, die Hallstätter Sudhütte wurde geschlossen. Die Arbeitsmöglichkeiten sind geschrumpft. Von den paar Monaten Fremdenverkehr ist es schwer, das ganze Jahr zu leben. Deshalb suchen viele Hallstätter außerhalb ihres Heimatortes Arbeit, was heute leichter ist als ehedem. Aber viele von ihnen kehren eben nicht mehr zurück nach Hallstatt, oder doch nur zu den sprichwörtlich heiligen Zeiten. Die Einwohnerzahl ist gesunken.

Die Tradition, nach der der Sohn dem Beruf des Vaters folgte, ist unterbrochen. Jahrhundertelang war das üblich in Hallstatt, meist war es sogar durch Generationen hindurch der gleiche Dienstzweig. Die Söhne der Bergschaffer und Bergmeister wur-

Die Tradition ist unterbrochen

Die Kerntragerbank. Hier rasteten die Kerntragerweiber, die noch vor hundert Jahren täglich zweimal schwere Lasten von Kern (Steinsalz) vom Salzberg tragen mußten.

den ebenfalls Bergschaffer und Bergmeister, nicht anders war es mit den Pfannknechten, Eisenhäuern und Schmieden. Und natürlich mit den Salzfertigern, den vornehmen und reichen Salzherren, die in der Geschichte Hallstatts über ein halbes Jahrtausend eine wesentliche Rolle spielten. Sie haben, wie im Kapitel „Das Barock" schon angedeutet, Kirchen und Denkmäler gestiftet. Was sie hinterlassen haben, sieht man, ihre Namen kennt man.

Die Arbeit der Kerntragerweiber

Die Hallstätter, das waren jedoch nicht nur die reichen Salzherren. Wie der Großteil der Hallstätter lebte, darüber gibt ein kleines Hinweisschild im Heimatmuseum Auskunft. Es berichtet von den Kerntragerweibern, die bis zum Jahr 1890 das Steinsalz (den Kern) vom Salzberg ins Tal trugen. Neben dem Sudsalz

Ein Hallstätter Älpler mit seiner Kraxen; eine Lithographie aus dem Jahre 1849.

wurde noch immer der reine Salzkern aus dem Berg geholt und mußte von Menschen über eine Höhe von rund 500 Metern getragen werden. Diese Arbeit, wird auf dem Hinweisschild erklärt, „verrichteten die Hallstätterinnen zur Aufbesserung des kargen Lohnes ihres Mannes, welcher im Salzbergwerk oder Sudhaus beschäftigt war".

Zweimal am Tag gingen die Frauen mit ihren „Kernkraxen" den Weg. Auch im hochschwangeren Zustand mußten sie ihre schweren Lasten tragen. Das Ergebnis ist in den Pfarrmatriken nachzulesen. An einem Tag wurde der Name eines Neugeborenen ins Taufbuch eingetragen, am anderen Tag stand er im Totenbuch.

Vom Leben der Hallstätter vermittelt auch ein kleines Stück Holz einen Eindruck, das ebenfalls im Heimatmuseum zu sehen ist: der Brotspan. Auf diesem Stück Holz wurde durch einen Schnitt festgehalten, was jeder Arbeiter zu bekommen hatte. „Ein Schnittl gibt vier Brotlaib." Der Lohn wurde den Bergarbeitern nur zum Teil in Geld ausbezahlt.

Dabei waren die Salinenbediensteten noch gut dran, denn der Staat gewährte ihnen gewisse Vorrechte: Gratissalz, freien Holzbezug, Befreiung von verschiedenen Steuern und sogar vom Militärdienst. Die Familiengründung wurde durch Zuweisung von Lehensgrund, Beihilfe zum Hausbau und Gewährung eines Heiratsgutes begünstigt. Bis dann, etwa gegen Ende des 17. Jahrhunderts, der Arbeitsmarkt – wie wir es heute ausdrücken würden – „gesättigt" war.

Wie löste man Arbeitsprobleme in dieser Zeit? Man erschwerte das Heiraten. Jede Eheschließung bedurfte der Zustimmung des Salzamtmannes. Das Salzamt warnte ausdrücklich vor der wahllosen Erteilung der Heiratskonsense und begründete es damit, daß die Kinder aus solchen Ehen ohnehin nur Bettler oder Diebe werden würden. Wie den Salzoberamts-Resolutionsbüchern zu entnehmen ist, gab es für die Erteilung einer Heiratserlaubnis genaue Richtlinien. Wer „ohne Behausung und ohne Mittel" war, mußte sich damit abfinden, auch ohne Frau zu bleiben.

„Ohne Behausung und ohne Mittel" auch keine Heiratserlaubnis

Maria Theresia war es, die diese Schikanen beendete, weil sie, wie es hieß, die „vielfältigen Übertretungen des sechsten Gebotes vor allem der Einschränkung der ehrbaren Heiratsfreiheiten" zusprach.

Damit waren vielleicht seelische Nöte gemildert, nicht aber materielle. Die staatliche Fürsorge schützte die Menschen nicht vor bitterer Not. Sogar aus amtlichen Berichten geht hervor, daß in Kriegs- und Notzeiten die Hallstätter Arbeiter vorwiegend von gesalzenen Suppen und trockenem, mit Kleien vermischtem Brot leben mußten.

Sesselträger und Bergführer Der aufkommende Fremdenverkehr brachte zwar neue Arbeitsmöglichkeiten, doch entstanden dabei sehr menschenunwürdige Berufe. Da gab es zum Beispiel den sogar in der k. k. Bezirkshauptmannschaft Gmunden als „concessioniertes Gewerbe" registrierten Beruf des Sesselträgers. Zum Rudolfsturm, zur Gosaumühle, sogar bis zur Simonyhütte ließen sich die Aristokraten tragen. Besser als die Sesselträger waren da die Bergführer dran, obwohl sie ebenfalls zu Herrschaftsdienern degradiert wurden.

Die Sesselträger von heute sind die Seilbahnen. Auch hier finden einige Hallstätter Beschäftigung. Neben dem Salz ist der wichtigste Erwerbszweig der Fremdenverkehr.

Die einstigen Hauptberufe des Hallstätters – Bergmann, Holzfäller und Fischer – leben in einem Denkmal fort. Ein Denkmal für das, was der Hallstätter in seiner Freizeit liebt, ist nicht erforderlich. Denn da haben sich die Zeiten kaum geändert. Natürlich ist das Fernsehen auch über die Hallstätter hereingebrochen, seit auf dem Krippenstein neben dem Gipfelkreuz ein Fernseh-Umsetzer steht. Aber der Geselligkeit hat das wenig anhaben können. Noch immer treffen sich die Hallstätter in ihren Stammwirtshäusern zu einem Gespräch über Berg-, Jagd- und gelegentlich auch Wilderer-Erlebnisse (aus längst vergangenen Tagen, versteht sich). Noch immer gibt es genug Hallstätter, die mit Begeisterung in der Salinenmusikkapelle mitspielen, statt sich Musik aus der Konserve anzuhören. Und noch immer lieben die

Hallstätter ihre Berge, ihren See, ihre Wälder. An freien Tagen gehen sie in den „Holzwald", um das ihnen seit Generationen zustehende Servitut auszunützen, an langen Winterabenden tischlern oder drechseln oder schnitzen sie.
Salz und Holz bestimmen nach wie vor ihr Leben.
Leicht war dieses Leben nie. Und leicht ist es auch heute nicht, in dieser zwar mit Schönheit, aber mit wenig Reichtümern ausgestatteten Landschaft zu leben. Aber das hat diese Menschen niemals entmutigt. Sie sind es gewohnt, sich selbst zu behaupten. Im Kampf ums Dasein, der hier immer um einige Grade härter war als anderswo, ist dieser Menschenschlag entstanden: eigenständig und doch anpassungsfähig, selbstbewußt und doch bescheiden, heimatverbunden und doch weltoffen. Aber was soll dieser untaugliche Versuch, die Hallstätter zu charakterisieren? Dazu genügt doch ein kleiner Hinweis: Daß die Fremden so gerne nach Hallstatt kommen, immer wieder kommen, kann schließlich nicht nur mit der Geschichte, der Landschaft und der Kunst erklärt werden, es muß doch wohl auch an den Hallstättern liegen.

Salz und Holz

Dokumentationen

*S*ie bekommen sehr leicht, für zwei Gulden des Tages, Führer
auf den Dachstein.

Joseph August Schultes (1809) ①

*M*an wird für eine Kleinigkeit von den stämmigen Bergleuten
zum Rudolfsturme hinaufgetragen; ich konnte mich aber nie entschließen,
Menschen unter meinem Drucke keuchen zu hören.

Joseph August Schultes (1809) ①

*A*llein das eingerissene Sittenverderbnis unter dem jungen,
männlichen und weiblichen Landvolke, die sogar schon bis in diese friedlichen
Gebirgshütten eingeschlichene fremde Krankheit, wird sich schwerer beheben lassen;
frei und offen geht der Bube zu dem Fenster seiner Dirne, wenn er glaubt, daß
die harte Tagesarbeit den Eltern die Augen geschlossen habe,
singt ihr leise die gewöhnlichen Sprüche vor, welches sie Angasseln nennen, und bittet
um Einlaß. Unbekümmert um ihr künftiges Schicksal erhört die Dirne
den bittenden Liebling. Schlauigkeit von Seite der Jugend, Sorglosigkeit von Seite
des Alters, gibt diesen nächtlichen Zusammenkünften
ungestörten Genuß; es ist auch nicht mehr auffallend, wenn ein lediges
Mädchen Mutter wird; man redet eine kurze Zeit davon; sie erhält allenfalls einige
Zurechtweisungen von ihren Eltern, dann ist die Sache abgetan,
und das Enkelein bleibt gleich einem rechtmäßigen Kinde ein unangefochtenes
Glied der Naturfamilie.

Johann Steiner (1820) ⑤

*I*hr Los ist im Vergleiche mit unsern Landleuten im flachen
Lande gewiß nicht beneidenswert. Zwar sind sie durch die Deputate für
den notwendigsten Bedarf gedeckt, sie haben Brot, Mehl, Schmalz,
Salz; aber der übrige Lohn ist verhältnismäßig gering. Alle, sie mögen ihr Geschäft in den
Salzbergwerken, bei den Pfannen, in den Wäldern, oder
beim Verführen des Salzes haben, müssen sehr angestrengte Arbeiten verrichten, die
ihre Kräfte erschöpfen, welche sie durch reichliche Nahrung und stärkende
Getränke nicht ersetzen können. Gewöhnlich ist Armut das Los dieser Leute, und
sie sind zufrieden, wenn sie nach verrichteten schwerem Tagewerke sich
sättigen können. Da findet man nicht die fetten Schüsseln, die bei unsern
wohlhabenden Bauern auf den Tisch kommen.

Franz Sartori (1821) ③

*H*aupterwerbszweig sämtlicher Bewohner von Hallstatt ist, mit sehr wenigen Ausnahmen, die Salinenarbeit. An Dürftigen, wie begreiflich, kein Mangel.
Matthias Koch (1846) (6)

*D*er Schulbesuch ist im allgemeinen befriedigend, denn es steht ihm nur ein Hindernis, Armut nämlich, im Wege. Durch die Aussicht, ein paar Kreuzer zu verdienen, lassen Eltern und Kinder sich leicht verlocken, den Unterricht hintanzusetzen.
Matthias Koch (1846) (6)

Den Methusalem von Hallstatt nannte man den Salinenpensionisten Anton Hessenberger, der kurz vor seinem 100. Geburtstag starb. Mit 14 Jahren begann er in der Saline zu arbeiten, nach 39 Dienstjahren erlebte er noch 46 Pensionsjahre.

Geselliges Hallstatt: Salinenmusikkapelle und Schützenvereine. Auf den nächsten Seiten: Ein Feuerwehrmann in Festuniform und goldhaubengeschmückte Frauen.

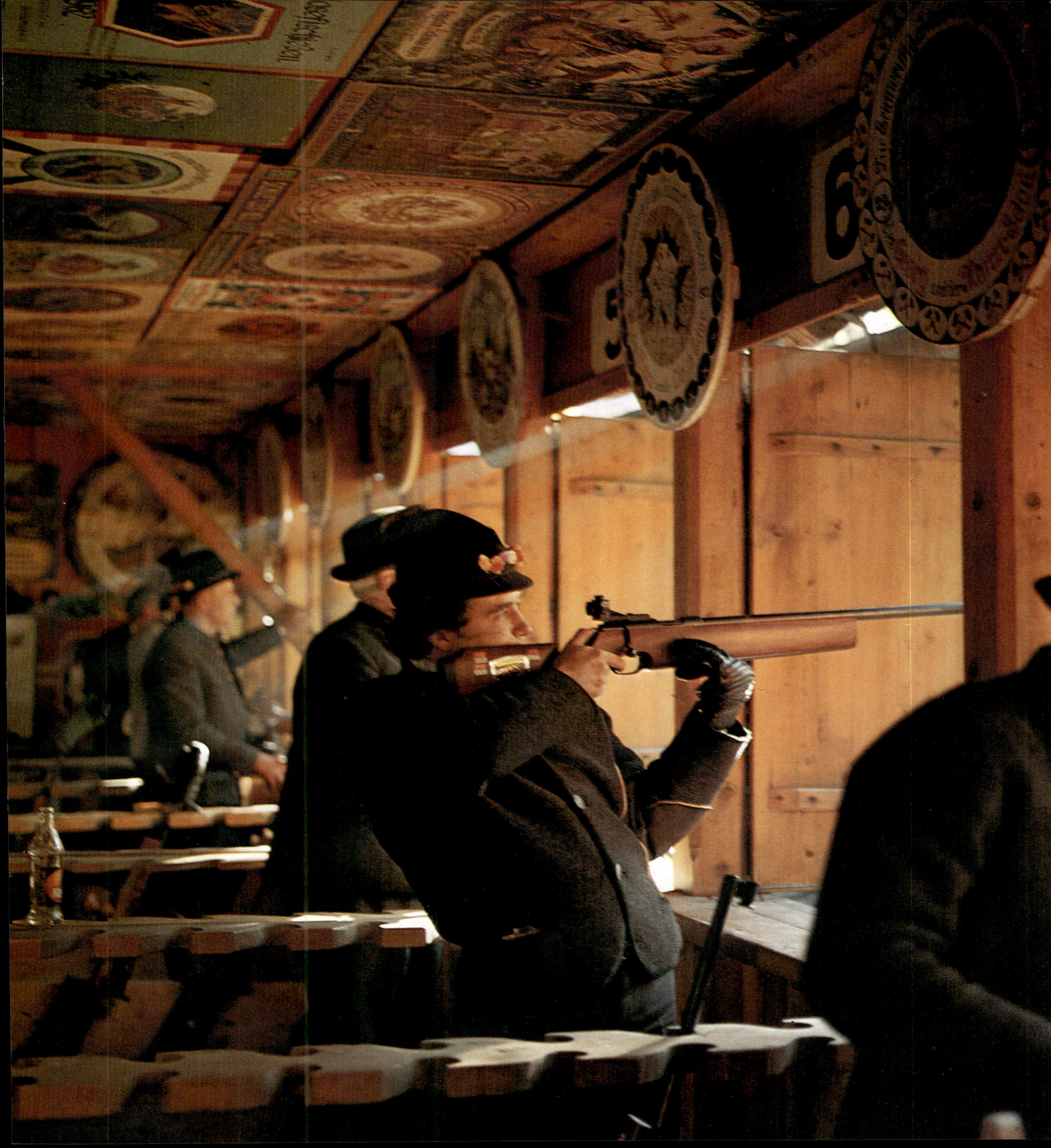

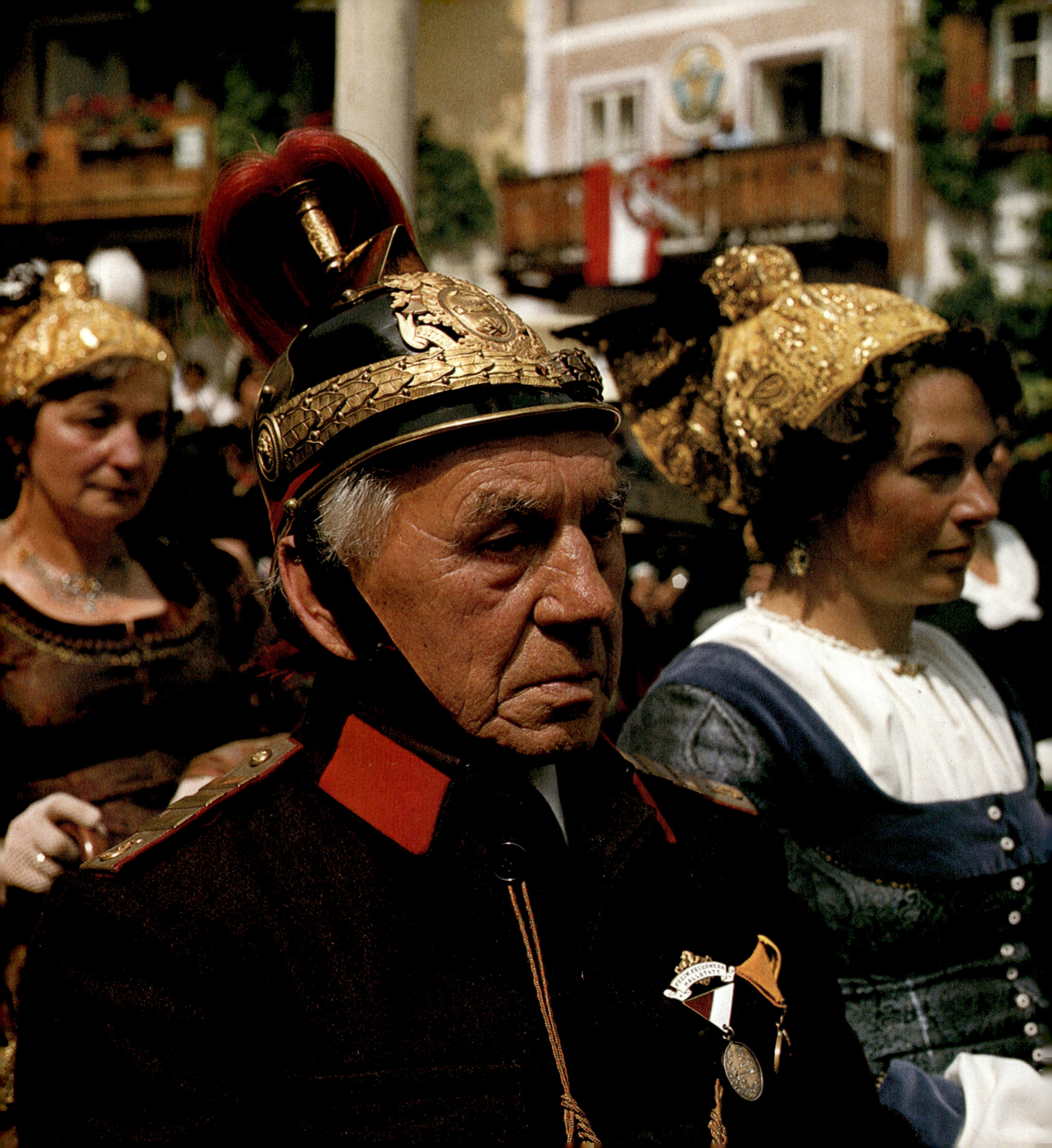

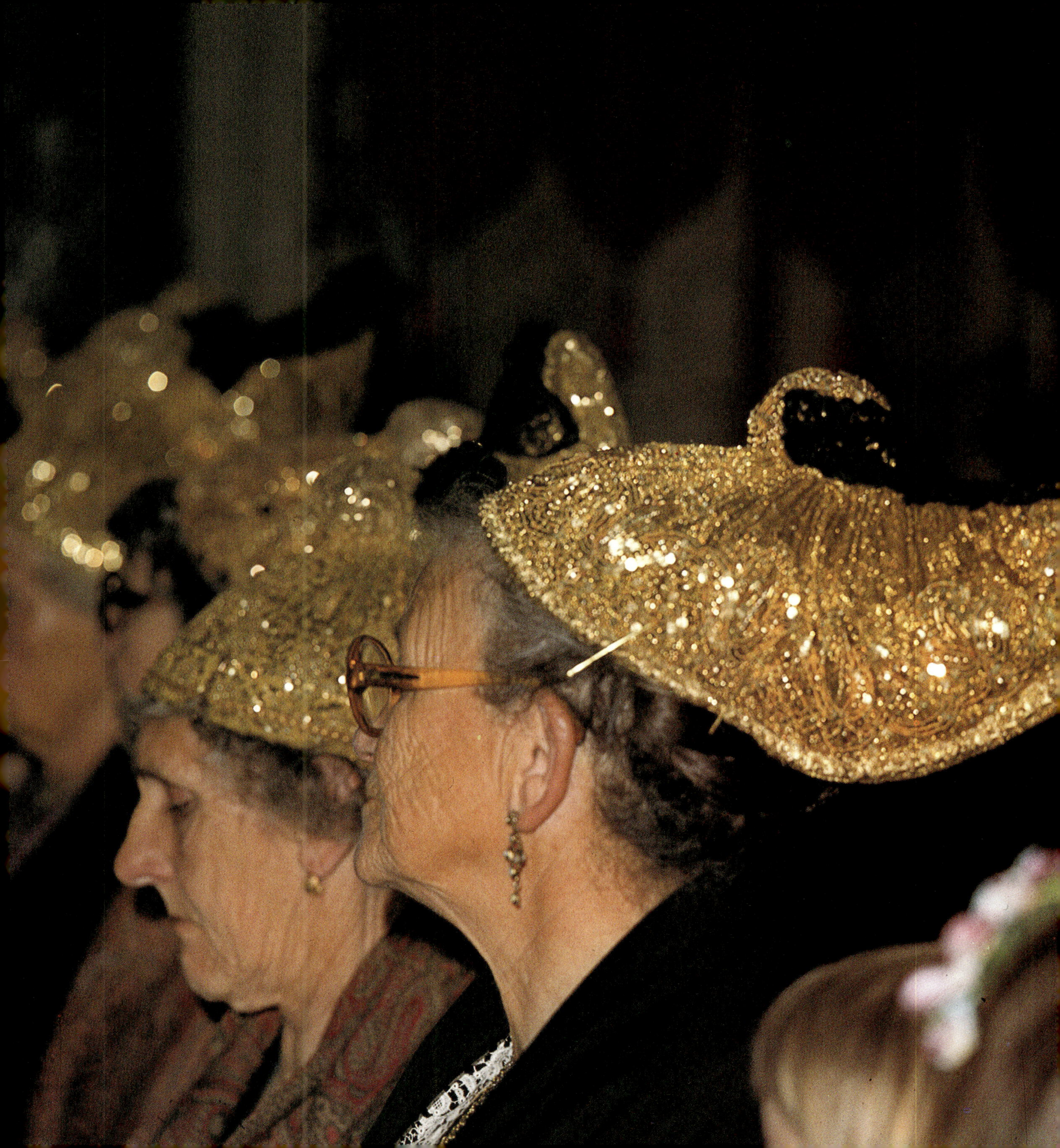

Typisch für Hallstatt ist dieses Gefährt, das die Einheimischen eine „Fuhr" nennen.

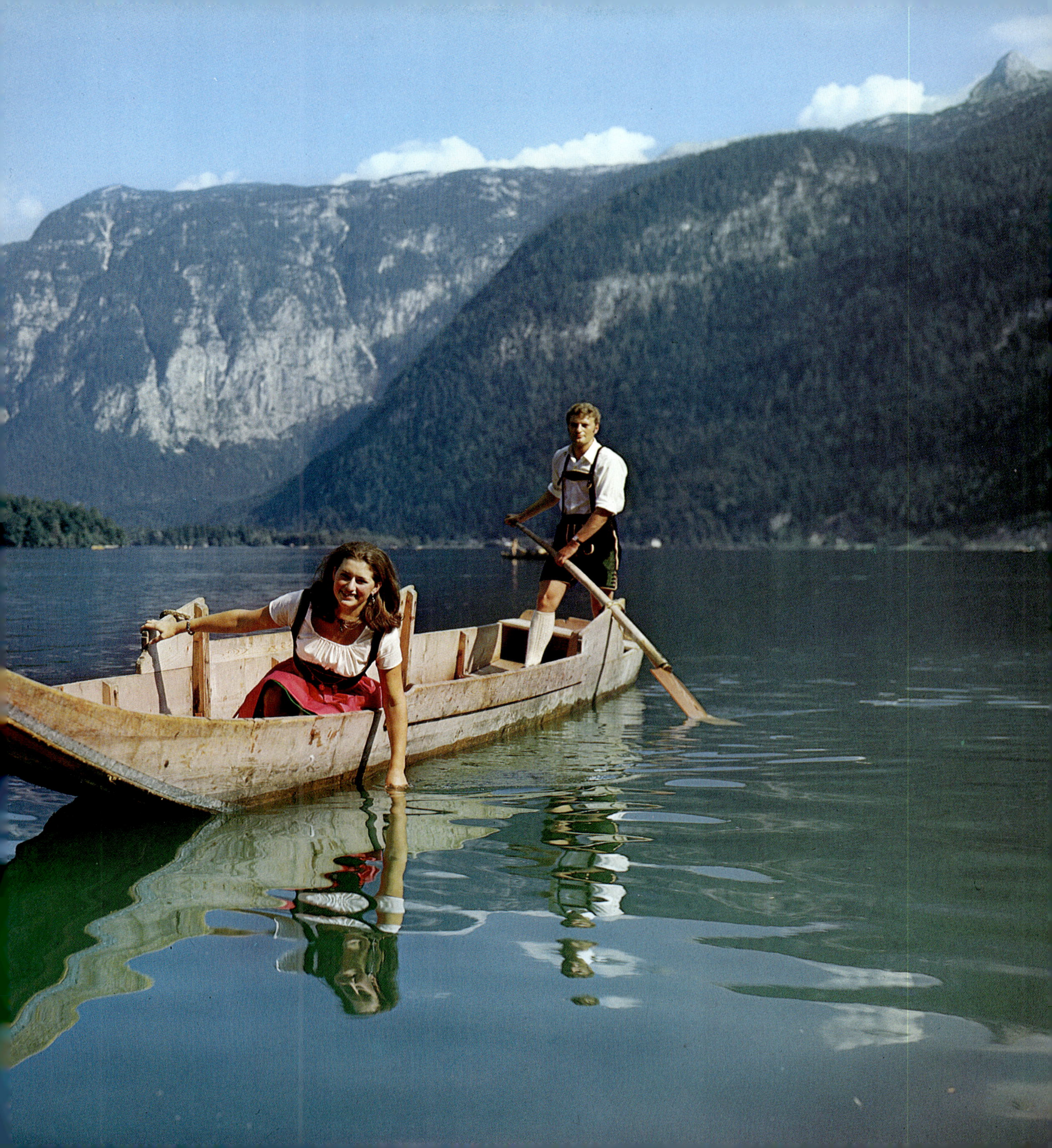

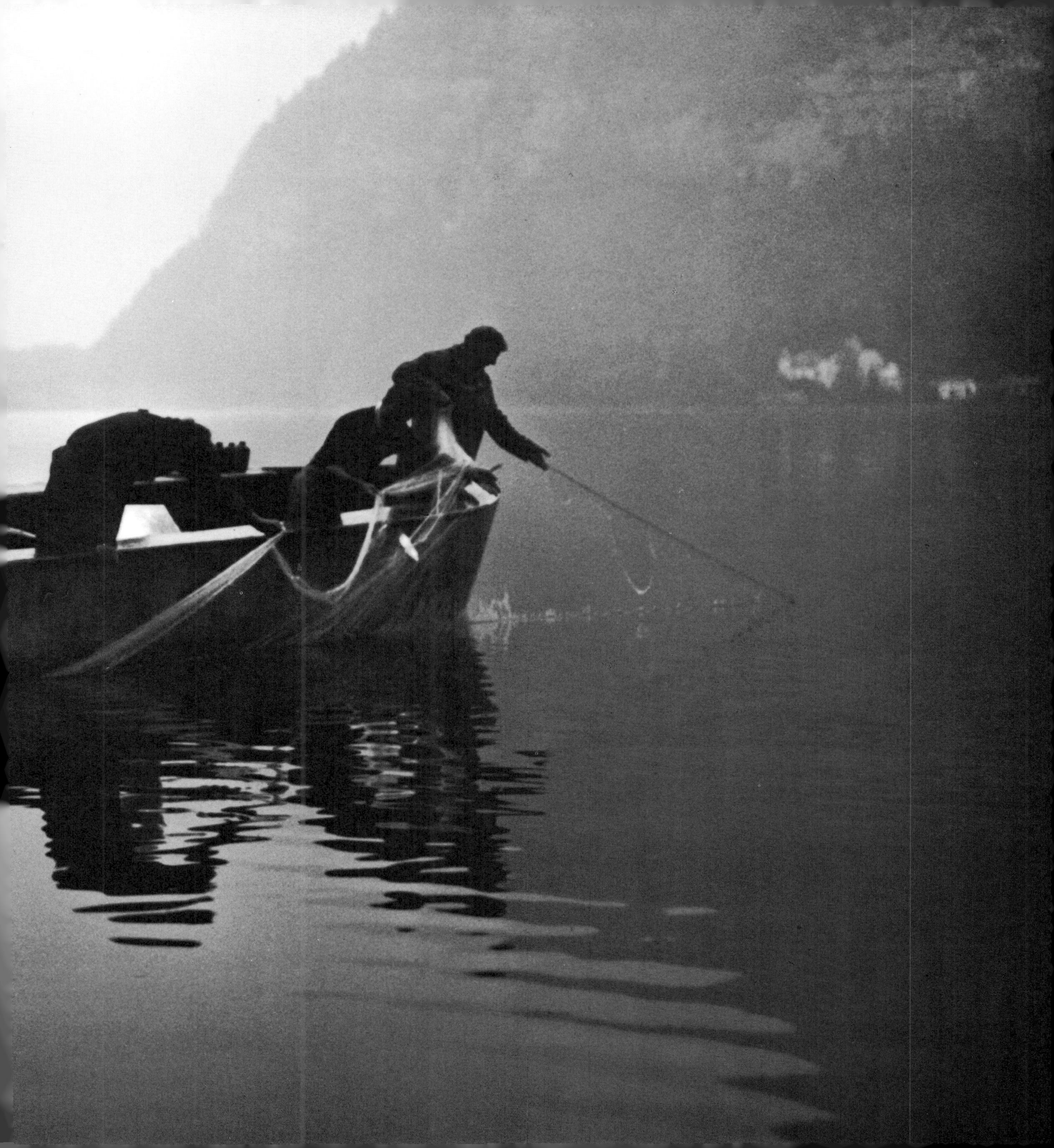

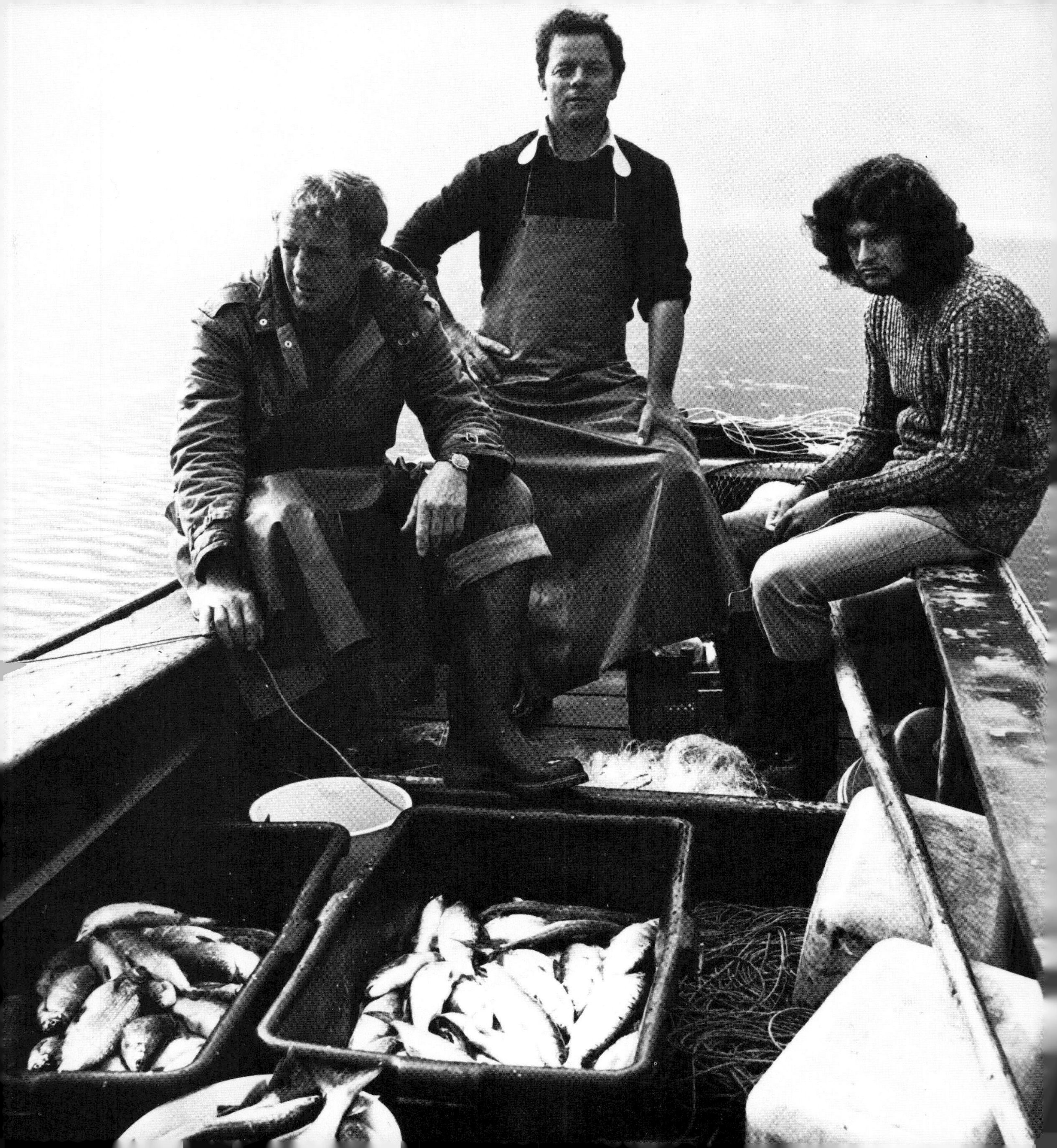

◁ *Ein Leckerbissen auf den Speisekarten der Hallstätter und der Hallstatt-Gäste sind Fische aus dem Hallstätter See.*

▷ *Auf dem Hausberg der Hallstätter, dem Plassen, liest der Hallstätter Pfarrer, Konsistorialrat Johann Weidinger, eine Messe.*

Über der großen Vergangenheit dürfen Gegenwartsprobleme und Sicherung der Zukunft nicht vergessen werden. Tagung des Hallstätter Gemeindevorstands unter dem Vorsitz von Bürgermeister Ferdinand Zauner.

Eine Schiffahrt auf dem See ist für den Hallstätter kein Urlaubsvergnügen, sondern vielfach die einzige Möglichkeit, zu Arbeitsplatz oder Schule zu kommen. Zwischen dem Ort Hallstatt und der Eisenbahn-Haltestelle liegt der See.

Generationen von Bergführern stammen aus Hallstatt. Die Liste der bekannten und begehrten Hallstätter Bergführer reicht von Johann Wallner, dem ständigen Begleiter Friedrich Simonys, bis zur Bergführer-Dynastie der Seethaler und den jüngeren Bergführern Otto Mandl, Siegfried Mittendorfer und Walter Aschauer. Der Seethaler-Sepp (Bild) ist seit dem Jahr 1929 Hüttenwirt auf der 2740 Meter hoch gelegenen Dachsteinwartehütte, die sein Vater erbaut hat.

Was früher zum Aufbessern des kargen Lohnes notwendig war, den der Mann heimbrachte, ist heute für viele Hallstätterinnen eine beliebte Freizeitbeschäftigung geworden.

Das alte Brauchtum hat sich in den Gebirgsorten des Salzkammerguts lebendig erhalten. Oben: Sternsinger. Links: Faschingstreiben.

Rechts: Nur die Instrumente lassen erraten, daß sich hinter den Masken die Hallstätter Salinenmusikkapelle verbirgt.

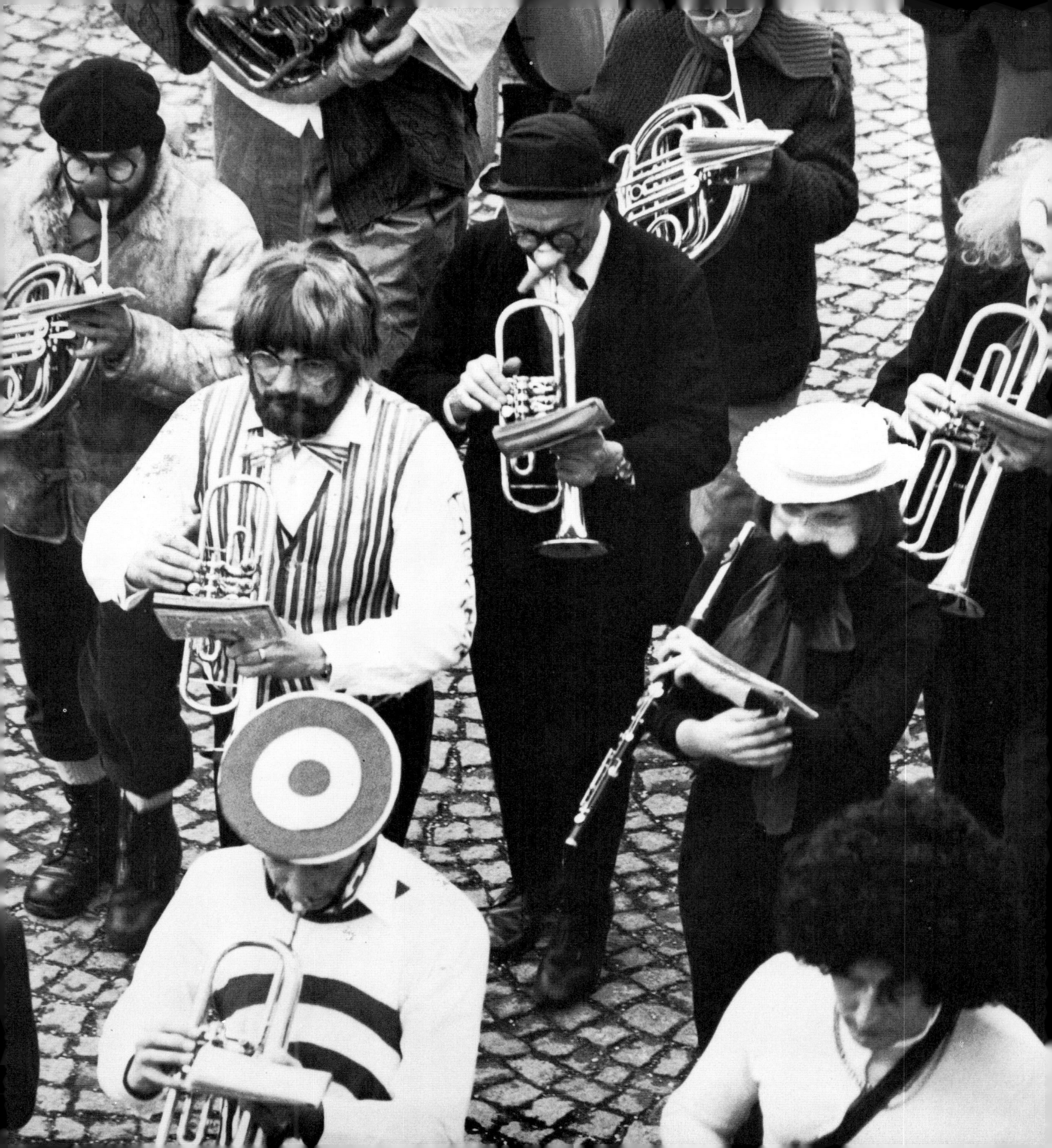

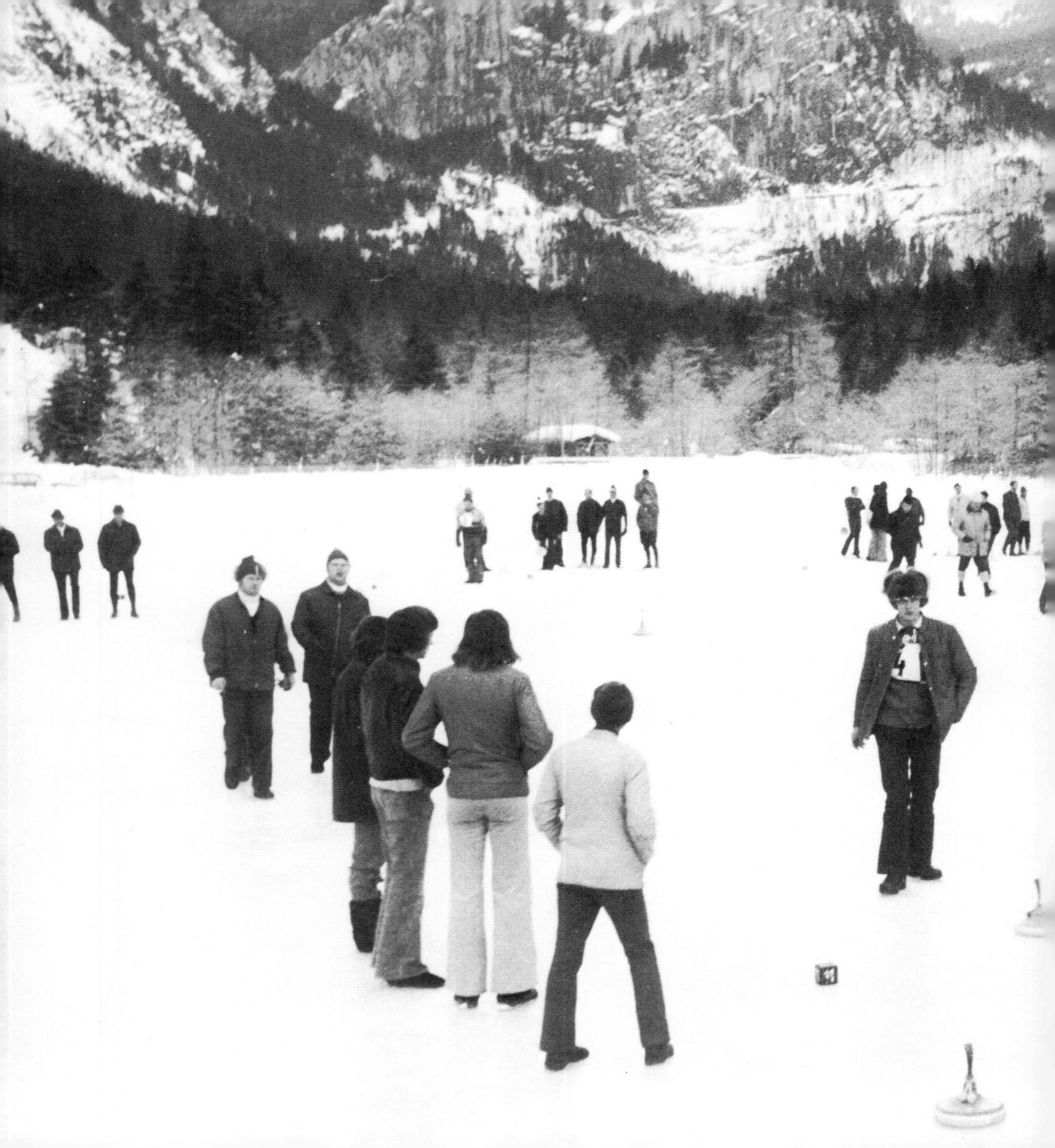

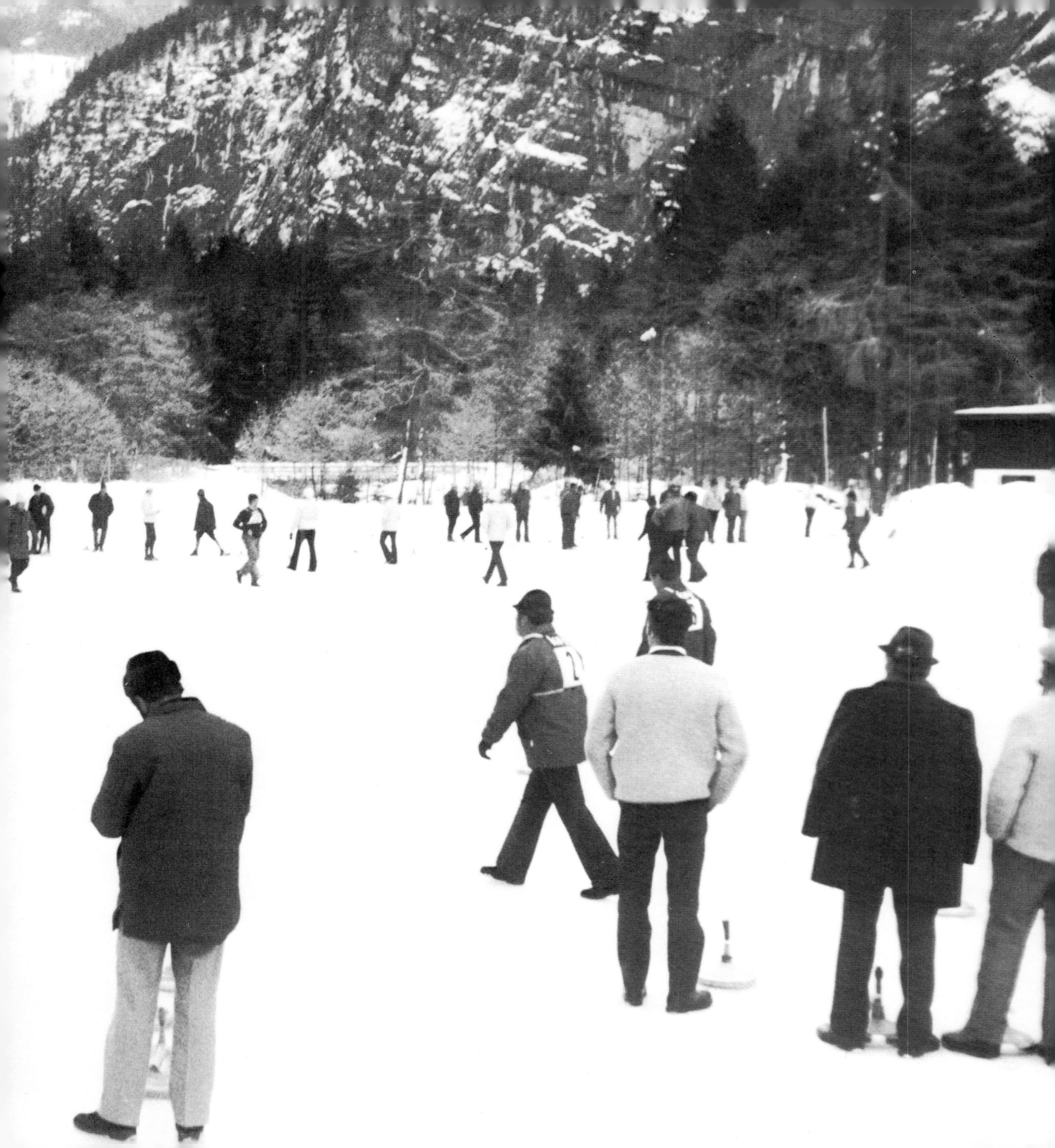

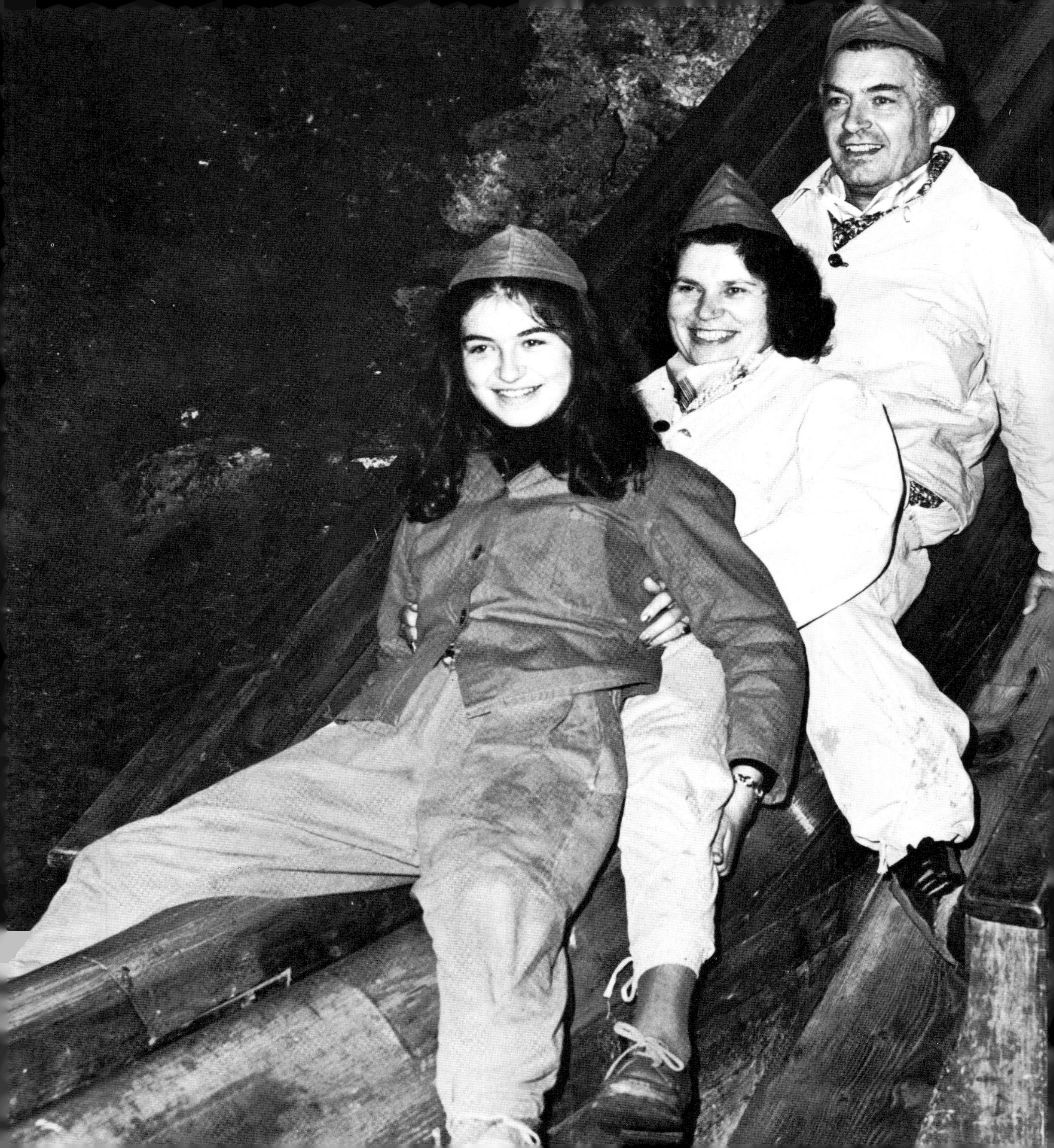

X. Der Urlauber
Auf Bergeshöhen und zu Bergestiefen

Es gibt zwei Arten von Urlaubern. Die einen fühlen sich wohl, wenn der Urlaub von heuer wieder so wird wie der Urlaub vom Vorjahr. Sie fahren in den Ort, den sie kennen, wohnen in dem Hotel oder in der Pension, die ihnen vertraut sind, sie sind sogar ungehalten, wenn sie auf dem Balkon nicht wieder den grünweiß-gestreiften Liegestuhl bekommen, den sie im Vorjahr hatten. Für jeden Fremdenverkehrsort sind das die liebsten, denn es sind die treuesten Gäste. Wenn sie zum fünften, zehnten oder zwanzigsten Mal kommen, erhalten sie vom Fremdenverkehrsobmann Geschenk und Händedruck.
Dann gibt es die andere Art von Urlaubern, die immer wieder neue Eindrücke und neue Erlebnisse suchen. Einmal soll es ein Badeurlaub sein, dann wieder wollen sie in die Berge. Einmal steht ihnen der Sinn nach Erholung, ein anderes Mal drängt es sie zu einem Bildungsurlaub.
Sie ahnen schon, wo ich hinaus will: Hallstatt ist für beide Urlaubertypen das Richtige. Wer die Beständigkeit liebt, wird mit der Bevölkerung eines Sinnes sein – und wird sich wohl fühlen. Wer die Abwechslung bevorzugt – bitte sehr: Er kann baden oder wandern, er kann klettern oder in eine der Seilbahnen einsteigen. Er kann auf Bergeshöhen, aber auch zu Bergestiefen: einmal in das Innere des Salzberges, um dort die Arbeit des Bergmannes von heute kennenzulernen und auf den Spuren des Bergmannes aus prähistorischer Zeit zu wandeln, ein anderes Mal, um die Märchenwelt der Dachsteinhöhlen zu bestaunen. Dabei gibt es wieder drei Möglichkeiten: Die Rieseneishöhlen mit ihren bizarren Palästen des ewigen Eises, die in Millionen

Lustig und erlebnisreich: Ein Besuch im ältesten Salzbergwerk der Welt.

Jahren entstandenen gigantischen Hallen der Mammuthöhle, die Koppenbrüllerhöhle mit der einer aktiven Wasserhöhle eigenen Romantik.

Bildungsbeflissene können sich in den beiden Hallstätter Museen umsehen. „Wahre Schatztruhen des Landes" nennt sie der oberösterreichische Schriftsteller Rudolf Walter Litschel, „denn sie schlagen mit ihren Exponaten den Bogen über Jahrtausende". Das Heimatmuseum zeigt die Tierwelt unserer Heimat, alte Trachten, Musikinstrumente, Waffen, Werkzeuge, Bilder, Krippen und sogar eine echte Rauchkuchl. Wer will, kann sich in die Geologie und Höhlenkunde vertiefen oder den Salzbergbau studieren. Ein eigenes Museum ist dem prähistorischen Hallstatt gewidmet und bietet einen Überblick von der Altsteinzeit bis zu den Römerfunden.

Wahre Schatztruhen des Landes

Kunstkenner, die die Meisterwerke der Gotik, des Barocks oder der Moderne bewundern möchten, kommen in Hallstatt ebenfalls auf ihre Rechnung, wie dieses Buch anzudeuten versucht hat. Nachdenkliche Typen wird es in Hallstatt zum Beinhaus ziehen, Fotografen auf den Friedhof – er ist einer der schönsten Bergfriedhöfe Österreichs. Wer Kunst mit Spazierengehen verbinden will, dem sei empfohlen, zum Kalvarienbergkirchlein zu pilgern.

Apropos spazierengehen: Hier kann der Besucher von Hallstatt wählen zwischen bequemen Waldspaziergängen und extremen Klettertouren, mit allen Zwischenstufen.

Es klingt das alles sehr nach Fremdenverkehrsprospekt, was nur eine Aufzählung der Vielfalt ist, die den Urlauber in Hallstatt erwartet, an Natur-, Kunst-, Geschichts-, Gaumen- und was weiß ich noch für anderen Freuden. Der Urlauber von Hallstatt wird unter den angedeuteten Möglichkeiten wählen und sie nach seinen individuellen Wünschen und Erfahrungen ergänzen können.

Natur-, Kunst-, Geschichts- und Gaumenfreuden

Der Urlauber von Hallstatt, was ist das überhaupt? Ein nicht näher zu definierendes Wesen. Es erscheint einmal mit Rucksack, Bergstock und wollenen Socken, ein anderes Mal mit Filmkameras und langen Telekanonen, ein drittes Mal mit gar nichts. Denn auch für die „ohne nix", amtlich FKK genannt, gibt es am Hallstätter See ein Plätzchen. Wem's Spaß macht, bitte sehr. Mehr Spaß aber noch als gar nichts garantieren die roten, grünen und braunen Uniformen, die die Urlauber anzuziehen haben, wenn sie das Bergwerk besuchen.

Der Urlauber von Hallstatt, was ist das? Schon diese Äußerlichkeiten zeigen, daß es eine sehr bunte Gesellschaft ist, die nach Hallstatt kommt. Der Urlauber von Hallstatt, das sind die Dachsteinbezwinger und die Schifferlfahrer, die Prähistoriker und die Steinesammler, die Fischfänger und die Fischesser. Konkreter: das ist der König von Siam, der sich ins Fremdenbuch eines Hallstätter Hotels eingetragen hat, und das ist die Frau Huber, die mit einem Betriebsausflug unterwegs war. Urlauber in Hallstatt, das waren Adalbert Stifter und Marlene Dietrich, der Erzherzog Johann und Willy Brandt, die Dichter Lenau, Raimund, Raabe und Zuckmayer, die Maler Waldmüller, Alt und Lach. So könnte ich jetzt, lieber Leser, noch einige Seiten füllen. Trotzdem bliebe das beste zuletzt: Denn Urlauber in Hallstatt, das sind – in Vergangenheit, Gegenwart oder Zukunft – ganz sicher auch Sie!

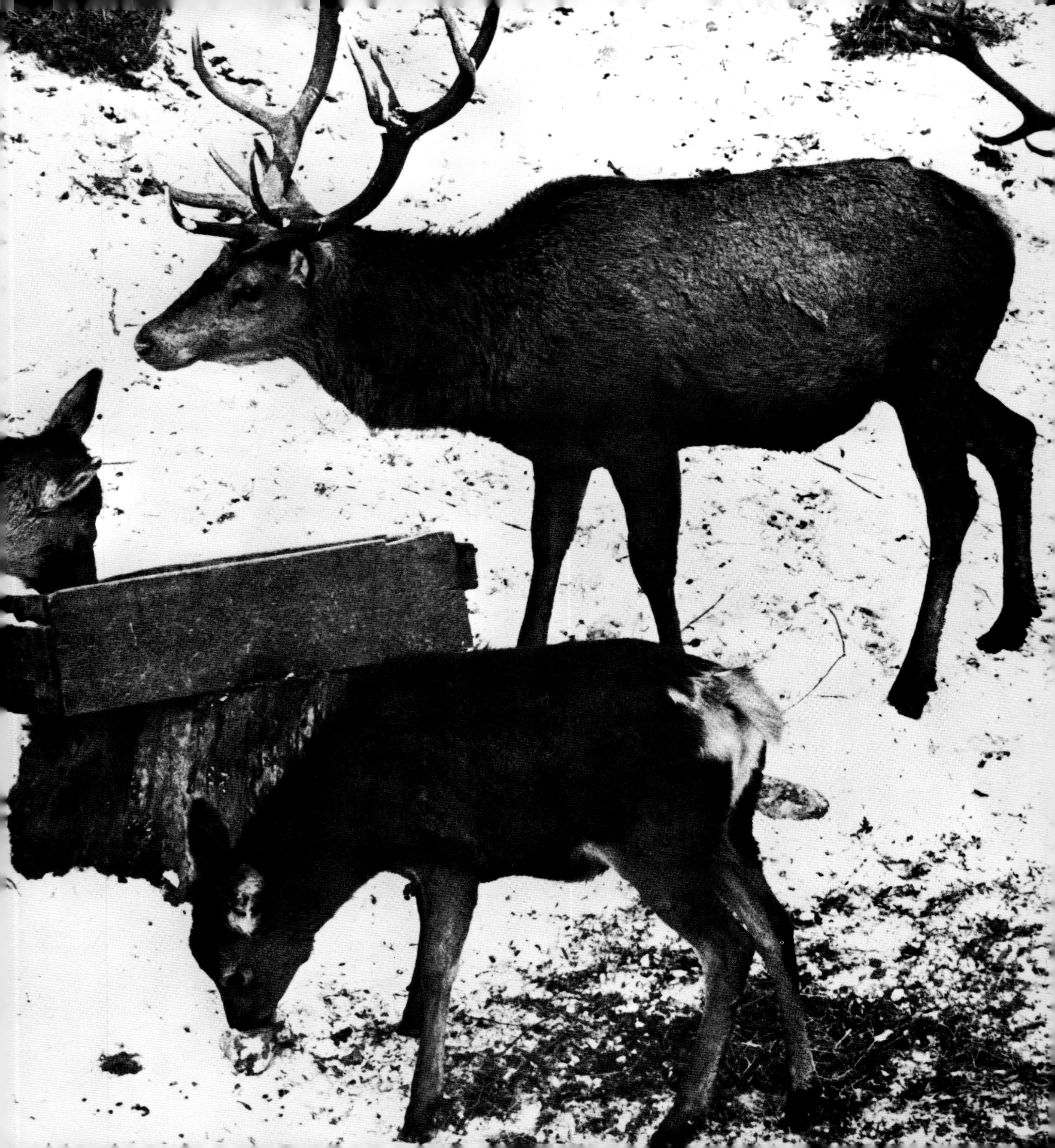

Dokumentationen

Sie werden nicht weg können vom Fenster, Sie werden dort angezaubert sitzen, bis alle die gaukelnden Nebelbilder zerronnen sind im immer mächtiger werdenden Strahle der Sonne, und der See endlich daliegt vor Ihnen in seiner ganzen Klarheit, und alle die Himmelsmauren dastehen in der Reinheit ihrer Größe.

Joseph August Schultes (1809) (1)

Man kann Hallstatt nicht verlassen, ohne den Schleierfall, den Sprattenfall, den Waldbachstrub gesehen und einen entzückten Blick auf den Dachstein und das Karlseisfeld geworfen zu haben. Man würde uns auslachen, wenn wir ohne diese Erinnerung heimkehrten.

Wilhelm Raabe (1864) (7)

Sie wollen einsam sein? In drei Minuten sind Sie in der Einsamkeit. Nachdenklich? Besuchen Sie das Beinhaus. Wißbegierig? Hallstatt besitzt zwei Museen. Bevorzugen Sie Geselligkeit? Dann wählen Sie: Tennis, Tischtennis, Kegeln, Sauna, Fischen, Rudern, Schwimmen, Schiffsrundfahrten, Grillkurse, Camping, Wandern und Bergsteigen, Seekonzerte, Platzkonzerte, Heimatabende, Ausflugsfahrten in die Umgebung. (Die Liste ist unvollständig.)

Fremdenverkehrsprospekt Hallstatt (1978) (30)

Quellenangaben auf Seite 244.

Ob stiller Genießer oder Skistar, der Winter hat für jeden seine Reize. Rechts: Weltmeister Sepp Walcher aus dem Dachsteinort Schladming.

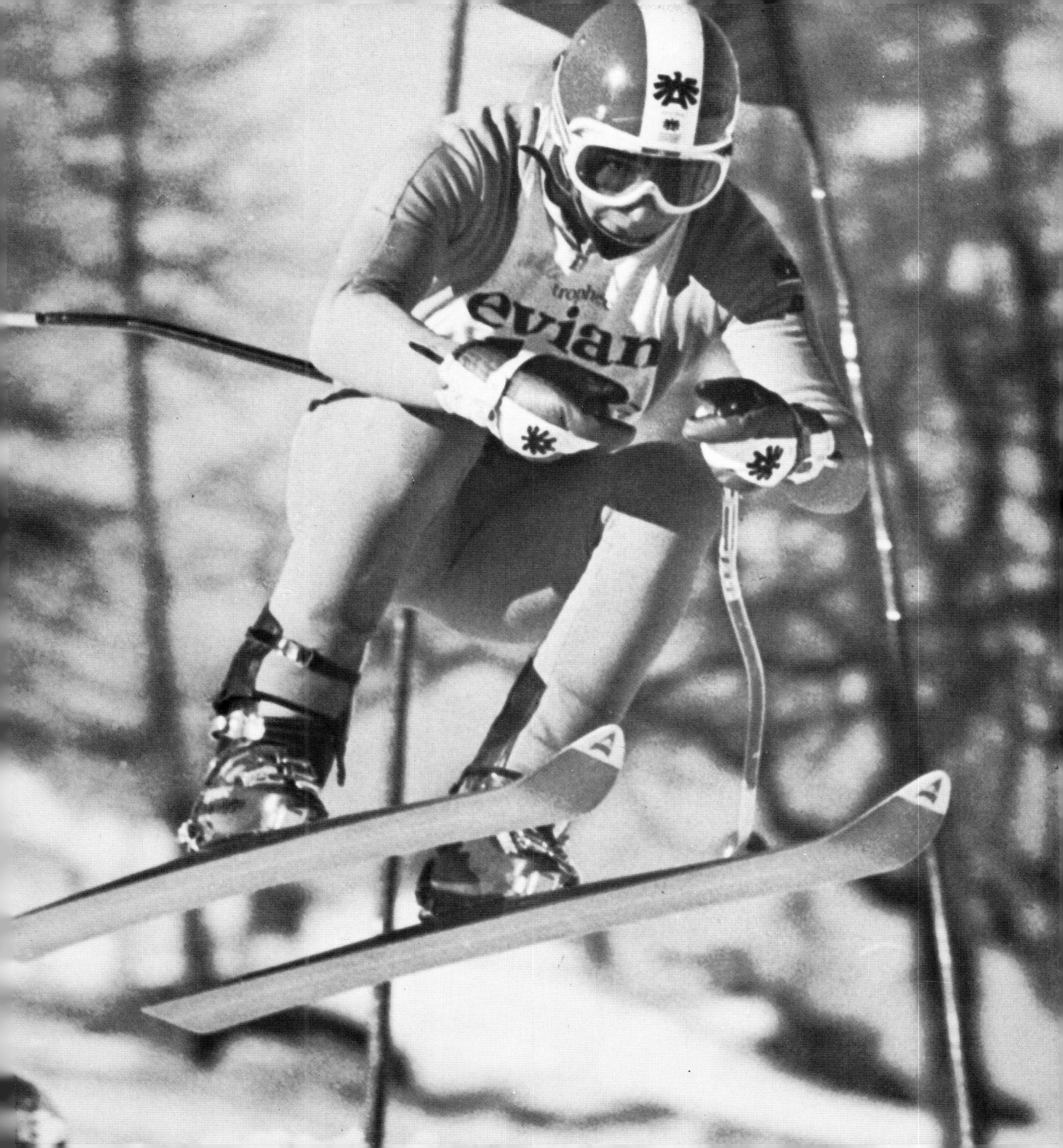
evian

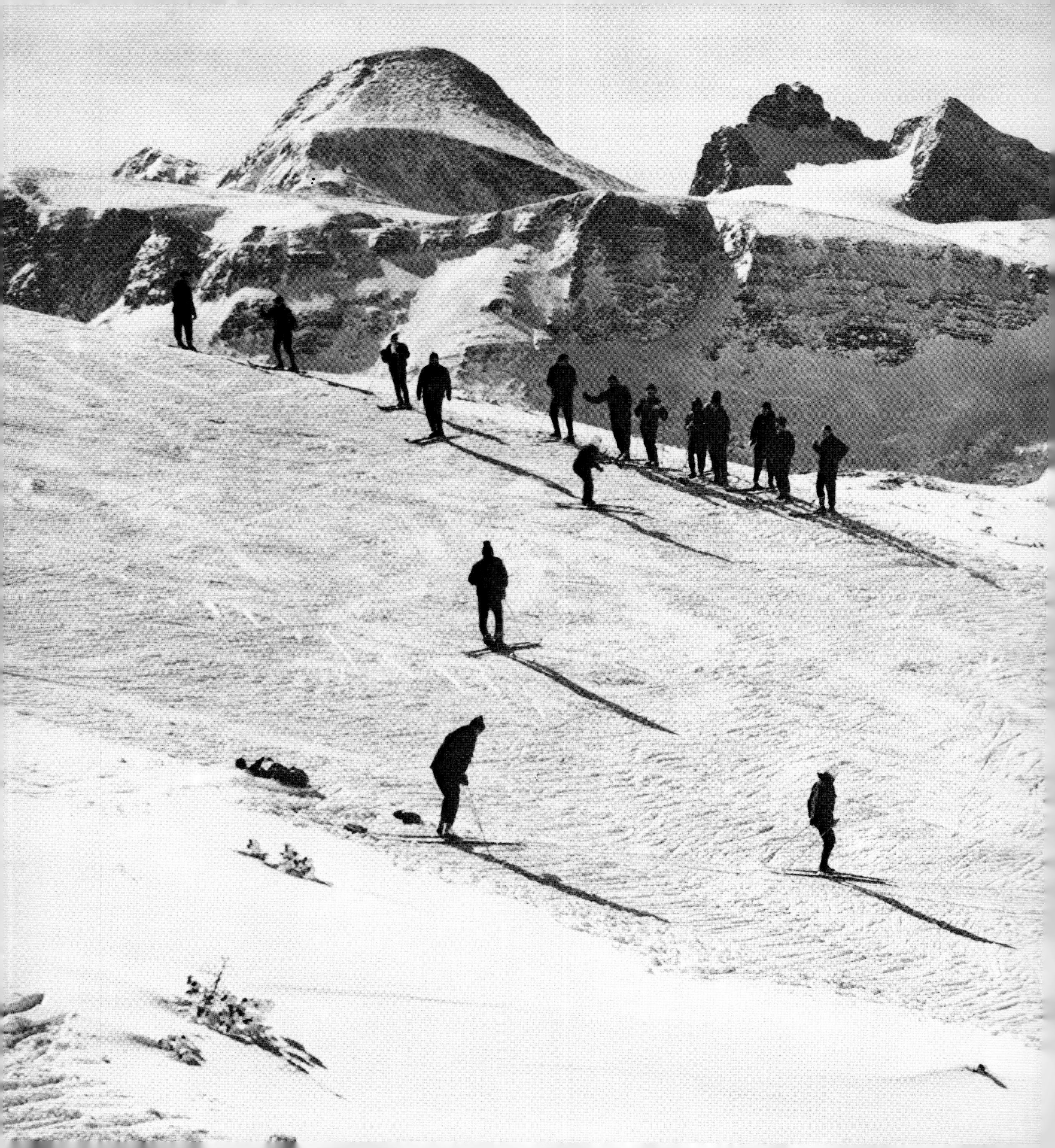

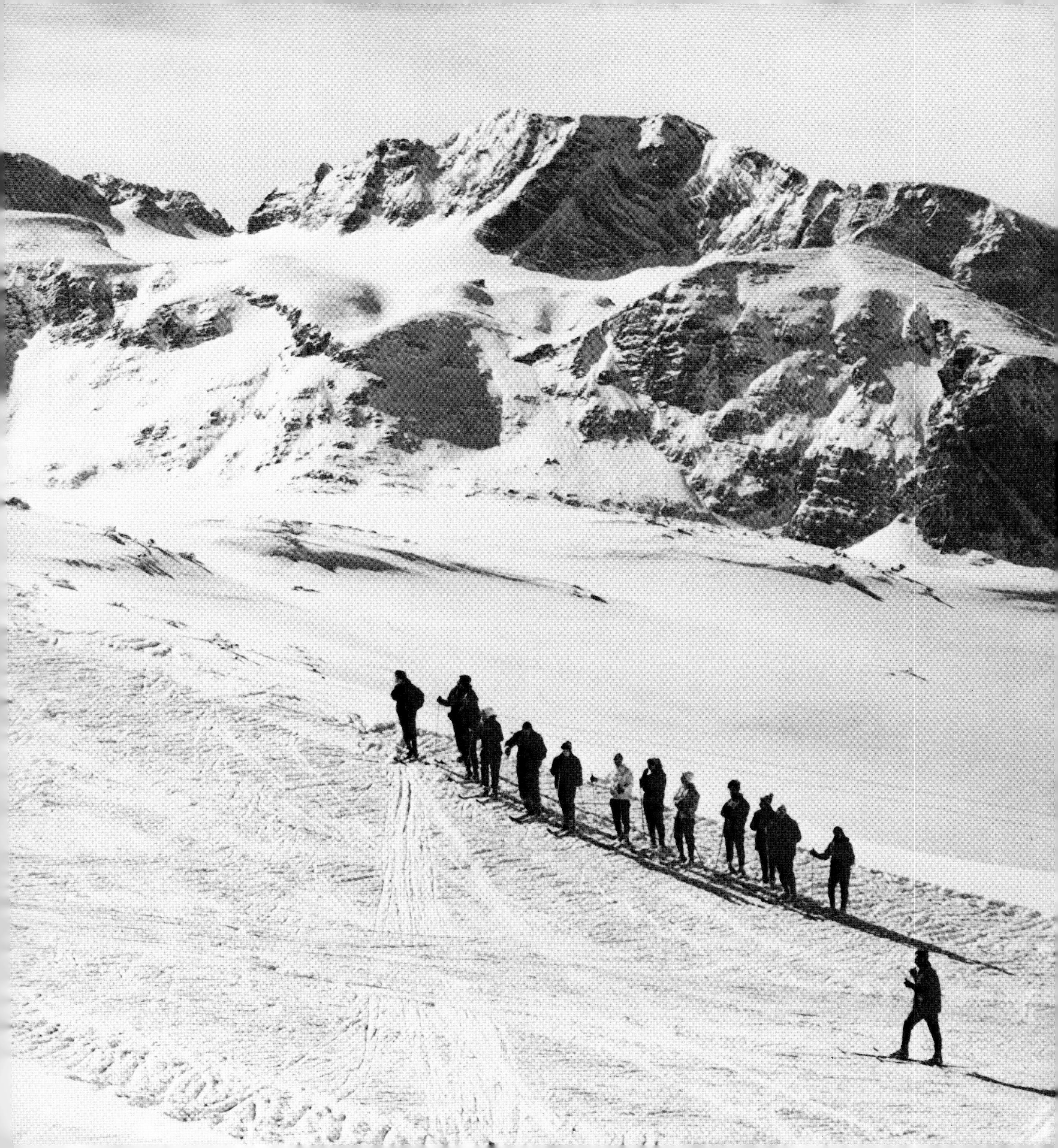

Wanderungen in jeder Größenordnung, zu jeder Jahreszeit und – wie auf dem Bild rechts zu sehen ist – sogar in jeder Lage, gehören zum Urlaubsvergnügen in und um Hallstatt.

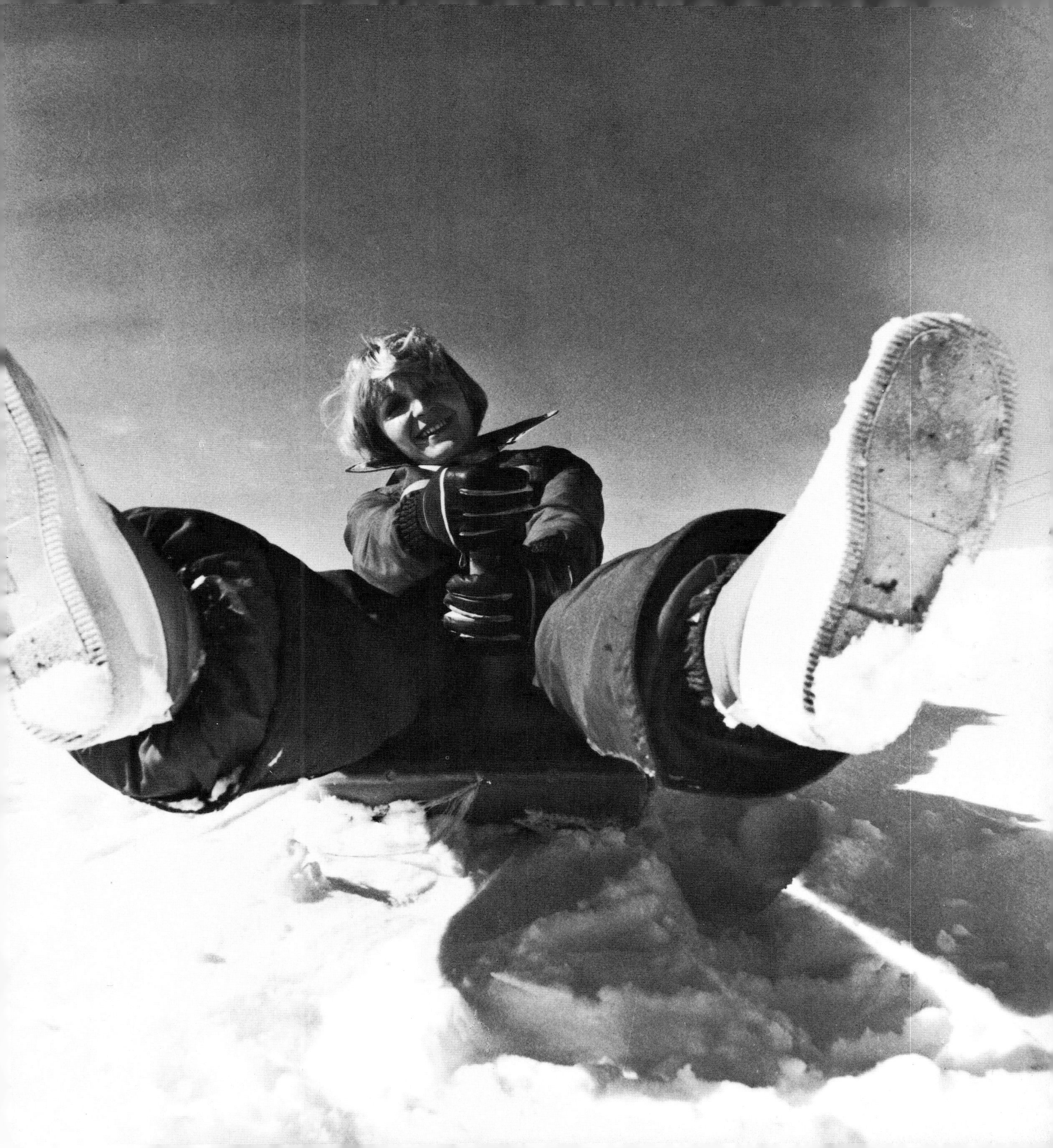

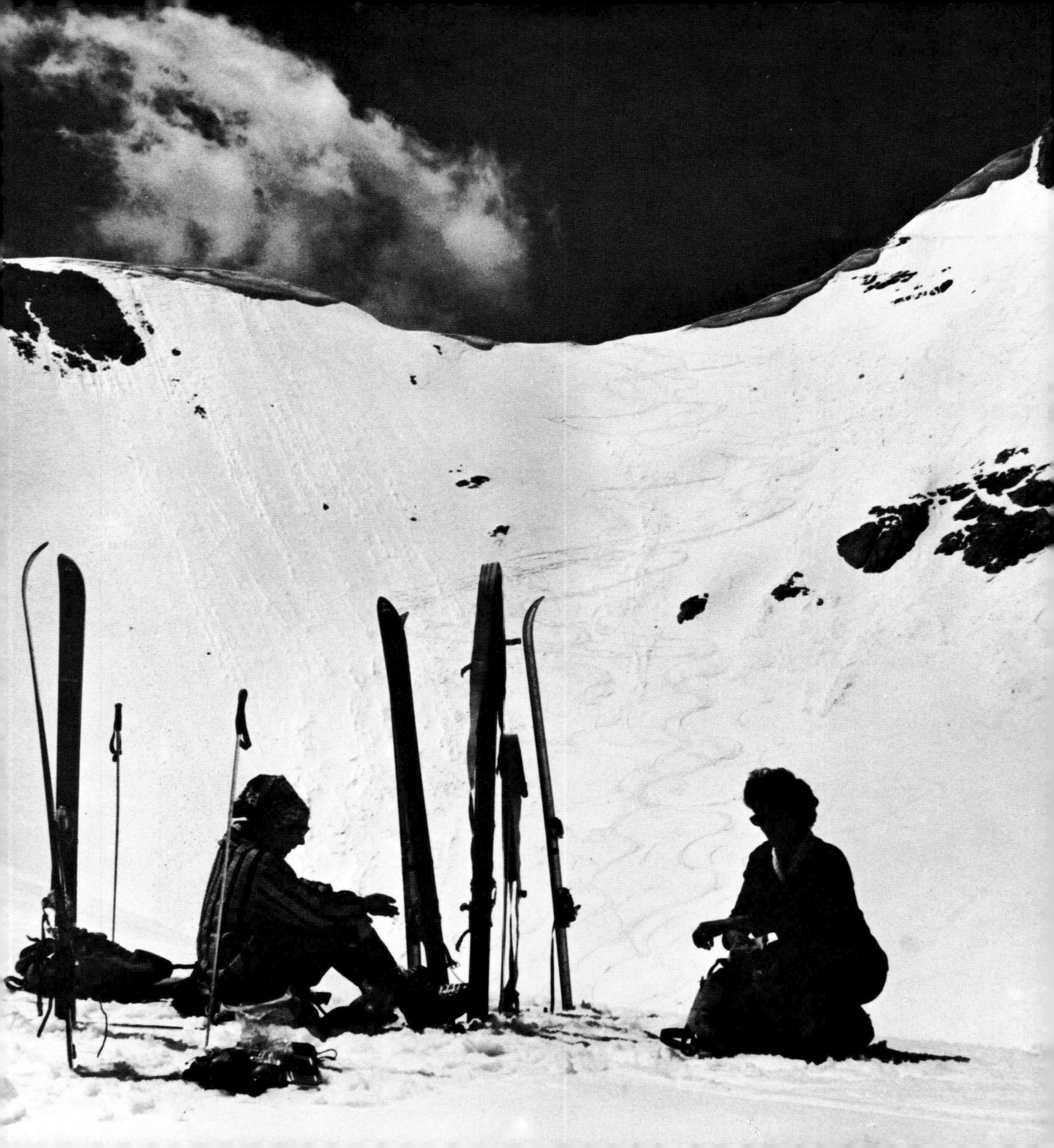

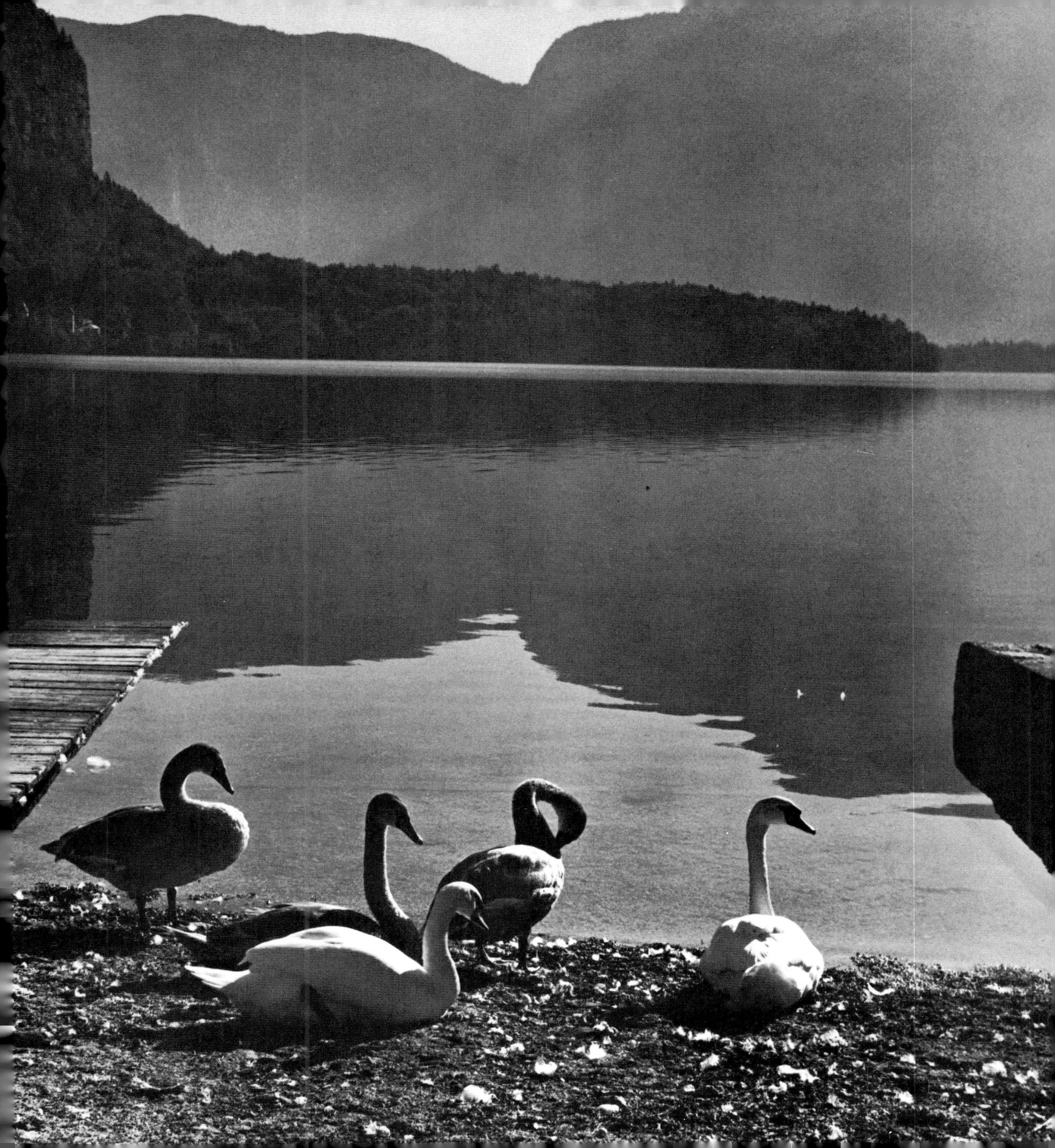

Bei Kochkünstlern beiderlei Geschlechts sehr beliebt: Die Grillkurse des Hallstätter Gastwirts Sepp Zauner (dritter von rechts).

Das traditionsreiche Seehotel „Zum Grünen Baum", in dem laut Gästebuch schon „Adalbert Stifter mit Gattin" Gäste waren.

otel Grüner Baum
Meinl
Kaffee

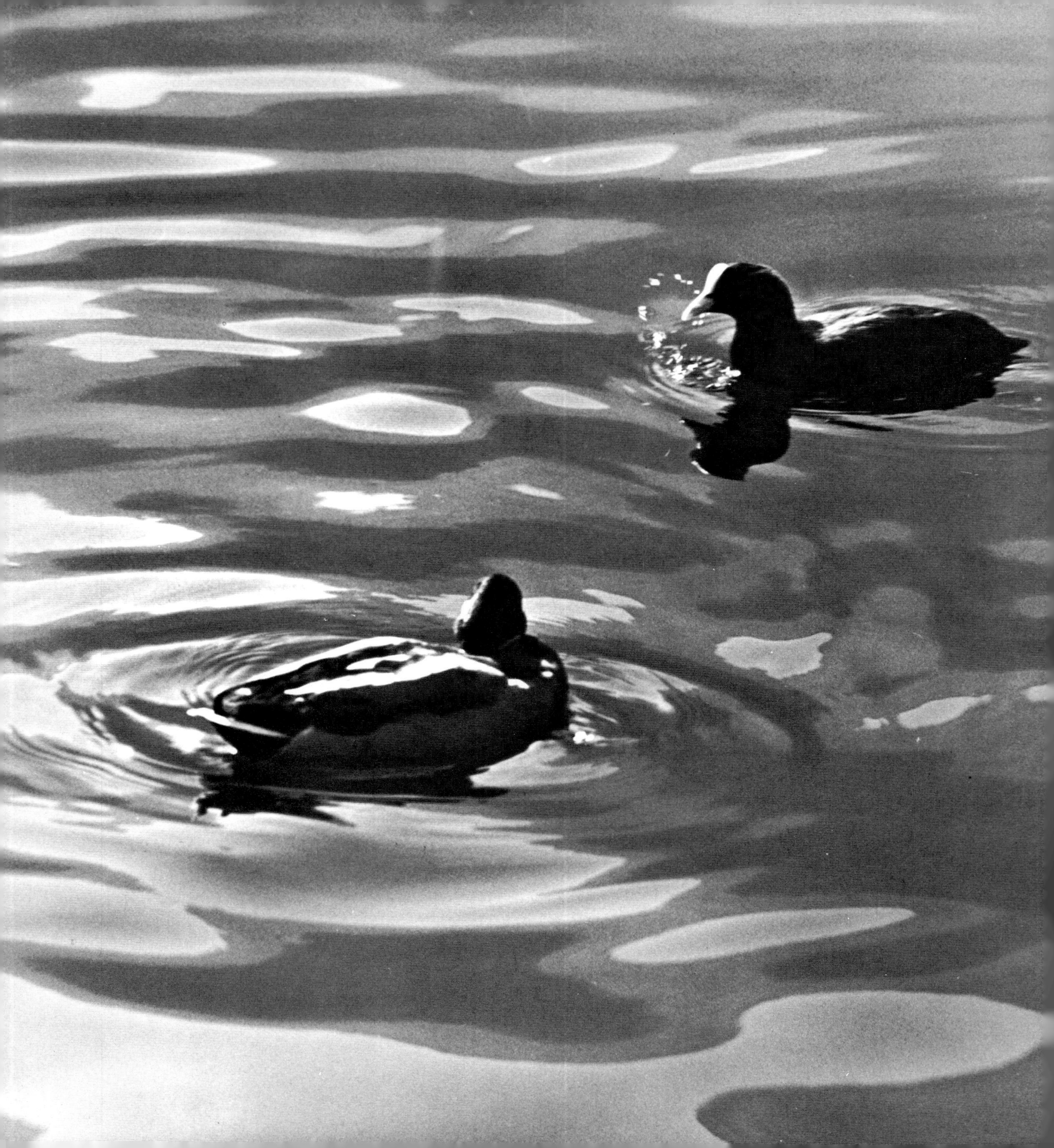

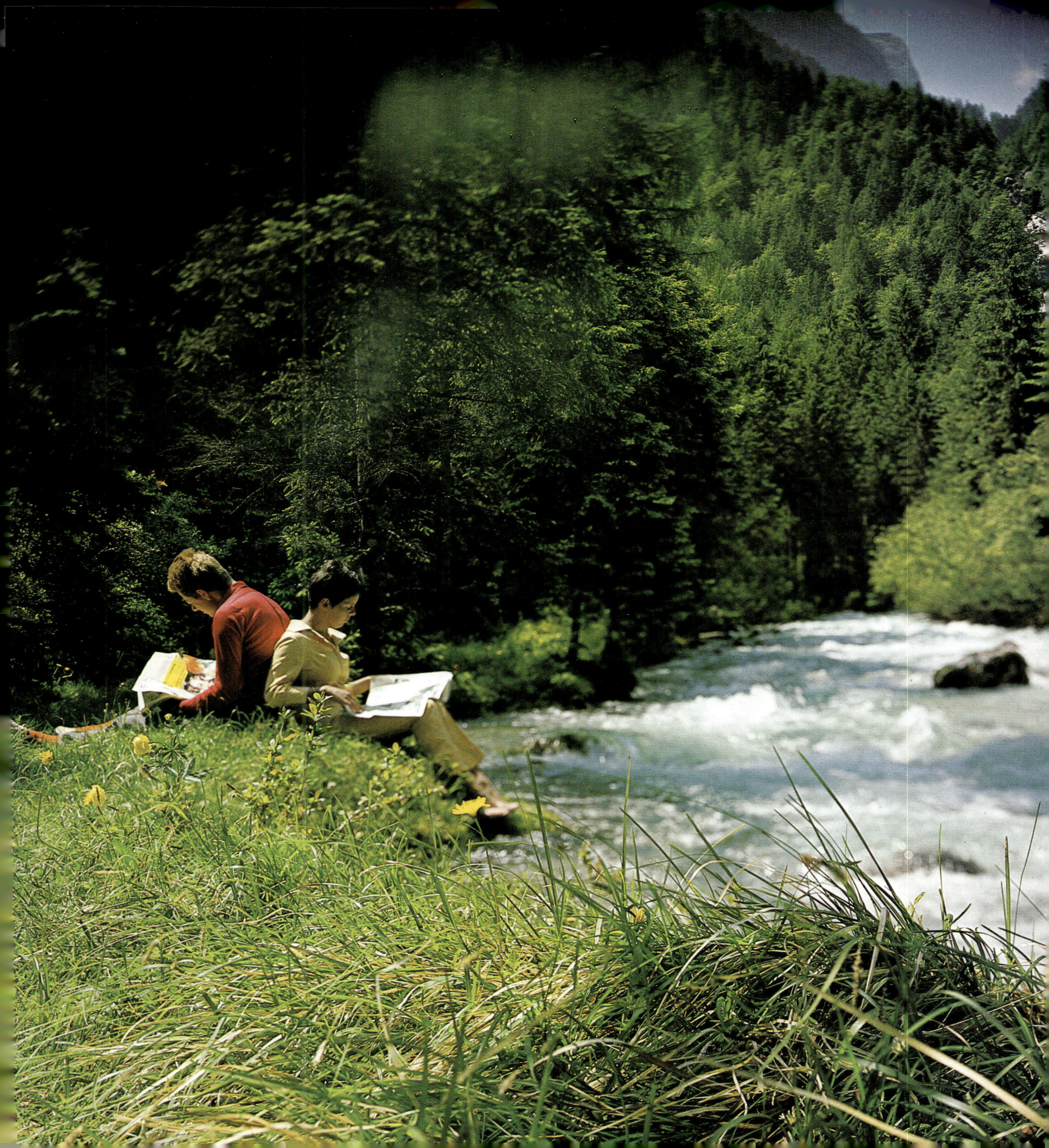

„Einen der schönsten Wasserfälle der Welt" nannte 1809 der Mediziner, Botaniker und Reiseschriftsteller Joseph August Schultes den Waldbachstrub – auch heute ein Geheimtip für Wanderer.

Die idyllische Badeinsel.

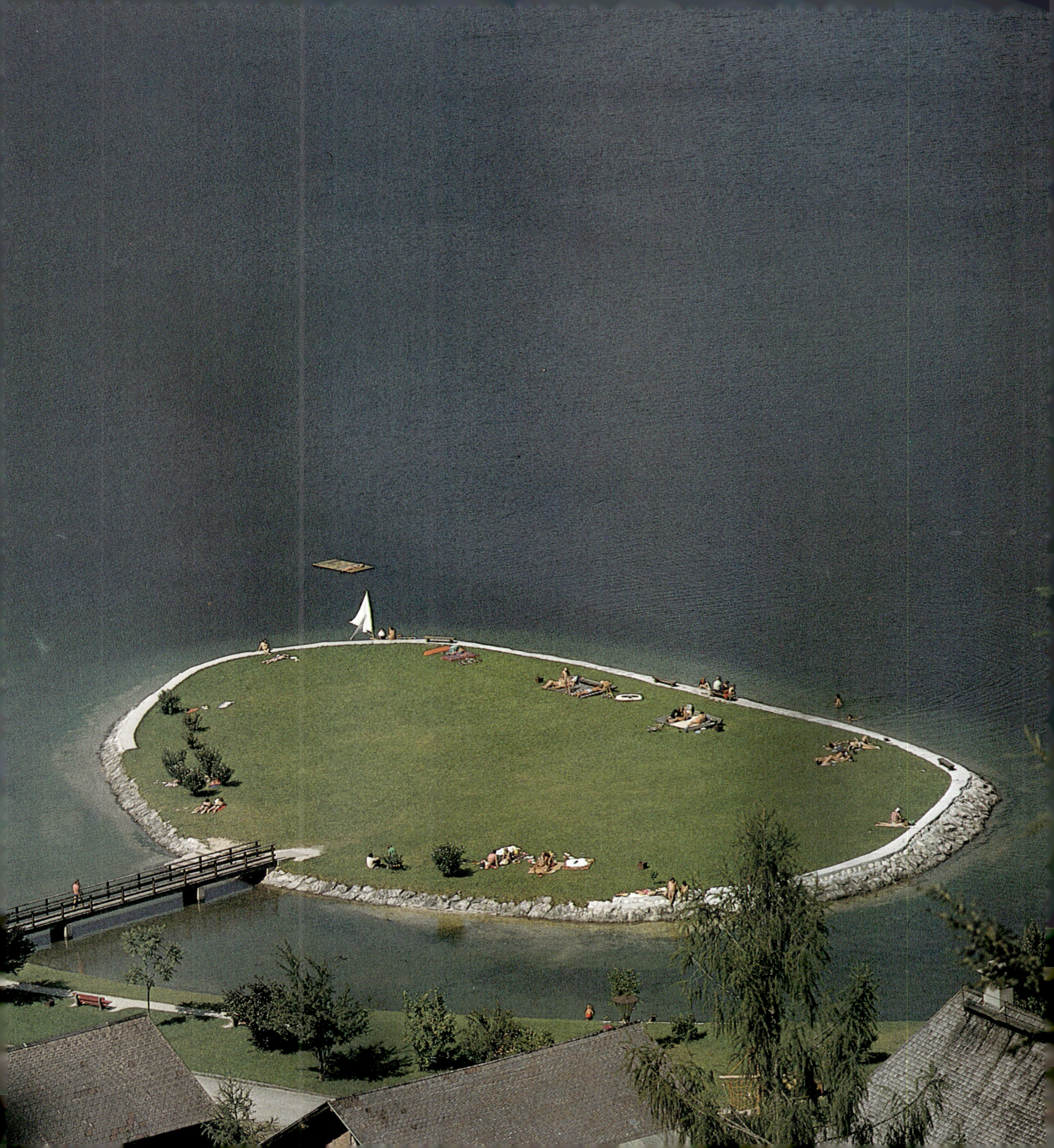

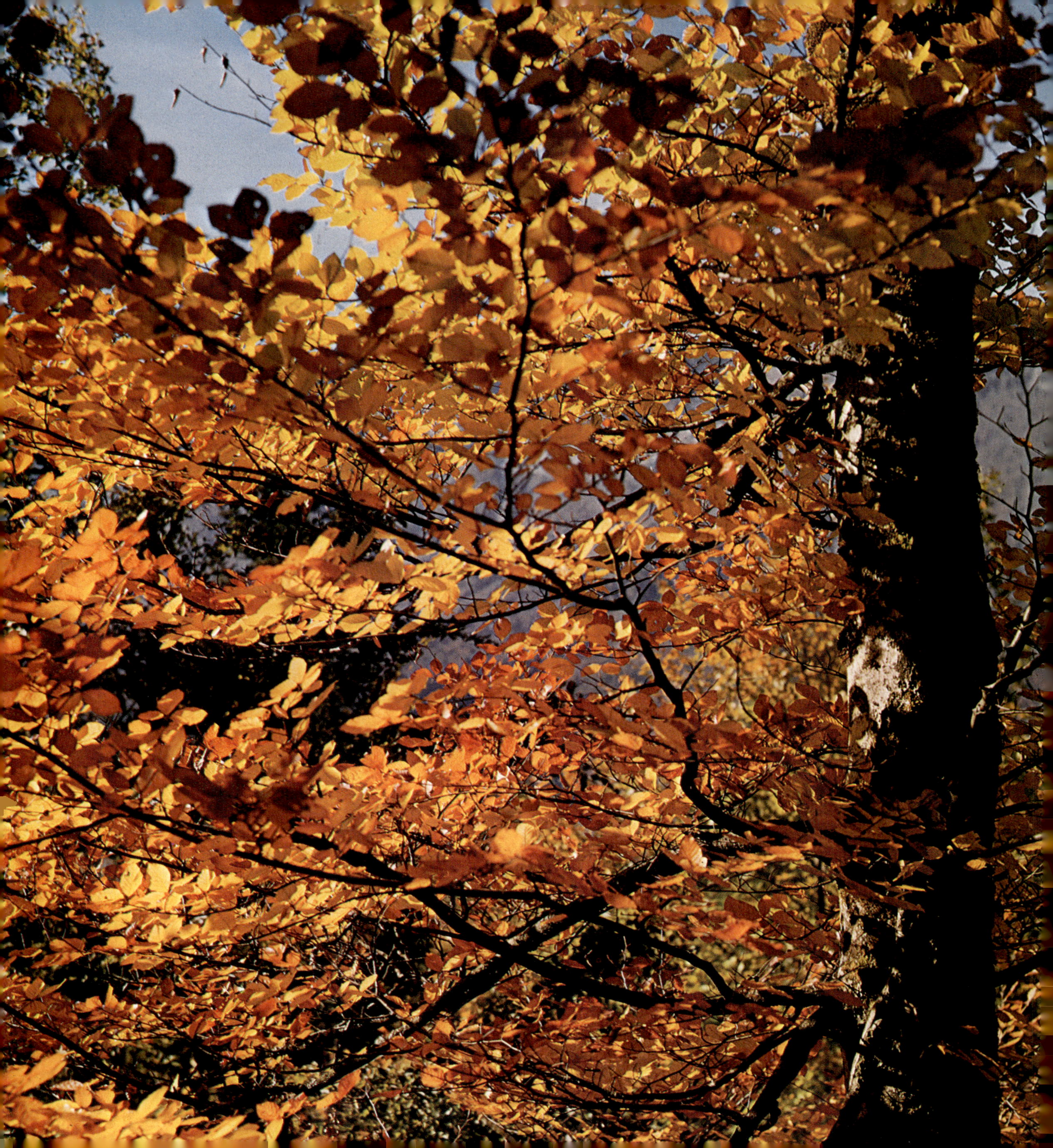

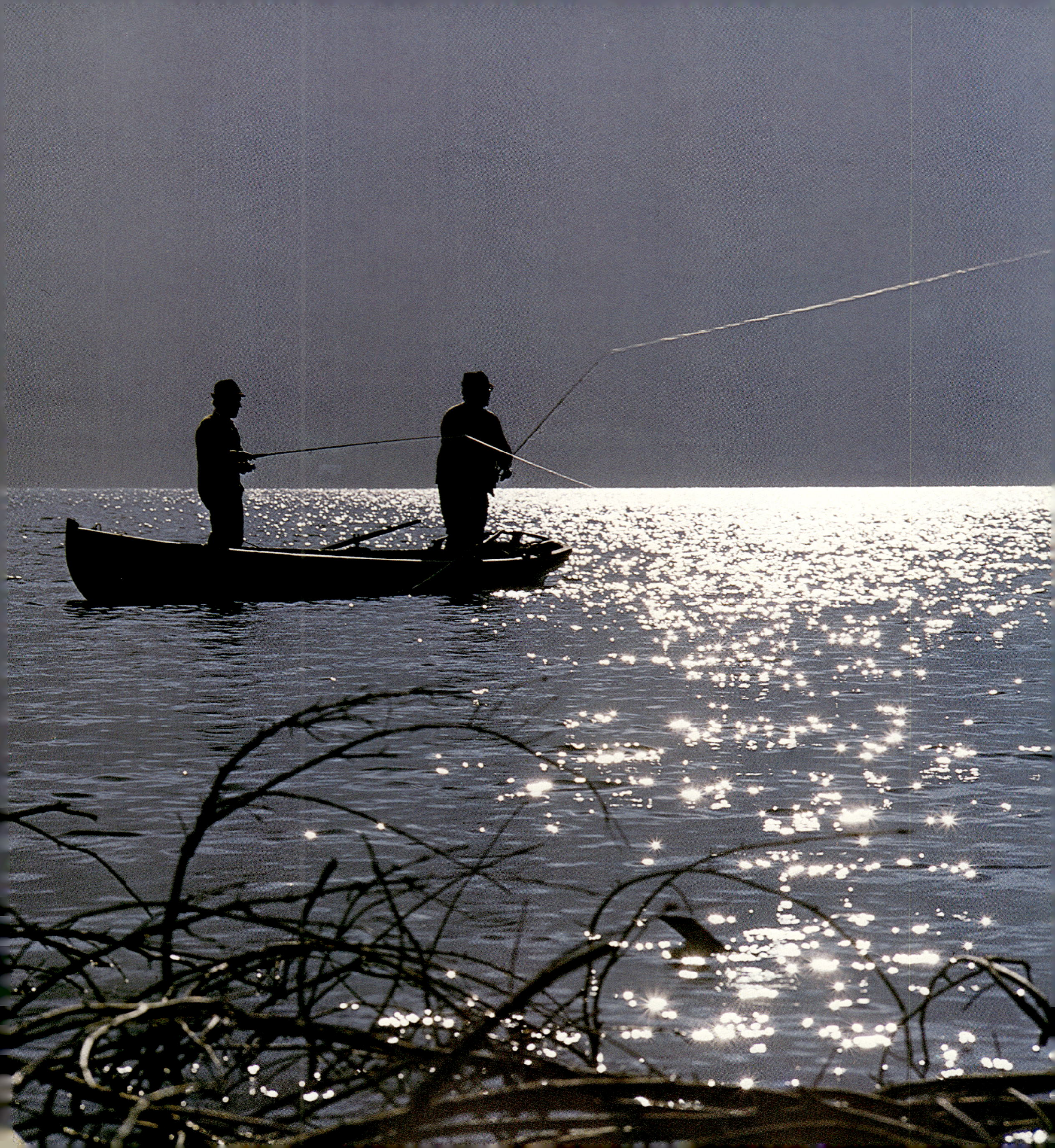

Der Besucher von Hallstatt kann nicht nur auf Bergeshöhen, sondern auch in Bergestiefen: Seilbahnen bringen ihn zum Eingang in das Salzbergwerk und in die Wunderwelt der Dachsteinhöhlen. Oben die Dachstein-Eishöhlen, unten die Domhallen der Dachstein-Mammuthöhle.

▷ *Blick von der Steingrabenschneid, einem gemütlichen Hallstätter Hausberg, auf den Hohen Dachstein*

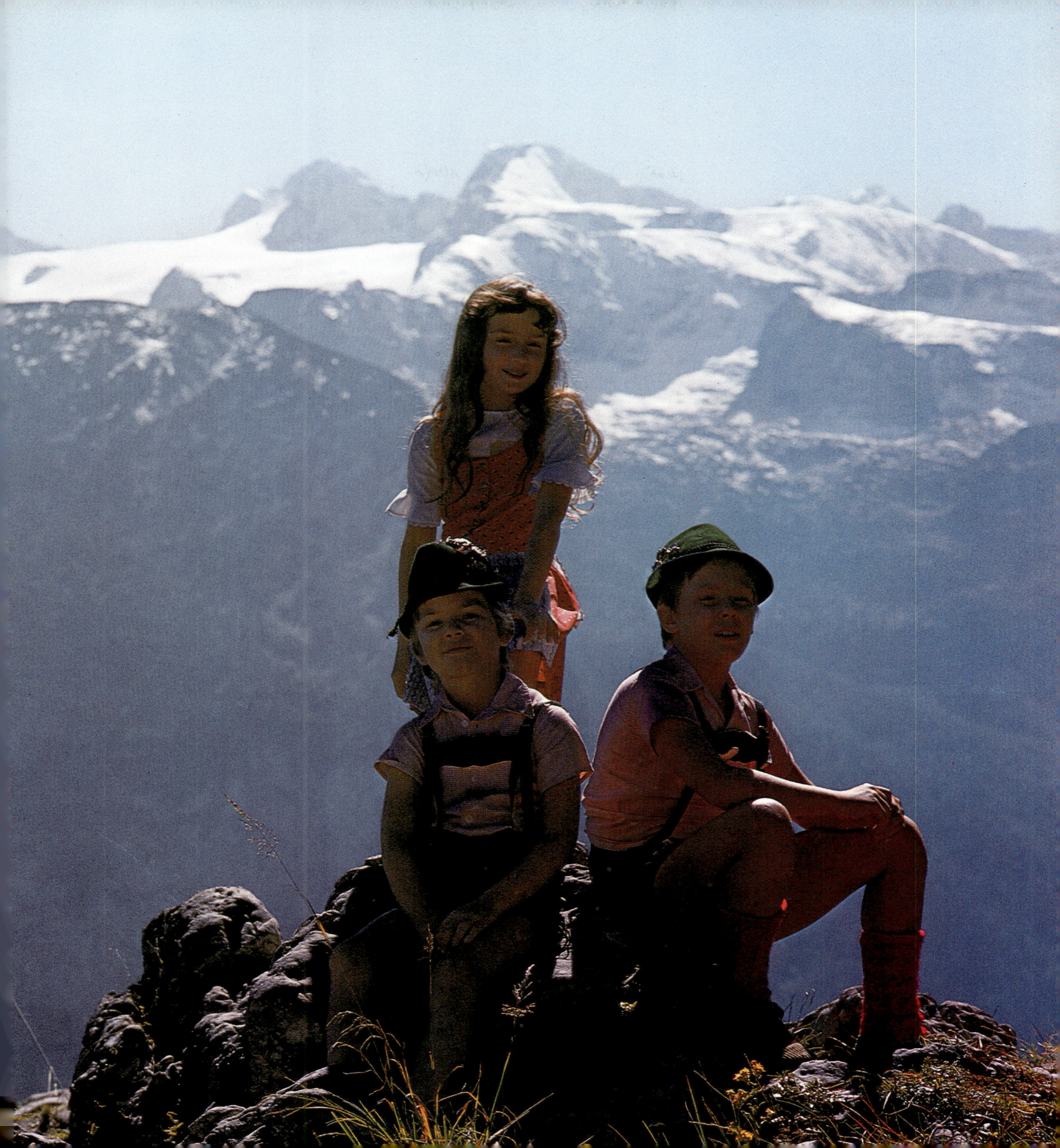

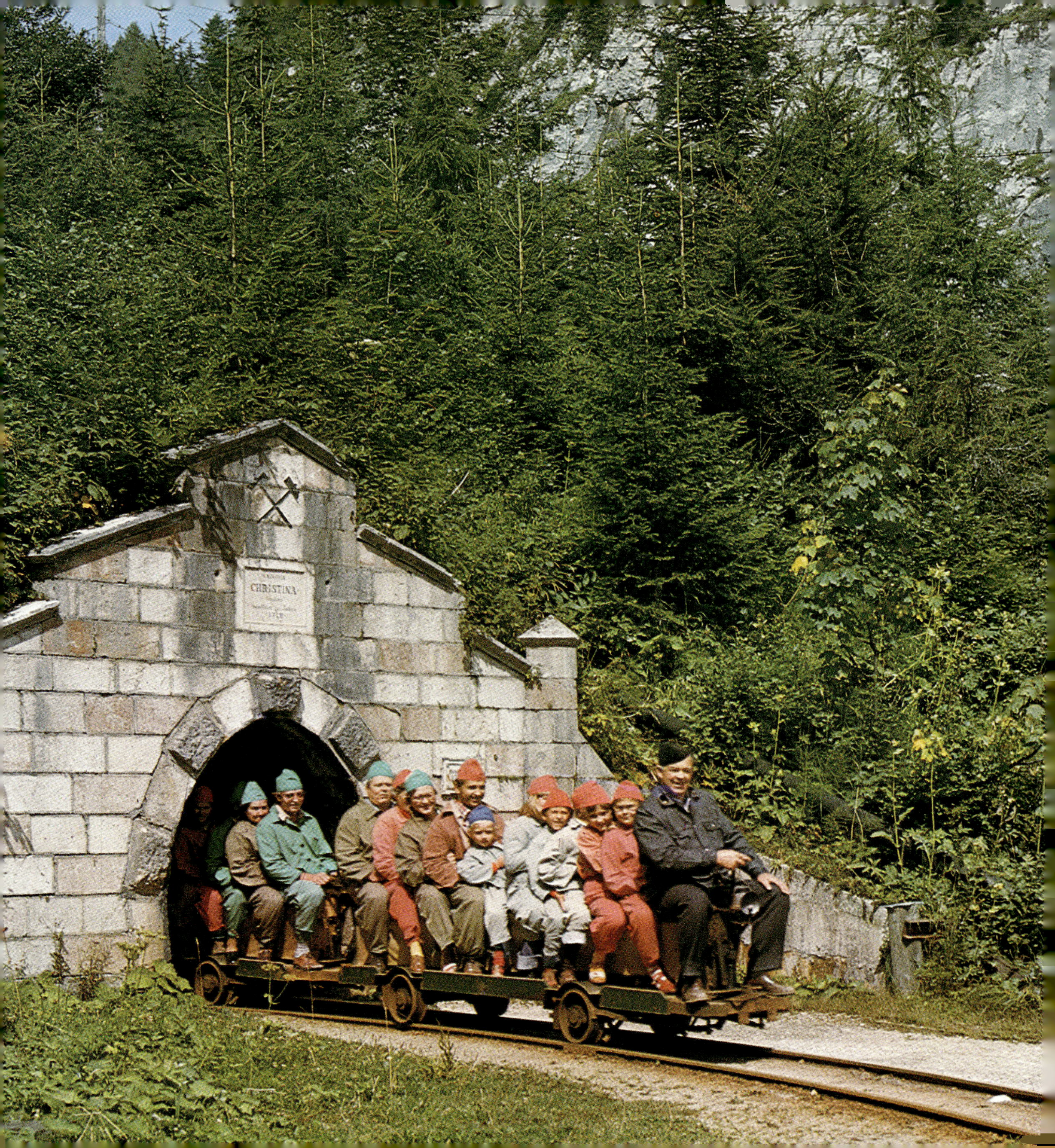
CHRISTINA

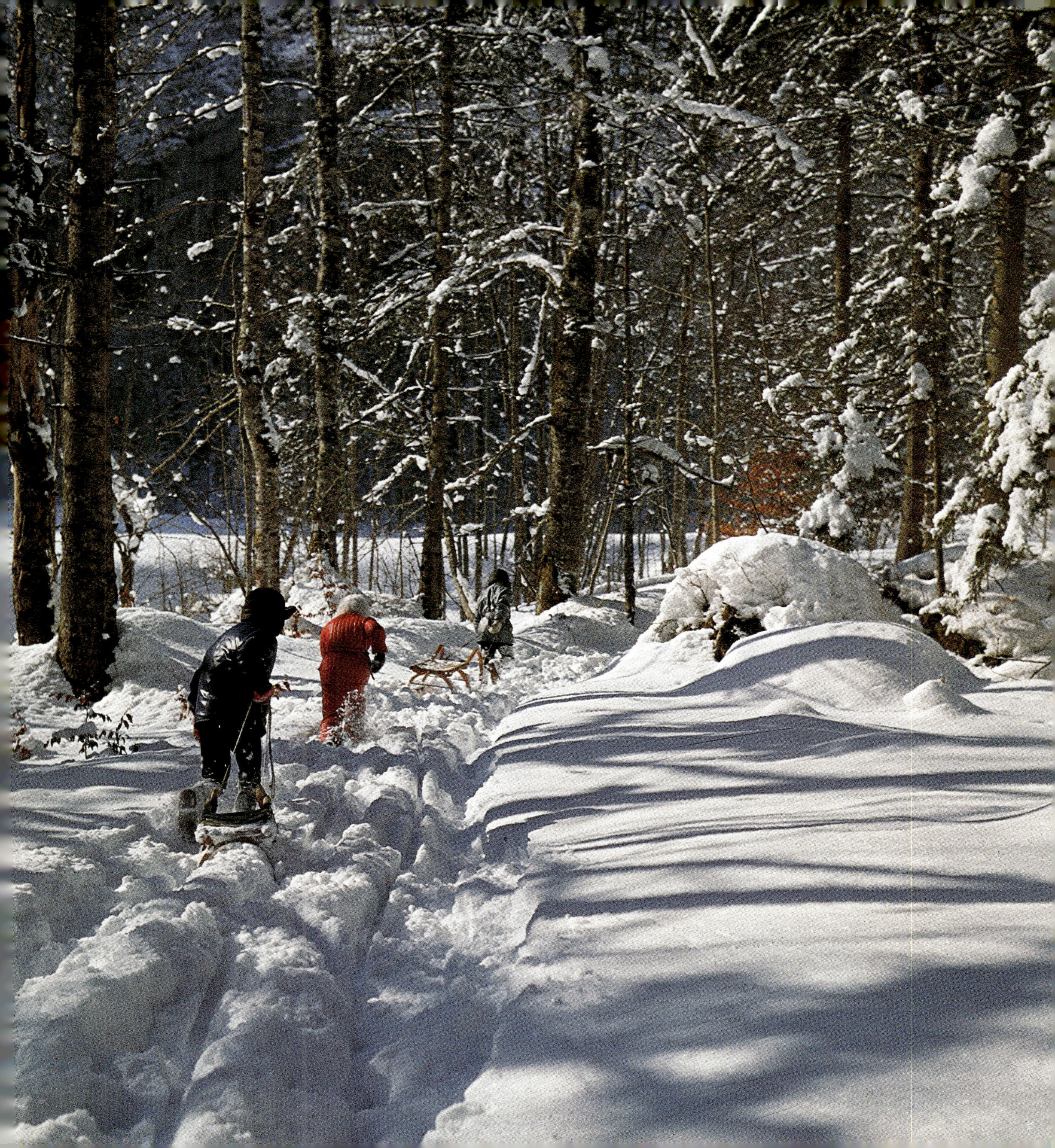

Plankensteinalm-
Gosauschmied

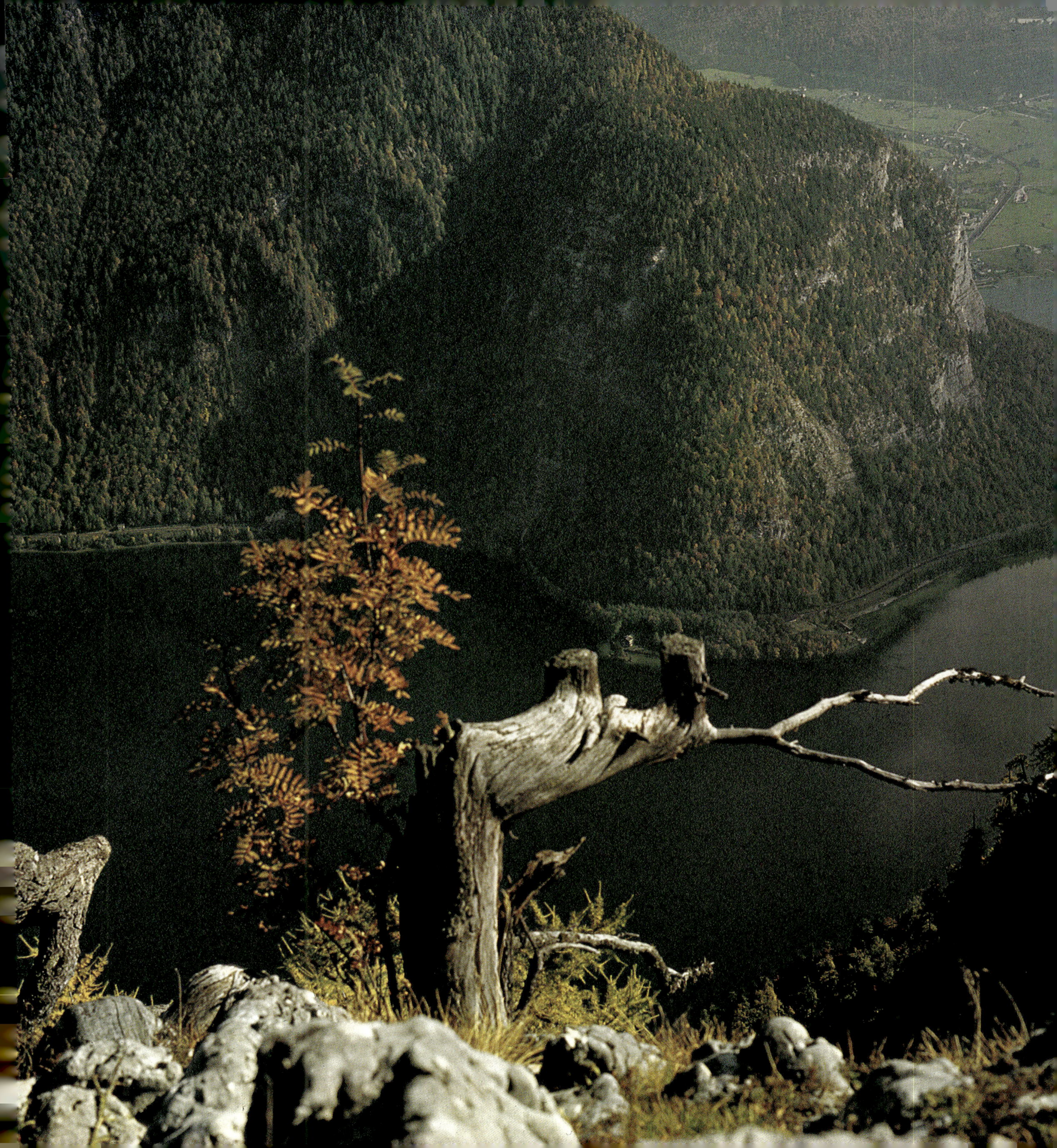

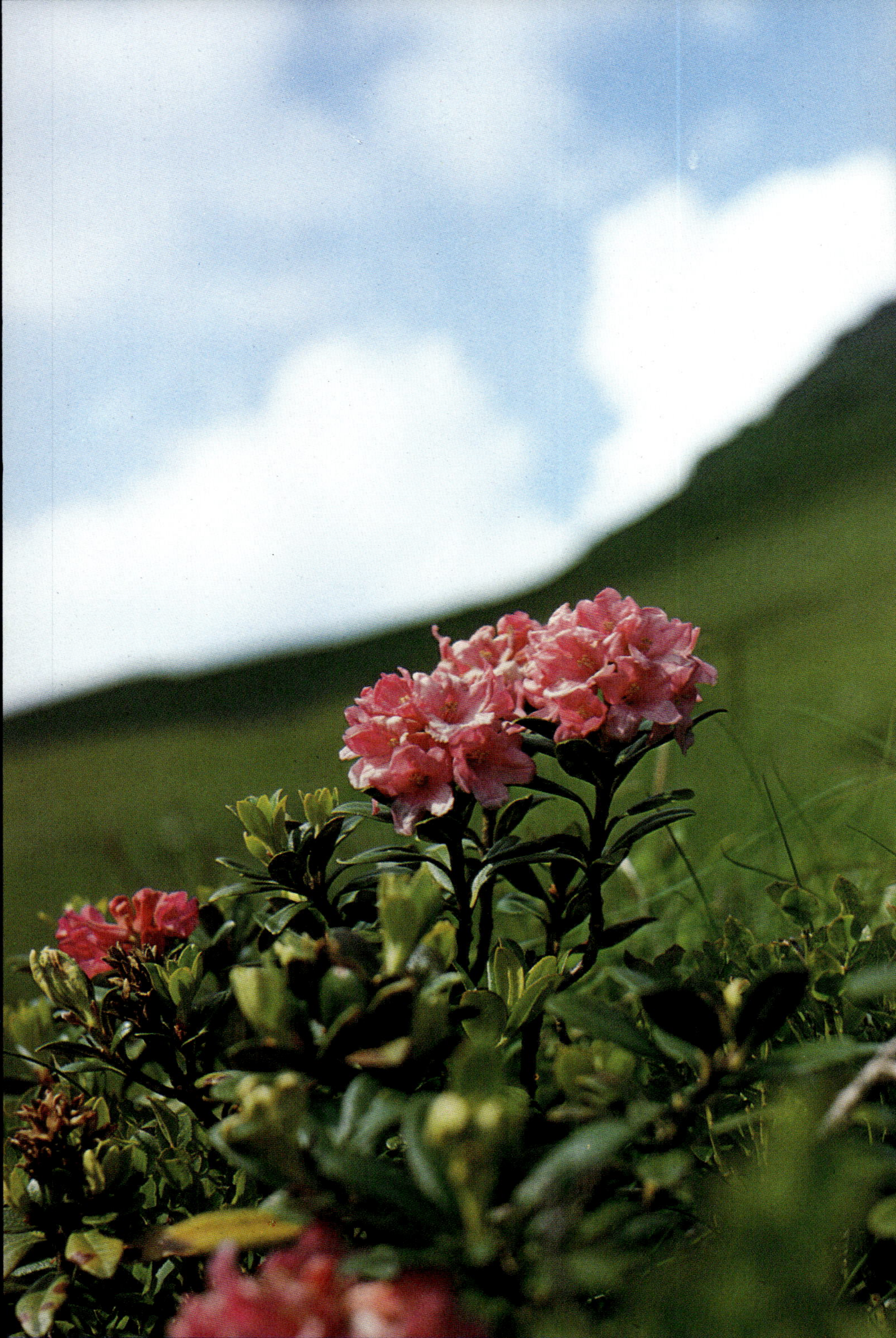

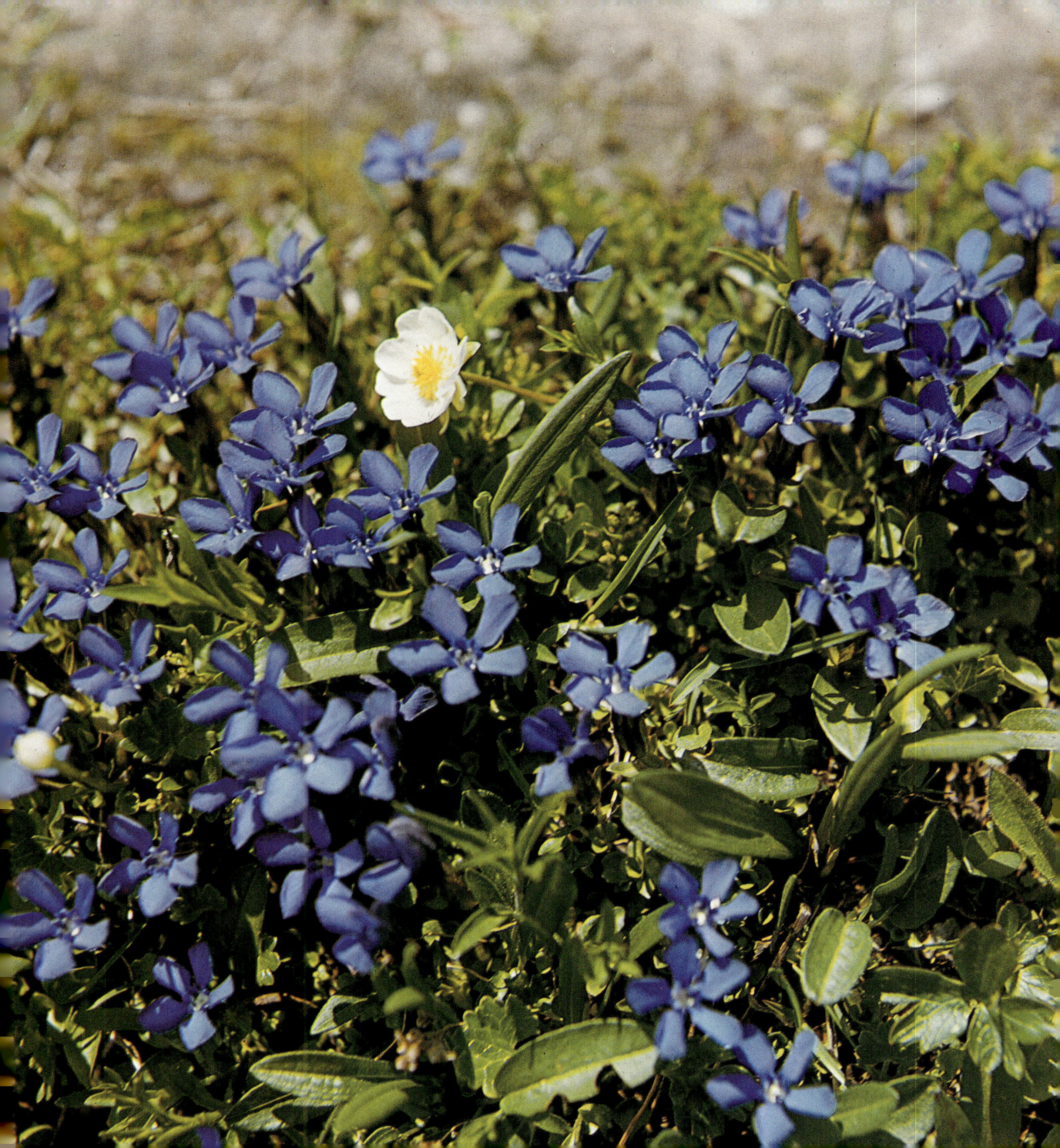

Die älteste exakte Darstellung Hallstatts

Matthäus Merian (1593–1650): Aus der „Topographia provinciarum Austriacarum", Kupferstich, 1649. Kartensammlung der Österreichischen Nationalbibliothek, Wien.

XI. Motiv Hallstatt
Von Waldmüller zu Holzmeister

Wen wundert es noch nach all dem, was Sie bis jetzt über Hallstatt gelesen und gesehen haben, daß dieses Hallstatt zu allen Zeiten auch die Künstler faszinierte?
„Nun wird Ihre Hand ergriffen werden vom unwillkürlichen Drange, zu zeichnen. Sie werden sich für die Ewigkeit die Bilder aufbewahren wollen, die Ihre Sinne bezauberten und Ihre Seele

erfüllten." So formulierte es um das Jahr 1800 einer der ersten Reiseschriftsteller des Salzkammergutes, Joseph August Schultes.

Einige dieser Bilder, von denen ich hoffe, daß sie ebenfalls Ihre Sinne bezaubern und Ihre Seele erfüllen, möchte Ihnen dieser Band vorstellen. Die Auswahl geht quer durch alle Stilrichtungen – und gerade das ist das Reizvolle daran. Jede Zeit, jeder Künstler sieht Hallstatt anders, entdeckt hier etwas anderes.

Die ältesten exakten Darstellungen von Hallstatt sind die in der „Topographia provinciarum Austriacarum", 1649: Kupferstiche von Matthäus Merian. Die Maler und Zeichner, die mehr als ein Jahrhundert später Hallstatt als Motiv wählten, waren durchwegs Laien: die Salinenzeichner. An ihren Arbeiten bewundern wir die Genauigkeit und die Liebe zum Detail. Kurze Zeit später kamen die reisenden Maler nach Hallstatt, um von ihren „Malerischen Reisen durch die schönsten Alpengegenden des österreichischen Kaiserstaates" (dies ein Titel aus jenen Tagen) zu berichten. Immer häufiger tauchten in den Wiener Kunstausstellungen Hallstatt-Blätter auf: 1832 von Ernst Welker, einem der erfolgreichsten Aquarellisten dieser Zeit. Jakob Alt und sein Sohn Rudolf von Alt wählten mit Vorliebe Hallstätter Motive. Von Ferdinand Georg Waldmüller, der bis heute Österreichs beliebtester Landschaftsmaler ist, kann man ohne Übertreibung behaupten, daß er in Hallstatt verliebt war. Waldmüller kam 1831 zum erstenmal nach Hallstatt und brachte in den kommenden Jahren von seinen Hallstatt-Aufenthalten 15 Bilder mit, die die Kunsthistoriker als den unbestreitbaren Höhepunkt in seinem Schaffen bezeichnen.

Noch früher hatten jedoch drei wandernde Berliner Künstler Hallstatt entdeckt. Sie hießen Julius Schoppe, Carl Wilhelm Gropius und Carl Friedrich Zimmermann und gaben ihrer Bilderserie den klingenden Namen „Malerische Ansichten verschiedener Gegenden und Merkwürdigkeiten auf einer Reise durch Oestreich, Steiermark, Tyrol, die Schweiz, Ober- und

Salinenzeichner und reisende Maler

Waldmüller schuf 15 Hallstatt-Bilder

Unter-Italien, nach der Natur aufgenommen und auf Stein gezeichnet von J. Schoppe und C. Gropius, mit natur-romantischen Dichtungen begleitet von G. A. Frh. von Maltitz". Das erste Blatt dieser Serie betitelte sich „Die Maler auf dem Hallstädter Gletscher im österreichischen Salzkammergut". Die Künstler porträtierten sich dabei selbst: mit zwei Bergführern halten sie, in altdeutscher Malertracht, vor dem Hintergrund des Dachsteins Rast.

Der Dachstein 1823 und 1969 Für das Auge des Betrachters hat sich dieser Dachstein nicht verändert seit dem Jahr 1823, in dem dieses Bild entstand, wohl aber für das des Künstlers. Den Sprung über eineinhalb Jahrhunderte macht uns ein Blatt aus der Hand von Clemens Holzmeister deutlich. Er ist der beste Kronzeuge dafür, daß diese Landschaft auch einen modernen Künstler von internationalem Rang begeistert und ihn zu Bildern von zarter Poesie anregt, bei denen nur die formale Geschlossenheit an den weltberühmten Architekten erinnert. Dazwischen liegt Fritz Lach, einer der bekanntesten und beliebtesten Landschaftsmaler vor und nach dem ersten Weltkrieg. Auch Karl Hayd, der der Landschaft Oberösterreichs besonders verbunden war, zog es immer wieder nach Hallstatt.

Die Künstler von heute, bei denen das Motiv Hallstatt zum festen Repertoire gehört, werden neben Clemens Holzmeister von vielen Namen repräsentiert. Drei von ihnen wurden für diesen Band ausgewählt, weil sie verschiedenen Generationen angehören, aber auch weil sie stilistisch grundverschiedene Wege gehen: Hans Franta, Fritz Störk und Anton Watzl.

Die Bilder Hans Frantas sind ein echter Ausdruck des subjektiven Landschaftserlebnisses. Franta kümmert sich nicht um Klischees, weder um die konservativen noch um die der modernen Maler. Er sieht den Hallstätter See und den Dachstein ganz nach seiner persönlichen Auffassung, teils romantisch, teils heroisch. Bei Fritz Störk ist die realistische Freihandmalerei verdrängt worden von dem zeitgemäßen Prinzip des Verdichtens und Abkürzens. Anton Watzl ist vor allem um die graphische Konzeption bemüht. Trotzdem wird auch in seinen Hallstatt-Blättern die Vergangenheit dieses Ortes lebendig.

Motiv Hallstatt, das ist neben der bildenden Kunst auch die Dichtung. Wieder darf Hallstatt gleich nach dem Höchsten greifen: der größte Sprachkünstler Österreichs, Adalbert Stifter, weilte mehrmals in Hallstatt. Bei einem Spaziergang in Hallstatt mit Friedrich Simony tauchte die Idee für eine seiner schönsten Erzählungen auf, die in Hallstatt und in der Höhlenwelt des Dachsteins spielt: „Bergkristall". In den „Feldblumen" wird der Ort Hallstatt mit seinem richtigen Namen genannt. Schließlich hat Stifter in Hallstatt auch einige Bilder gemalt.

Hallstatt war und ist ein Motiv für die größten Maler und Dichter unseres Landes. Aber auch für jeden einzelnen Besucher von Hallstatt. Denn da gibt es keinen, der von Hallstatt nicht mit einer Fülle von Bildern heimkehren würde – Bildern in Fotoapparaten, auf Filmen und Ansichtskarten. Vor allem aber: Bilder im Gedächtnis und Bilder im Herzen.

Adalbert Stifter – Dichter und Maler

Dokumentationen

Nun wird Ihre Hand ergriffen werden vom unwillkürlichen
Drange, zu zeichnen. Sie werden sich für die Ewigkeit die Bilder aufbewahren wollen,
die Ihre Sinne bezauberten und Ihre Seele erfüllten.

Joseph August Schultes (1809) (1)

Sagen Sie mir, wenn Sie den See herabgefahren sind, wer
unglücklicher sein muß in der Darstellung der Genüsse dieser Wasserfahrt:
der Maler, der nur ein Moment aus derselben darstellen kann,
oder der Schriftsteller, der das Leben, das die Bewegung des Nachens in
dieses Zaubergemälde, in diese Riesenmassen alle bringt, dem Leser wohl kann
lebendig fühlen machen, der aber keine Farben und keinen Pinsel hat?

Joseph August Schultes (1809) (1)

Heute morgens nach neun Uhr saß ich mit dem Fernrohre
auf dem Hallstätter Kirchhofe, und sah hinunter auf den See.
Er warf nicht eine einzige Welle, und die Throne um ihn ruhten tief und sonnenhell
und einsam in seinem feuchten Grün – und ein
Schiffchen glitt heran, einen schimmernden Streifen ziehend.

Adalbert Stifter (1841) (31)

Als das Auffallendste, was sie in ihrer Umgebung haben,
ist der Berg der Gegenstand der Betrachtung der Bewohner, und er ist der
Mittelpunkt vieler Geschichten geworden. Es lebt kein Mann und
Greis in dem Dorfe, der nicht von den Zacken und Spitzen des Berges, von seinen
Eisspalten und Höhlen, von seinen Wässern und Geröllströmen
etwas zu erzählen wüßte, was er entweder selbst erfahren, oder von anderen
erzählen gehört hat. Dieser Berg ist auch der Stolz
des Dorfes, als hätten sie ihn selber gemacht, und es ist nicht so ganz entschieden, wenn
man auch die Biederkeit und Wahrheitsliebe der Talbewohner hoch
anschlägt, ob sie nicht zuweilen zur Ehre und zum Ruhme des Berges lügen. Der
Berg gibt den Bewohnern außerdem, daß er ihre Merkwürdigkeit ist, auch
wirklichen Nutzen; denn wenn eine Gesellschaft von Gebirgsreisenden hereinkömmt,
um von dem Tale aus den Berg zu besteigen, so dienen die Bewohner
des Dorfes als Führer, und einmal Führer gewesen zu sein, dieses und jenes
erlebt zu haben, diese und jene Stelle zu kennen, ist eine
Auszeichnung, die jeder gerne von sich darlegt. Sie reden oft davon, wenn sie in der
Wirtsstube bei einander sitzen, und erzählen ihre Wagnisse und ihre
wunderbaren Erfahrungen, und versäumen aber auch nie zu sagen, was dieser
oder jener Reisende gesprochen habe,
und was sie von ihm als Lohn für ihre Bemühungen empfangen hätten.

Adalbert Stifter (1845) (32)

Salinenbedienstete zeichnen ihre Welt

Matthäus Paumgartner (Salinenbeamter um das Jahr 1800, Lebensdaten unbekannt): Markt Haalstatt, Tuschpinselzeichnung um 1800. Oberösterreichisches Landesmuseum, Linz.

Franz Steinkogler (1735–1805), Unterbergmeister in Hallstatt: Mühlbachfall in Hallstatt, von Bergmeister Daniel Keßler in Kupfer gestochen, 1792. Oberösterreichisches Landesmuseum, Linz.

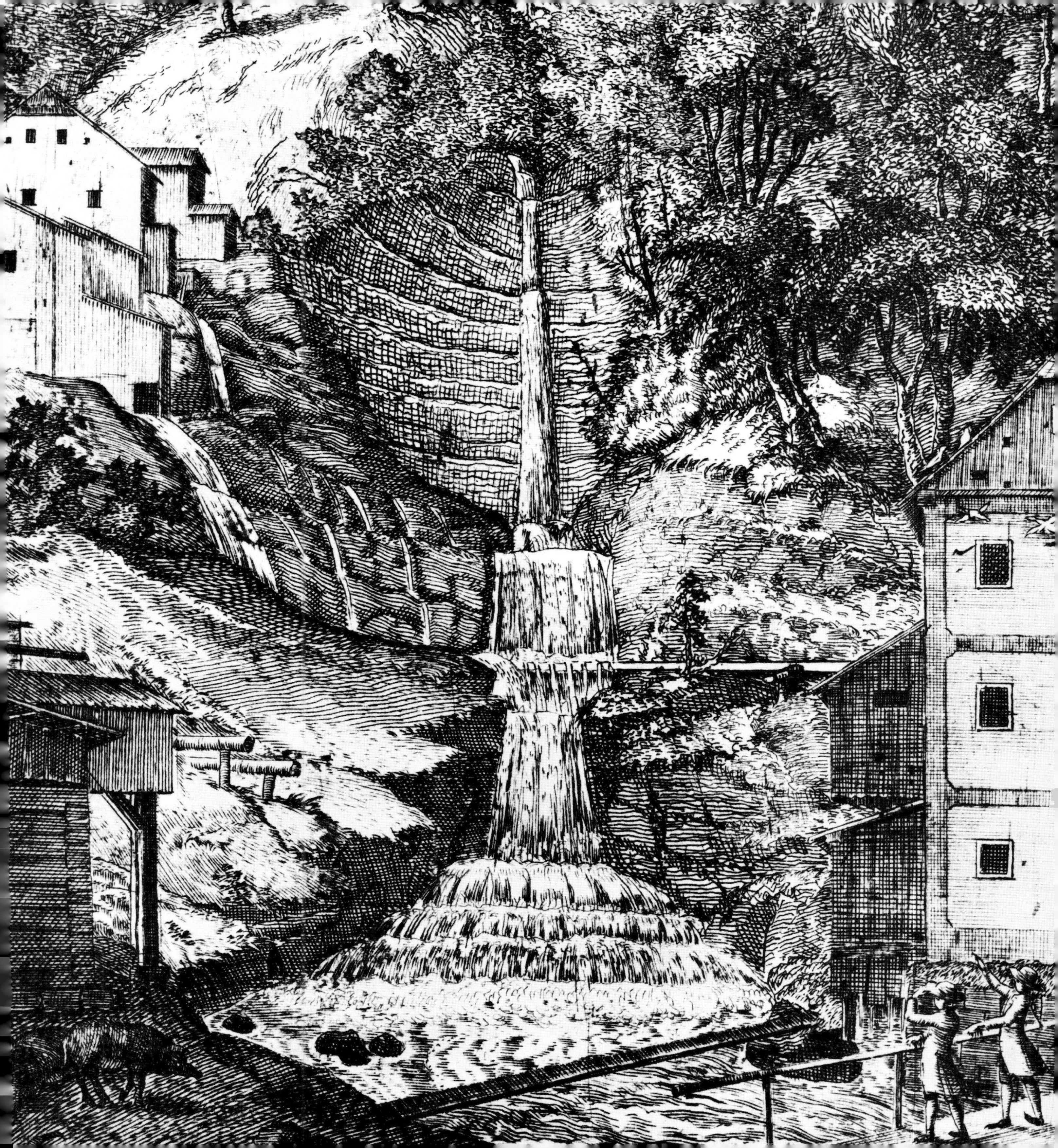

Reisende Maler auf dem Dachstein

Julius Schoppe d. Ä. (1795–1868) und Carl Wilhelm Gropius: Die Maler auf dem Hallstädter Gletscher im österreichischen Salzkammergut, Lithographie, 1823. Erstes Blatt der Serie Malerische Ansichten verschiedener Gegenden und Merkwürdigkeiten auf einer Reise durch Oestreich, Steiermark, Tyrol, die Schweiz, Ober- und Unter-Italien. Nach der Natur aufgenommen und auf Stein gezeichnet von J. Schoppe und C. Gropius. Mit Natur-Romantischen Dichtungen begleitet von G. A. Frh. von Maltitz. Oberösterreichisches Landesmuseum, Linz.

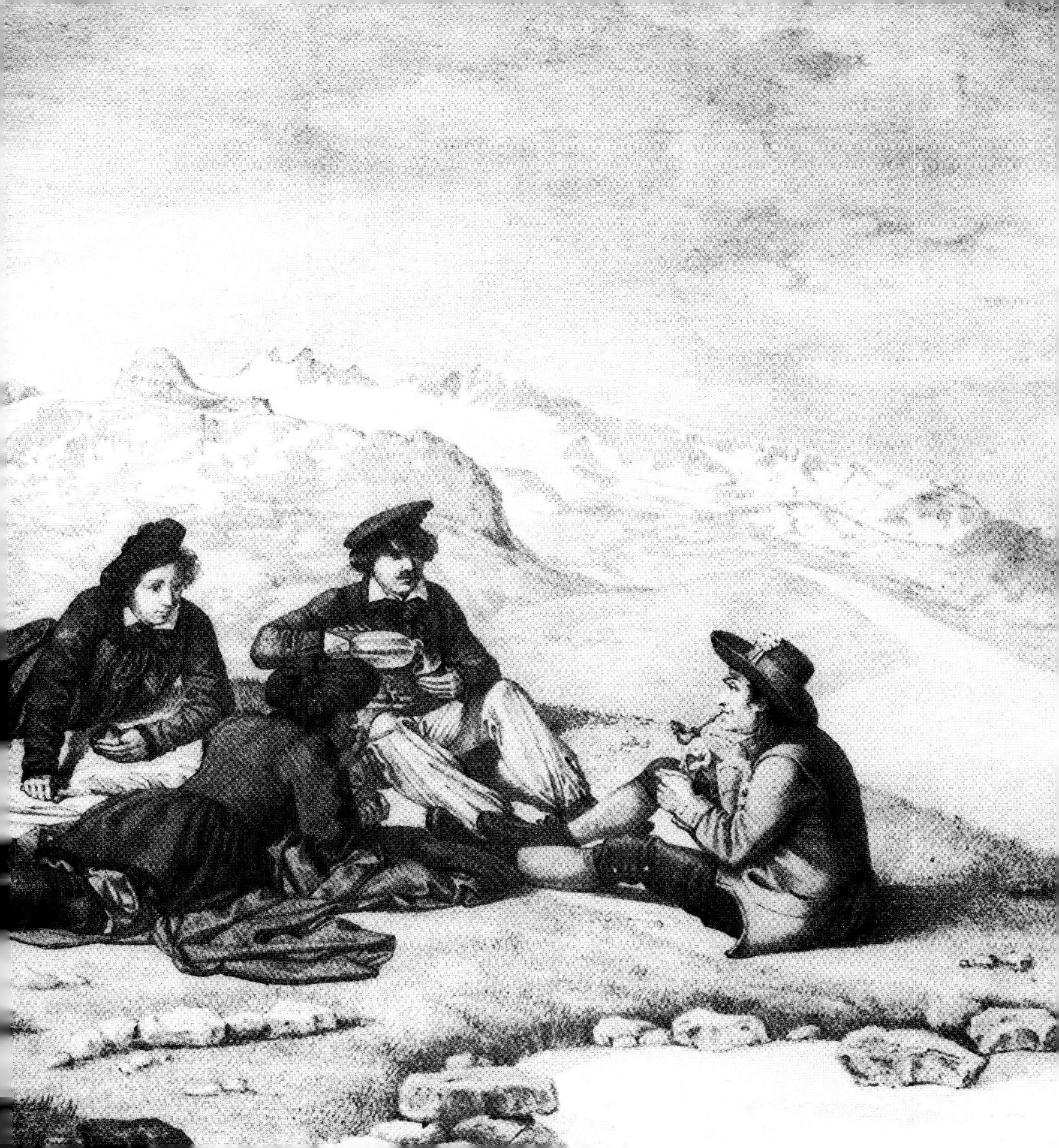

Lieblingsmaler um die Jahrhundertwende

Fritz Lach (1868–1933): Hallstatt, Bleistiftzeichnung, 1925. Privatbesitz, Hallstatt.

Die Handschrift unserer Zeit

Clemens Holzmeister (geb. 1886):
Krippenstein, Bleistiftzeichnung, 1969.
Privatbesitz, Hallstatt.

Hallstätter Häuser aus der Sicht von zwei Jahrhunderten

Anton Watzl (geb. 1930): Katholische Kirche, Radierung, 1971. Privatbesitz, Hallstatt.

Ernst Welker (1788–1857): Einige Häuser in Hallstadt, Aquarell. Jahresausstellung der k. k. Akademie der bildenden Künste bei St. Anna in Wien, 1832, Privatbesitz, Hallstatt.

Kaiser Ferdinand I. in Hallstatt

Franz Wolf (1795-1859): Hallstadt, während der Anwesenheit J. J. M. M. des Kaisers und der Kaiserin von Oesterreich im Monat August 1837, kolorierte Lithographie, nach unbekanntem Zeichner. Oberösterreichisches Landesmuseum, Linz.

Adalbert Stifter als Maler

Adalbert Stifter (1805–1868): Holzmeisteralm mit dem Dachstein, Öl auf Leinwand, 1834. Stifter-Gesellschaft, Wien.

Rudolf von Alt am Waldbach

Rudolf von Alt (1812–1905): Waldbach bei Hallstatt, Aquarell, 1845. Oberösterreichisches Landesmuseum, Linz.

Höhepunkt im Schaffen Waldmüllers

Ferdinand Georg Waldmüller (1793–1865): Parthie vom Echernthale bei Hallstatt, Öl auf Holz, 1839. Oberösterreichisches Landesmuseum, Linz.

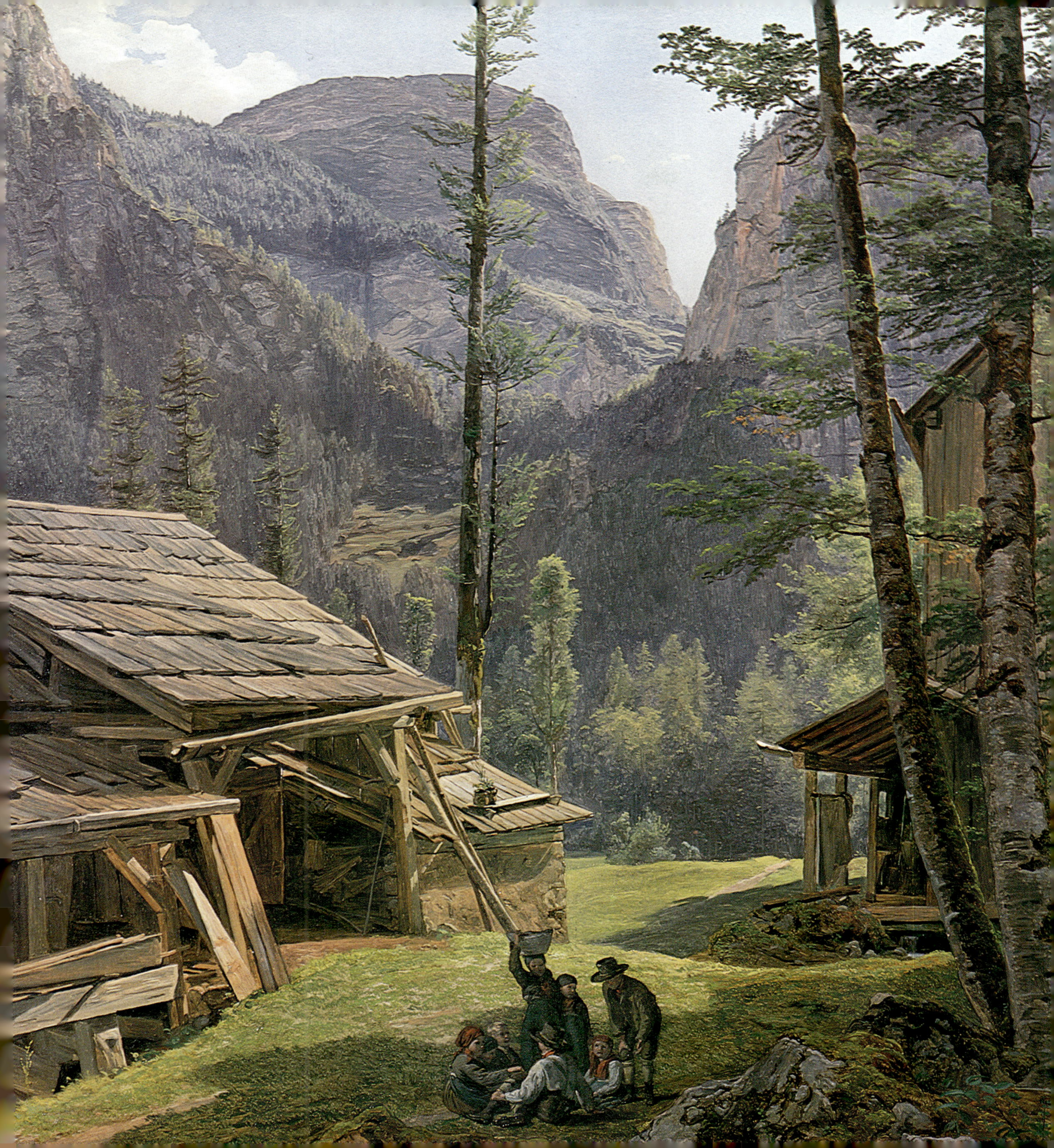

Zeitloses Motiv
Karl Hayd (1882–1945): Hallstatt, Öl, 1942. Privatbesitz, Hallstatt.

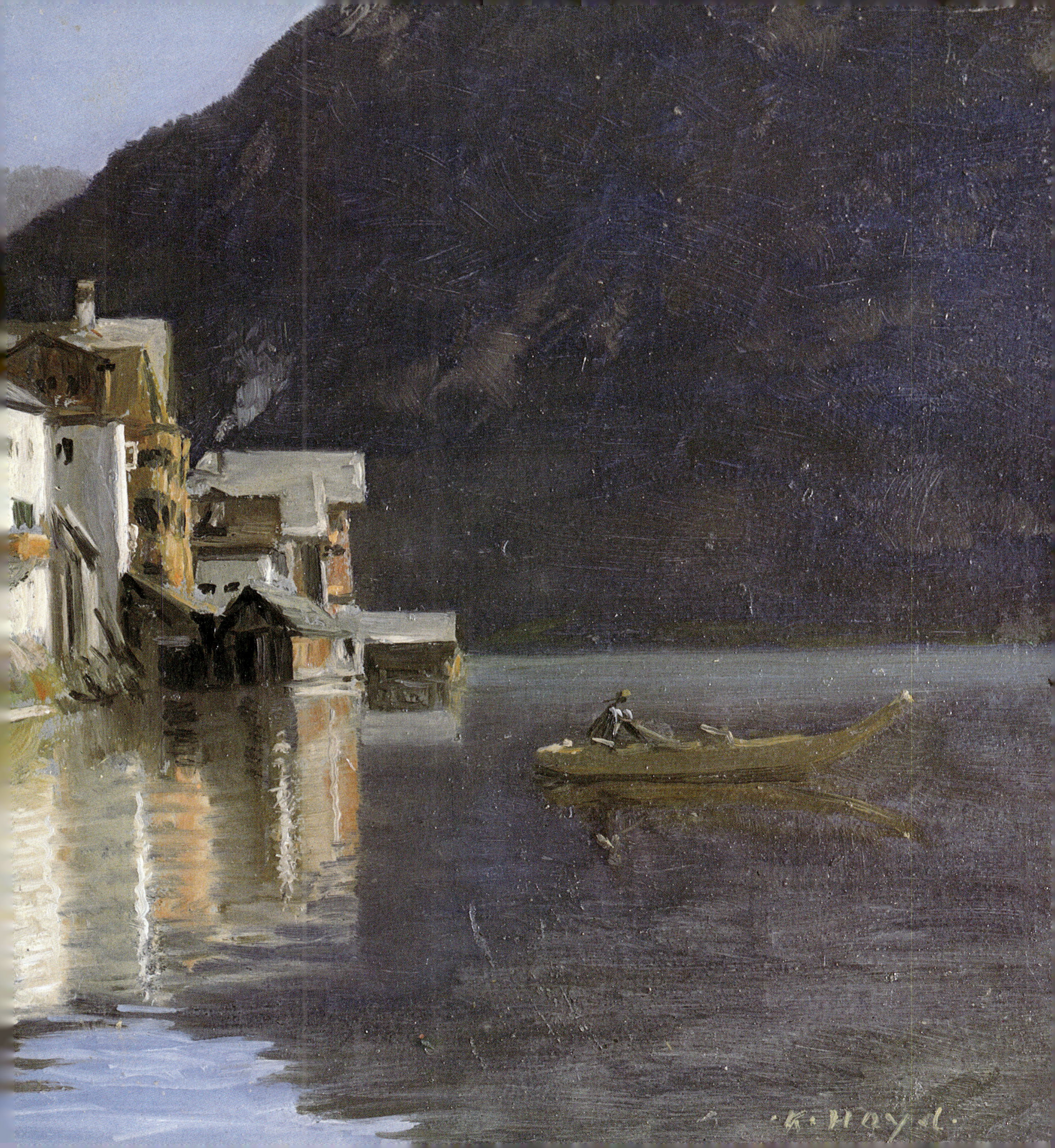
·K·Hayd·

Poesie unserer Zeit

Hans Franta (geb. 1893): Hallstätter See, Pastell, 1930. Privatbesitz, Linz.

Fritz Störk (geb. 1909): Badergraben, Aquarell, 1970. Fremdenverkehrsverband Hallstatt.

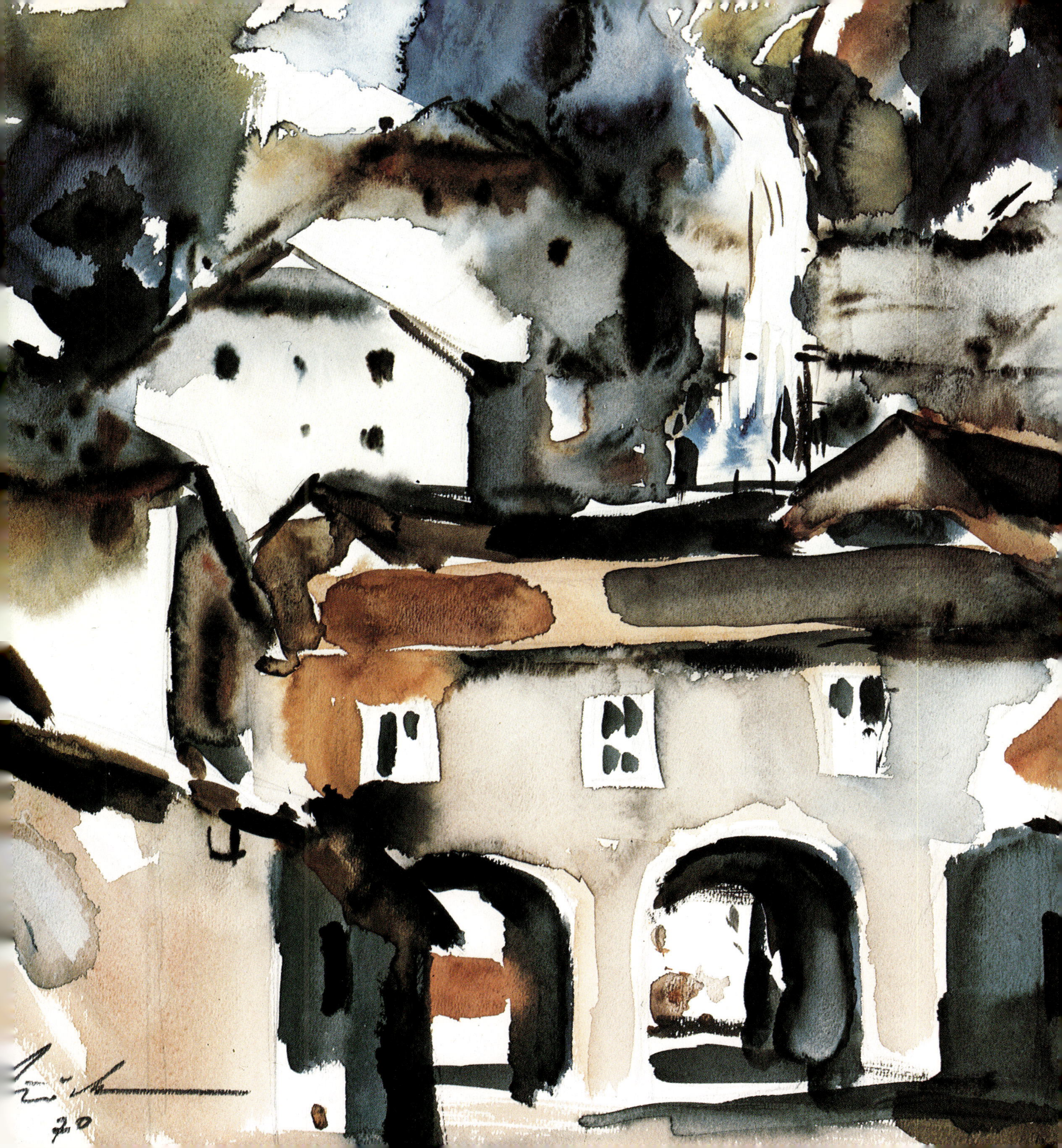

Quellenangaben

① *Schultes J. A.:* Reisen durch Oberösterreich in den Jahren 1794, 1795, 1802, 1803, 1804 und 1808. J. G. Cotta'sche Buchhandlung, Tübingen, 1809.

② *Sartori Franz:* Die österreichische Schweiz; oder mahlerische Schilderung des Salzkammergutes in Oesterreich ob der Ens. Verlag Anton Doll, Wien, 1813.

③ *Sartori Franz:* Naturwunder und außerordentliche Naturerscheinungen unserer Zeit in dem österreichischen Kaiserthume, Verlag Johann Andreas Kienreich, Grätz, 1821.

④ *Litschel Rudolf Walter:* Salz ist Leben, Merian-Report, Merian „Salzkammergut", Monatsheft der Städte und Landschaften, Hoffmann-und-Campe-Verlag, Hamburg, 1. Jänner 1978.

⑤ *Steiner Johann:* Der Reisegefährte durch die Oesterreichische Schweitz oder das ob der ennsische Salzkammergut, Joseph Fink, Linz, 1820.

⑥ *Koch Matthias:* Reise in Oberösterreich und Salzburg auf der Route von Linz nach Salzburg, Fusch, Gastein und Ischl, J. P. Sollinger, Wien, 1846.

⑦ *Raabe Wilhelm:* Keltische Knochen, Gesammelte Erzählungen, Band 2, Verlag Otto Janke, Berlin, 1896.

⑧ *Kleyle F. J.:* Rückerinnerungen an eine Reise in Oesterreich und Steyermark im Jahre 1810, Carl Ferdinand Beck, Wien, 1814.

⑨ *Darstellungen* aus dem Steyermärk'schen Oberlande, 1834.

⑩ *G. N. V. (Niederjauffner Georg, Vikar):* Auch der Dachstein ist erstiegen, Salzburger Amts- u. Intelligenzblatt, Sp 1221–1223, 1834.

⑪ *Simony Friedrich:* Zwey Septembernächte auf der hohen Dachsteinspitze, Wiener Zeitschrift für Kunst, Literatur, Theater und Mode, 17. Juny 1844.

⑫ *Lahner Georg:* Die Dachsteinhöhlen in Oberösterreich, Heimatgaue, Verlag R. Pirngruber, Linz, 1. Jahrgang, 1919/20.

⑬ *Wochenbericht* des Bergwerks von Hallstatt, April 1734.

⑭ *Ramsauer Johann Georg:* Protokolle. Zitiert aus „Das Gräberfeld von Hallstatt", Association Internationale d'Archéologie Classique, Sansoni Editore, Firenze, 1959.

⑮ *Ramsauer Johann Georg:* Aus einem Brief vom 9. Dezember 1858 an den Direktor des Münz- und Antikencabinettes, J. Arneth, als Antwort auf dessen Schreiben, in dem der Oberstkämmerer Fürst Lanckoroński gegen Ramsauer den Verdacht aussprach, er haben ein drittes Schwert mit Elfenbein und Bernstein verschwinden lassen. Zitiert aus „Das Gräberfeld von Hallstatt", Association Internationale d'Archéologie Classique, Sansoni Editore, Firenze, 1959.

⑯ *Reitinger Josef:* Oberösterreich in ur- und frühgeschichtlicher Zeit, Oberösterreichischer Landesverlag, Linz, 1969.

⑰ *Barth Fritz Eckart:* Fünfundzwanzig Jahre prähistorische Forschung in und über Hallstatt, Mitteilungen der österreichischen Arbeitsgemeinschaft für Ur- und Frühgeschichte, Sonderdruck, XXV. Band, 2. Teil, Wien, 1974–1975.

⑱ *Barth Fritz Eckart:* Abbauversuche im Salzbergwerk Hallstatt, „Der Anschnitt", Zeitschrift für Kunst und Kultur im Bergbau, Bochum, Heft 1/1976.

⑲ *Litschel Rudolf Walter:* Kunststätten in Oberösterreich, Oberösterreichischer Landesverlag, Linz, 2. Auflage, 1974.

⑳ *Stiftung* des Franz Georg von Sumating und seiner Frau Anna Christina, 1708, Testament 1721, Hallstatt.

㉑ *„Oberösterreichische Nachrichten":* „Hallstatt hat die Seeuferstraße abgelehnt", Linz, 15. Dezember 1958.

㉒ *„Linzer Volksblatt":* „Hallstatt stimmte gegen das Straßenprojekt", Linz, 15. Dezember 1958.

㉓ *„Nachrichten für den Sonntag":* „Für Hallstatt Schlimmes zu befürchten", Linz, 27. Dezember 1958.

㉔ *„Straßentunnel Hallstatt",* aus einem Vorwort zur Festschrift anläßlich der Eröffnung am 23. Juli 1966, herausgegeben vom Amt der oberösterreichischen Landesregierung, Landesbaudirektion, Linz.

㉕ *„Basis Hallstatt",* Ausstellungskatalog, 11. Juli bis 17. August 1975.

㉖ *ORF-Auslandsdienst* auf Kurzwelle, gesendet im Juli 1977 in verschiedenen Programmen in deutscher, englischer, französischer und spanischer Sprache. Autorin: Friedl Jary.

㉗ *Aus dem Salzoberamtsarchiv* 1822/23, zitiert in „Das oberösterreichische Salinenwesen von 1818 bis zum Ende des Salzamtes im Jahre 1850" von Carl Schraml, Verlag der Generaldirektion der Österreichischen Salinen, Wien, 1936.

㉘ *Morton Friedrich:* „Der kleine gotische Flügelaltar in der Hallstätter Pfarrkirche", Christliche Kunstblätter, Linz, 1930, Heft 1–3.

㉙ *Reclams Lexikon* der Heiligen und der biblischen Gestalten, Verlag Philipp Reclam jun., Stuttgart, 1968.

㉚ *Fremdenverkehrsprospekt Hallstatt,* Redaktion: Rudolf Lehr, Hallstatt, 1978.

㉛ *Stifter Adalbert:* Feldblumen, Erzählungen in der Urfassung, Adam-Kraft-Verlag, Augsburg, 1953.

㉜ *Stifter Adalbert:* Bergkristall, Sämmtliche Werke, Fünfter Band, Erste Hälfte, Bunte Steine, J. G. Calve'sche k.u.k. Hof- und Universitäts-Buchhandlung (Josef Koch), Prag, 1908.

Bildnachweis

Dachstein-Fremdenverkehrs-AG, Linz: 66, 68, 71, 74, 75, 200/201, 203

Fremdenverkehrsverband Hallstatt: 243

Gangl Franz, Linz: 7

Hofstetter Kurt, Ried/Innkreis: 25, 110/111, 114, 115, 116, 117, 118, 119, 122, 123, 124/125, 126, 156, 159, 165, 240/241

Janu Fritz, Hallstatt: Vor- und Nachsatz, Umschlagbild hinten, 20/21, 28/29, 32/33, 41, 72/73, 113, 145, 161, 180/181, 209, 210, 212, 217, 219

Lang Rudolf, Linz: 134

Lehr Petra/Rudolf, Hallstatt: 169, 232, 233, 234, 235, 240/241

Lintner Rudolf, Linz: 38, 40, 218, 220, 242

Mandl Inge, Hallstatt: 42

Mittendorfer Siegfried, Hallstatt: 17, 213, 215, 218

Musealverein Hallstatt: 80

Naturhistorisches Museum, Wien: 88, 89, 90, 91, 92, 93, 94

Oberösterreichisches Landesmuseum, Linz: 18, 164, 228, 229, 230/231

Oberösterreichisches Landesmuseum, Linz / Foto Gangl Franz, Linz: 236, 238, 239

Österreichische Nationalbibliothek, Wien: 4, 8, 222/223

Pilz Hans, Linz: 62, 64, 65, 187, 202, 204

Pilz Roman, Obertraun: 70, 214

Schaffler – Foto-Design, Linz: 87, 95, 97

Seidel Hans, Linz: 136, 139

Singer Maximilian, Hallstatt: Umschlagbild vorne, 6, 19, 30, 34, 35, 36, 37, 39, 43, 44, 45, 46, 47, 48, 50, 61, 63, 66, 67, 69, 76, 81, 96, 98, 106, 107, 108, 109, 112, 120, 127, 128, 129, 130, 135, 138, 143, 144, 146, 147, 148, 149, 150, 158, 159, 160, 162/163, 166, 168, 175, 176, 177, 178, 179, 182/183, 184, 185, 186, 187, 188, 189, 190/191, 192, 196, 198, 205, 207, 208, 211, 216, 221

Stifter-Gesellschaft, Wien: 237

Studienbibliothek, Linz: 8, 10, 11, 12

Sündhofer Herbert, Wien: 199

Votava Franz, Wien: 74

Zahler Franz, Hallstatt: 24, 26, 165

Zauner Sepp, Hallstatt: 206

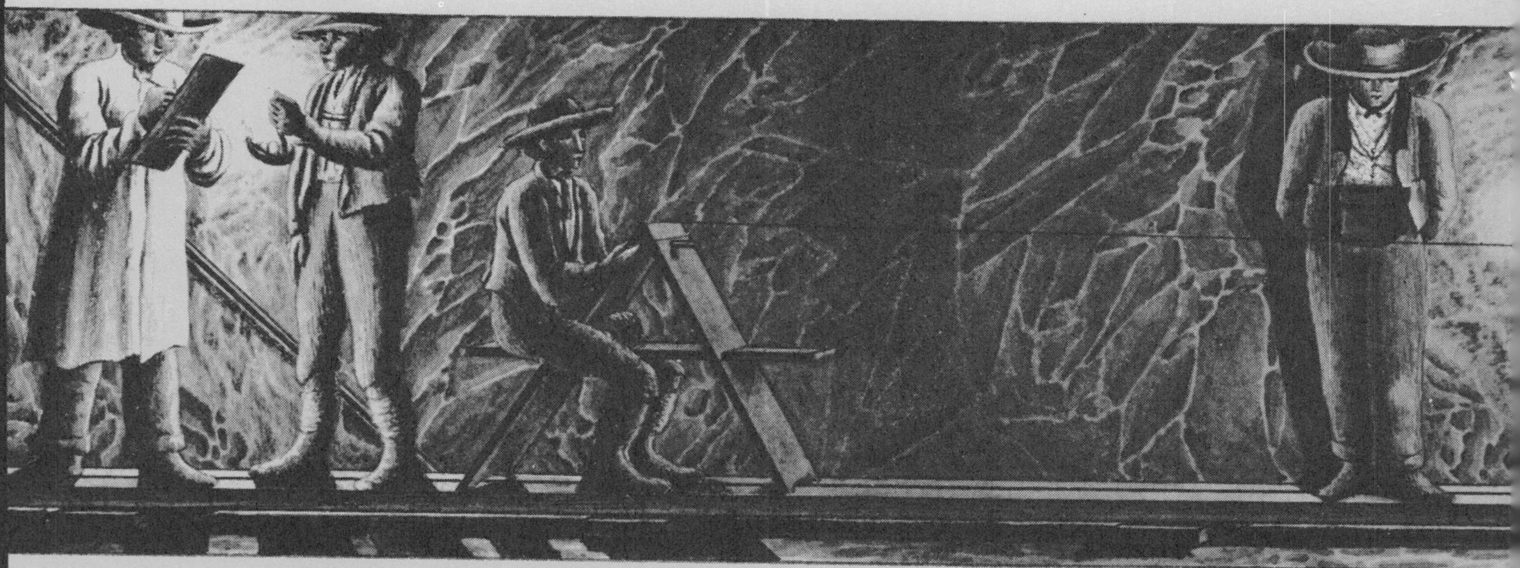

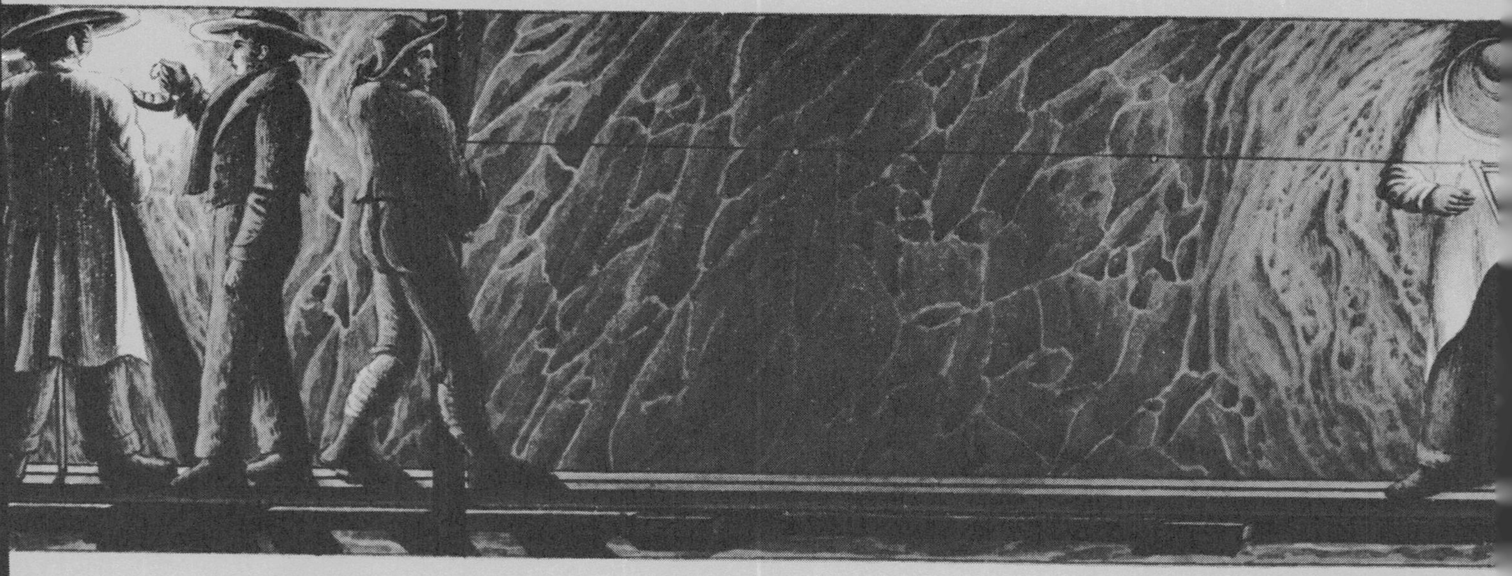

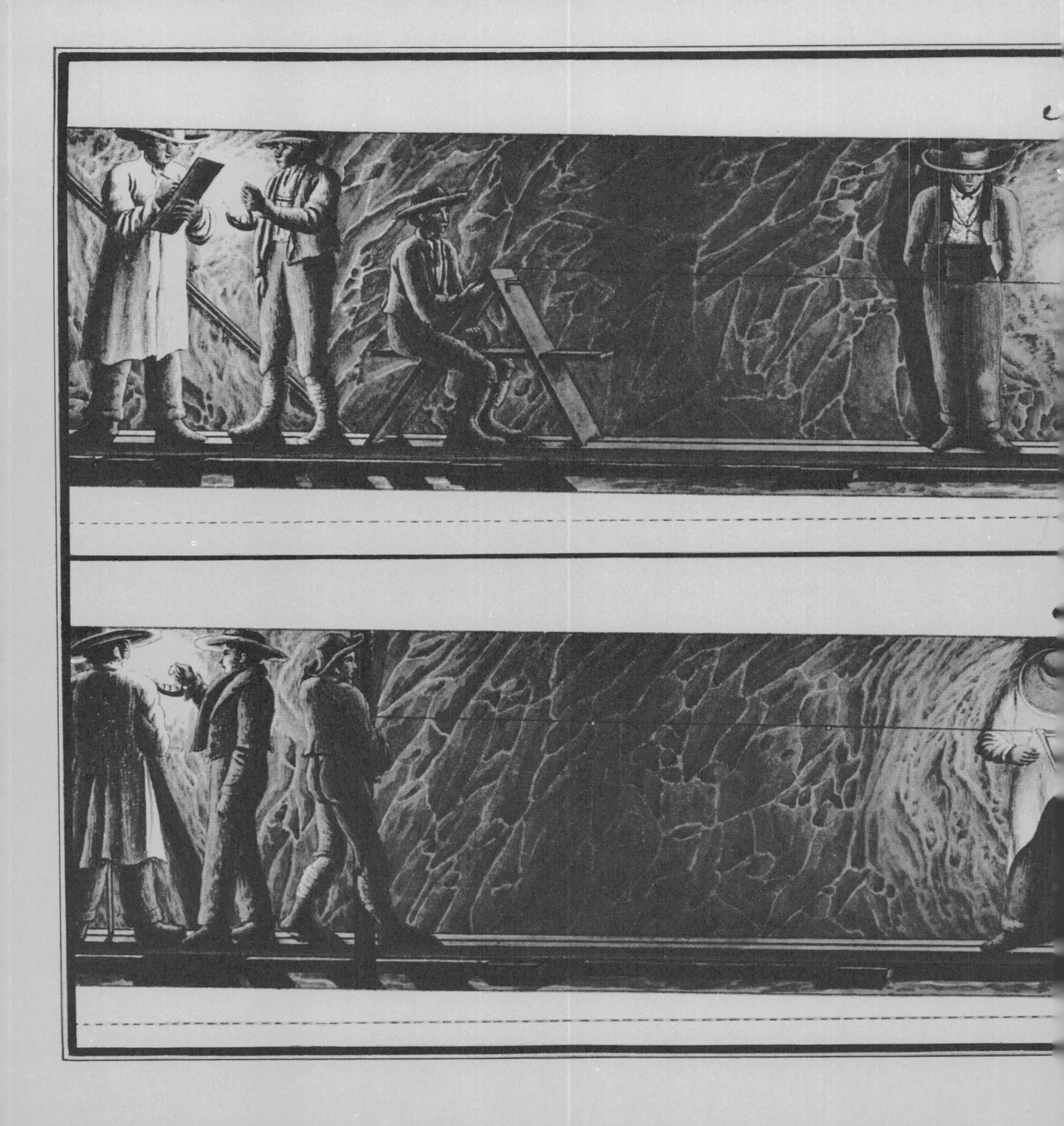